역사는 사람이 만든다. 역사의 중심에서 큰 족적을 남긴 영웅이나 예술가들의 생애와 위기의 순간순간을 헤쳐 나가는 용기는 언제나 흥미진진하고 큰 감동을 준다. 이 책은 숫자와 연도 없는 역사 공부의 또 다른 묘미를 주는 책이다.

_성공회대학교 석좌 교수 이희수

자칫 딱딱하기 쉽고 실타래처럼 얽힌 세계사의 큰 줄기를 인물을 중심으로 흥미롭게 헤쳐 나갑니다. 동서양에서 발자취를 남긴 여러 인물이 처했을 어려운 상황을 여러분들의 입장에서 곰곰이 생각해 본다면 역사의 현장이 더 살아나고 우리에게 생생히 다가올 겁니다.

_대구대학교 국제정치학 교수 안병억

역사학이 인문학인 이유는 과거 시대의 인간과 사회의 본질을 연구하는 학문이기 때문입니다. 그런 점에서 '인물'을 중심으로 이해하는 세계사는 역사의 중심이 단연 사람임을 잘 웅변하는 것 같습니다. 이에 '별거 아닌 것'이 아니라 정말 '특별하고 재미있는' 세계사가 역동적으로 구성되어 본서가 많은 독자들에게 유익할 것으로 확신합니다.

_전남대학교 사학과 교수 이성원

일러두기
- 역사 용어의 표기는 교과서를 따르는 것을 원칙으로 하되, 일반적인 표기와 다를 경우 감수자의 자문을 거쳐 교정하였습니다.
- 중국의 지명은 현재까지 쓰이는 것은 중국어 발음으로, 현재는 사라진 지명은 한자음을 따랐습니다.
- 중국의 인명은 신해혁명(1911)을 기준으로 이전 인물은 한자음, 이후 인물은 중국어 발음을 따랐습니다.
- 일본의 지명과 인명은 일본어 발음을 따랐습니다.

인물만 알면

별거 아닌 세계사

글 김상훈 | 그림 안병현 | 감수 이희수·안병억·이성원

주니어김영사

이 책의 구성

재미있는 만화처럼 술술 읽혀요!

일이 너무나 많은 하늘나라의 신이 자신을 도와줄 세계사 속 뛰어난 인물들을 찾고 있어요. 과연 신은 어떤 인물들을 자신의 파트너로 선택했을까요? 여러분도 지금 당장 책을 펼쳐 자신만의 최애 인물을 찾아보세요!

중학 《역사 1》 교과서 인물들 총출동!

세계사가 어렵게 느껴지는 건 낯선 인물들이 많이 등장하기 때문이에요.
이 책은 《역사 1》 교과서에 나오는 모든 인물들을 수록했어요. 학교 수업 전에 이 책을 먼저 읽으면, 세계사가 엄청 쉬워질 거예요!

읽다 보면 풍부해지는 세계사 배경 지식!

인물을 알았으면 그다음은 지명과 사건이에요. 항상 시험에 나오는 중요한 세계사 사건들은 〈세계사 팝업〉에서 친절히 알려 주고 있어요. 그리고 곳곳에 나오는 지도를 통해 역사적 현장의 위치를 바로 확인할 수 있어요!

이 책과 함께라면 별거 아닌 세계사!

〈신스틸러〉에서는 유명하진 않지만, 역사 속에서 활약한 감초 같은 인물들을 소개하고 있어요. 또한 코믹한 3컷 만화, 풍부한 그림과 사진으로 세계사를 흥미진진하게 배울 수 있답니다.
이 책과 함께라면 세계사 공부, 정말 별거 아니에요!

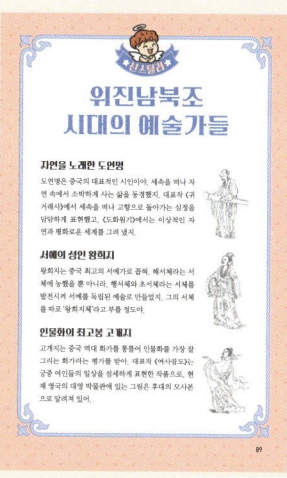

이 책을 읽는 방법

1 시대 구분 시대는 크게 고대, 중세, 근대, 현대로 구분했습니다.

2 순서 이 책에 등장하는 인물의 순서를 번호로 나타냈습니다.

3 인물의 구분 인물이 주로 활약한 분야를 4개로 나눴습니다.

- 왕, 대통령, 지도자, 총리
- 신학자, 개혁가, 학자
- 기사, 군인, 장군, 반란군
- 발명가, 탐험가, 모험가

4 인물 소개 인물의 그림과 한 줄 평, 이름입니다.

5 인물 정보 인물의 출신과 생몰년, 재위 혹은 임기 기간입니다.

6 인물 내용 인물에 관한 내용입니다.

7 3컷 만화 인물과 관련된 에피소드를 3컷 만화로 구성했습니다.

8 토막 사전 본문 내용과 관련된 짧은 지식 정보 글입니다.

9 인물 한마디 인물의 명언 혹은 망언입니다.

중세
No.111

북송을 개혁하려 했던 정치가
왕안석

 동아시아 1021~1086

"가난한 사람은 독서로 부자가 되고, 부자는 독서로 귀하게 된다."

당송팔대가로 이름을 알린 정치인

왕안석은 송나라(북송) 시기의 정치인이자, 뛰어난 문장가야. 그는 산문과 시에 능해 당나라와 송나라를 대표하는 8명의 작가를 뜻하는 '당송팔대가' 중 한 명으로 꼽혀. 하지만 그의 가장 큰 업적은 문학보다 정치에서 나타났어.

서민을 위한 신법 개혁 추진

왕안석이 중앙 정부의 핵심 요직에 있을 때, 송나라는 군사력도 약하고 재정도 궁핍했어. 귀족과 대지주, 대상인은 부유했지만, 농민과 소상공인의 삶은 고달팠지. 왕안석은 이런 현실을 바꾸기 위해 사회·경제 전반을 개선하는 종합적인 신법 개혁을 추진했어.

가장 대표적인 건 농민과 상인에게 싼 이자로 논을 빌려주는 청묘법이나, 또 실업자에게 공사일을 맡겨 생계를 늘는 모역, 지역 간 물가를 소설하기 취한 법, 병사를 양성하고 전쟁용 말을 확보하는 군사 개혁도 추진했지. 하지만 보수파의 거센 반발로 왕안석의 개혁은 폐지되며 관리들 다툼만 늘었어.

 반으로 줄어든 송나라
북송은 조광윤이 송나라를 세우고 수도를 카이펑에 둔 시기를 말해. 이후 금나라의 침입으로 북송이 멸망하자, 수도를 남쪽으로 새롭게 옮긴 시기를 남송이라고 부르지.

티무르 제국의 건설자
티무르

서아시아 1336~1405 / 1370~1405

"힘은 공평에서 나온다."

티무르 제국 건설

1360년대 후반, 원나라가 무너지고 몽골족의 힘이 약해졌어. 이 틈을 타 중앙아시아에서는 티무르가 왕위에 올라 티무르 제국을 세웠지. 그는 수도를 사마르칸트로 정하고 제국의 기틀을 다졌어. 칭기즈 칸의 후손과 결혼해 스스로 칭기즈 칸의 후손이라고 자처했지.

정복 전쟁과 명나라 원정

티무르는 중앙아시아의 호라즘 왕국을 시작으로, 기타 등 서아시아 여러 지역을 정복했어 과시리로드 긴켜갔고, 인도 델리 지역까지 공격해 많은 재물을 얻었지. 1402년에는 오스만 제국과 앙카라 전투를 벌여 술탄을 포로로 잡아 사람에 이르게 했고, 영국과 프랑스에 사절을 파견하기도 했지.

1405년에는 몽골족의 원나라를 무너뜨린 명나라에 복수하기 위해 출정했지만, 티무르가 원정 도중 병으로 사망하면서 계획은 중단됐어. 이후 티무르 제국은 점점 약해져 약 100년 뒤 멸망했지.

차례

● 세계사 팝업　● 신스틸러

프롤로그 • 14

1장 고대 • 19

4대 문명의 탄생 • 20
- 001 사르곤 1세 • 22
- 002 함무라비 • 23
- 003 솔로몬 • 24
- 004 투탕카멘 • 25
- 005 람세스 2세 • 26

고대 이집트의 찬란한 문화 • 28
- 006 조로아스터 • 30
- 007 키루스 2세 • 31
- 008 다리우스 1세 • 32
- 009 주 무왕 • 34
- 010 제 환공 • 35
- 011 진시황 • 36

제자백가와 주요 학파 • 38
- 012 유방 • 40

흉노의 묵특 선우 • 42
- 013 한 무제 • 44
- 014 사마천 • 45
- 015 장건 • 46
- 016 광무제 • 47

중국 영웅들의 이야기, 삼국지 • 48
그리스 폴리스 • 50
그리스 민주주의를 만든 사람들 • 52
- 017 호메로스 • 54

고대 그리스를 빛낸 학자들 ❶ • 56
고대 그리스를 빛낸 학자들 ❷ • 58
- 018 알렉산드로스 • 60

로마의 건국 신화 • 62
- 019 한니발 • 64
- 020 그라쿠스 형제 • 65
- 021 카이사르 • 66
- 022 옥타비아누스 • 68
- 023 클레오파트라 • 69
- 024 예수 • 70

로마의 폭군 황제들 • 72
오현제 시대 황제들 • 74
- 025 마르쿠스 아우렐리우스 • 76
- 026 콘스탄티누스 대제 • 77

로마를 기록한 인물들 • 78
- 027 싯다르타 • 80

- 028 찬드라굽타 마우리아 • 82
- 029 아소카 • 83
- 030 카니슈카 • 84
- 031 찬드라굽타 1세 • 85
- 032 찬드라굽타 2세 • 85
- 굽타 왕조와 인도의 황금기 • 86
- 033 효문제 • 88
- 위진남북조 시대의 예술가들 • 89
- 034 수 양제 • 90
- 035 당 태종 • 91
- 036 측천무후 • 92
- 037 현장 • 93
- 038 당 현종 • 94
- 039 안녹산과 사사명 • 95
- 당나라를 빛낸 예술가들 • 96
- 040 쇼토쿠 태자 • 98
- 041 엔닌 • 99
- 042 무함마드 • 100
- 043 알리 이븐 아비 탈리브 • 102
- 044 하룬 알라시드 • 103
- 이슬람 세계의 위대한 학자들 • 104
- 일을 줄이려면 인물을 뽑자! • 106

2장 중세 • 109

- 045 클로비스 1세 • 110
- 046 카롤루스 마르텔 • 111
- 047 카롤루스 대제 • 112
- 048 오토 1세 • 114
- 049 윌리엄 1세 • 115
- 050 유스티니아누스 1세 • 116
- 051 그레고리우스 7세 • 118
- 052 우르바누스 2세 • 119
- 십자군 전쟁 • 120
- 053 리처드 1세 • 122
- 054 살라딘 • 123
- 055 토마스 아퀴나스 • 124
- 056 필리프 4세 • 125
- 영국과 프랑스의 백년 전쟁 • 126
- 057 잔 다르크 • 128
- 058 이사벨 1세 • 130
- 059 카를 5세 • 131
- 유럽을 지배한 합스부르크가 • 132
- 060 로렌초 데 메디치 • 134
- 061 구텐베르크 • 135
- 르네상스 문학의 거장들 • 136
- 르네상스 미술의 거장들 • 138
- 062 마르틴 루터 • 140
- 063 장 칼뱅 • 141
- 종교 개혁의 선구자들 • 142
- 064 카트린 드 메디시스 • 143
- 065 앙리 4세 • 144

종교 전쟁 • 145
- 066 헨리 8세 • 146
- 067 이그나티우스 데 로욜라 • 148

크리스트교의 공인과 분화 • 149
- 068 셰익스피어 • 150
- 069 야율아보기 • 152
- 070 조광윤 • 153
- 071 왕안석 • 154
- 072 아구다 • 155
- 073 악비 • 156
- 074 주희 • 157
- 075 칭기즈 칸 • 158
- 076 쿠빌라이 칸 • 160

마르코 폴로와 이븐 바투타 • 162
- 077 주원장 • 164
- 078 영락제 • 166
- 079 정화 • 167
- 080 왕양명 • 168
- 081 장거정 • 169
- 082 마테오 리치 • 170
- 083 이자성 • 171
- 084 누르하치 • 172
- 085 홍타이지 • 173
- 086 강희제 • 174
- 087 옹정제 • 174
- 088 건륭제 • 175

일본 고대부터 막부 시대까지 • 176
- 089 미나모토노 요리토모 • 178
- 090 아시카가 다카우지 • 179
- 091 오다 노부나가 • 180
- 092 도요토미 히데요시 • 181
- 093 도쿠가와 이에야스 • 182
- 094 티무르 • 183
- 095 메흐메트 2세 • 184
- 096 이스마일 1세 • 185
- 097 쉴레이만 1세 • 186
- 098 만사 무사 • 187
- 099 바부르 • 188
- 100 아크바르 • 189
- 101 샤 자한 • 190
- 102 아우랑제브 • 191

대항해 시대를 연 개척자들 • 192

아메리카 문명의 학살자들 • 194
- 103 펠리페 2세 • 196
- 104 엘리자베스 1세 • 198
- 105 루이 14세 • 200

절대 왕정과 중상주의 • 202
- 106 프리드리히 2세 • 204
- 107 마리아 테레지아 • 205
- 108 표트르 대제 • 206
- 109 예카테리나 2세 • 207

계몽사상가들 • 208

과학 혁명을 빛낸 인물들 • 210
110 찰스 1세 • 212
111 올리버 크롬웰 • 213
112 메리와 윌리엄 • 214
영국의 의회 민주주의 • 215
113 조지 워싱턴 • 216
114 토머스 제퍼슨 • 218
115 벤저민 프랭클린 • 219
휴가 가서도 일 중독인 신 • 220

3장 근대 • 223

116 루이 16세 • 224
117 마리 앙투아네트 • 225
118 로베스피에르 • 226
프랑스 혁명 ❶~❷ • 227
119 나폴레옹 • 230
17~18세기 음악가들 • 232
120 호레이쇼 넬슨 • 234
121 나폴레옹 3세 • 235
122 메테르니히 • 236
123 니콜라이 1세 • 237
크림 전쟁 • 238
백의의 천사 나이팅게일 • 239
이탈리아 통일의 주역들 • 240
독일 통일의 주역들 • 242

124 빌헬름 2세 • 244
125 제임스 먼로 • 245
126 에이브러햄 링컨 • 246
근대 서구 작가들 • 248
127 투생 루베르튀르 • 250
128 미겔 이달고 • 251
129 볼리바르 • 252
130 산마르틴 • 253
세계를 바꾼 산업 혁명 • 254
131 제임스 와트 • 256
132 토머스 에디슨 • 257
133 카를 벤츠 • 258
134 라이트 형제 • 259
135 애덤 스미스 • 260
136 존 스튜어트 밀 • 261
사회주의 사상가들 • 262
137 카를 마르크스 • 263
경제학의 발전 • 264
138 찰스 다윈 • 266
139 알프레드 노벨 • 267
19세기 과학 혁명의 주역들 • 268
19세기 화가들 • 270
140 허버트 스펜서 • 272
141 헨리 스탠리 • 273
142 아문센 • 274
143 빅토리아 • 275

제국주의와 식민지 쟁탈 • 276
144 세실 로즈 • 278
145 레오폴드 2세 • 279
아프리카의 독립운동가 • 280
146 미드하트 파샤 • 282
147 무함마드 알리 • 283
148 무함마드 이븐 압둘 와하브 • 284
149 압둘아지즈 알사우드 • 285
동남아시아의 독립운동가 • 286
150 임칙서 • 288
151 홍수전 • 289
152 이홍장 • 290
153 캉유웨이 • 291
154 서태후 • 292
155 광서제 • 293
156 쑨원 • 294
157 위안스카이 • 295
158 천두슈 • 296
159 매슈 페리 • 297
160 요시다 쇼인 • 298
161 사카모토 료마 • 299
162 이와쿠라 도모미 • 300
163 후쿠자와 유키치 • 301
제1차 세계 대전(1914~1918) • 302
164 프란츠 요제프 1세 • 304
165 우드로 윌슨 • 305

166 아서 밸푸어 • 306
167 알렉산드르 2세 • 307
러시아 혁명 • 308
168 니콜라이 2세 • 310
169 라스푸틴 • 311
170 레닌 • 312
171 스탈린 • 313
제2차 세계 대전(1939~1945) • 314
172 장제스 • 316
173 마오쩌둥 • 317
174 간디 • 318
175 네루 • 319
176 호찌민 • 320
177 수카르노 • 321
178 무스타파 케말 • 322
179 존 D. 록펠러 • 323
180 아인슈타인 • 324
181 프랭클린 루스벨트 • 325
182 무솔리니 • 326
183 도조 히데키 • 327
184 히틀러 • 328
185 안네 프랑크 • 330
186 솔 남매 • 331
187 윈스턴 처칠 • 332
188 샤를 드골 • 334
189 오펜하이머 • 335

- 190 더글러스 맥아더 • 336
- 191 로베르 쉬망 • 337
- 192 프로이트 • 338
- 193 에멀린 팽크허스트 • 339
- 194 에밀리 데이비슨 • 340
- 195 헬렌 켈러 • 341
- 196 시몬 드 보부아르 • 342
- 197 마틴 루터 킹 • 343
- 198 넬슨 만델라 • 344
- 199 헨리 포드 • 345
- 200 피카소 • 346
- 201 가브리엘 샤넬 • 347
- 202 찰리 채플린 • 348
- 203 월트 디즈니 • 349

20세기 대중음악가 • 350

세계 평화를 위해 이 사람을! • 352

4장 현대 • 355

냉전과 중동 전쟁 • 356
- 204 해리 트루먼 • 358
- 205 조지프 매카시 • 359
- 206 존 F. 케네디 • 360
- 207 흐루쇼프 • 361
- 208 닐 암스트롱 • 362
- 209 나세르 • 363
- 210 요시프 티토 • 364
- 211 저우언라이 • 365
- 212 체 게바라 • 366
- 213 카스트로 • 367
- 214 호메이니 • 368
- 215 리처드 닉슨 • 369
- 216 덩샤오핑 • 370
- 217 빌리 브란트 • 371

세계화 • 372
- 218 마거릿 대처 • 374
- 219 로널드 레이건 • 375
- 220 고르바초프 • 376
- 221 옐친 • 377
- 222 레흐 바웬사 • 378
- 223 바츨라프 하벨 • 379

20세기를 빛낸 여성 과학자들 • 380
- 224 오사마 빈 라덴 • 382
- 225 헨리 키신저 • 383
- 226 스티브 잡스 • 384
- 227 빌 게이츠 • 385

에필로그 • 386

찾아보기 • 390

세계 지도 • 394

어느 날, 하늘과 저승을 다스리는 가장 높은 자리에 새로운 신이 들어왔어요.

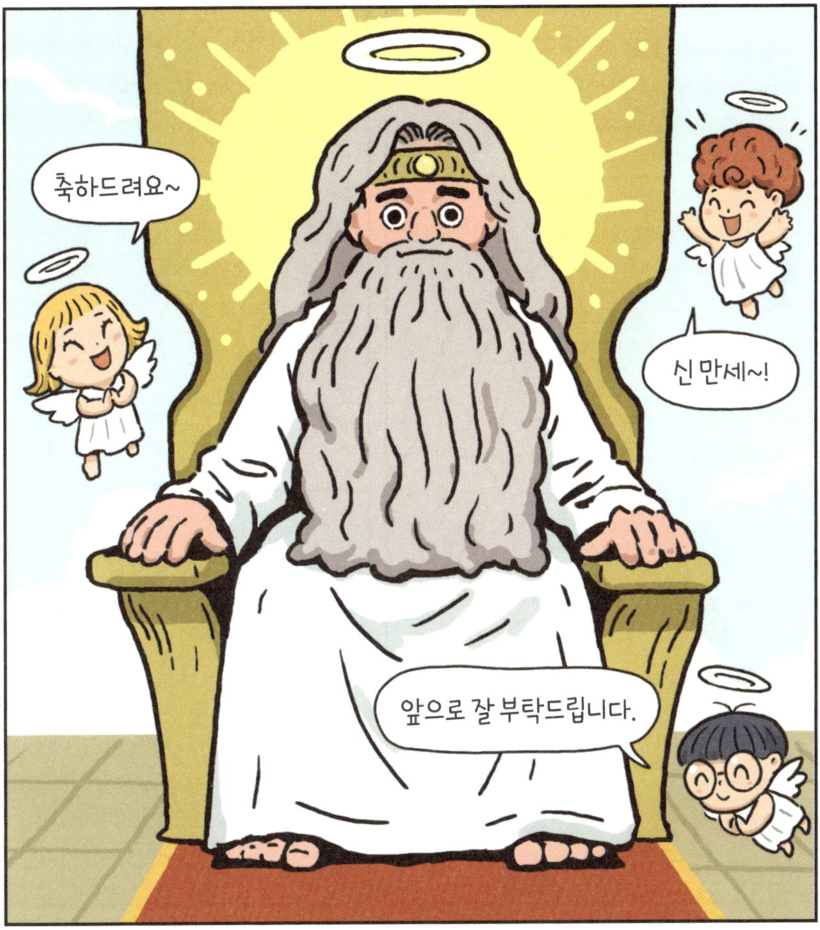

17

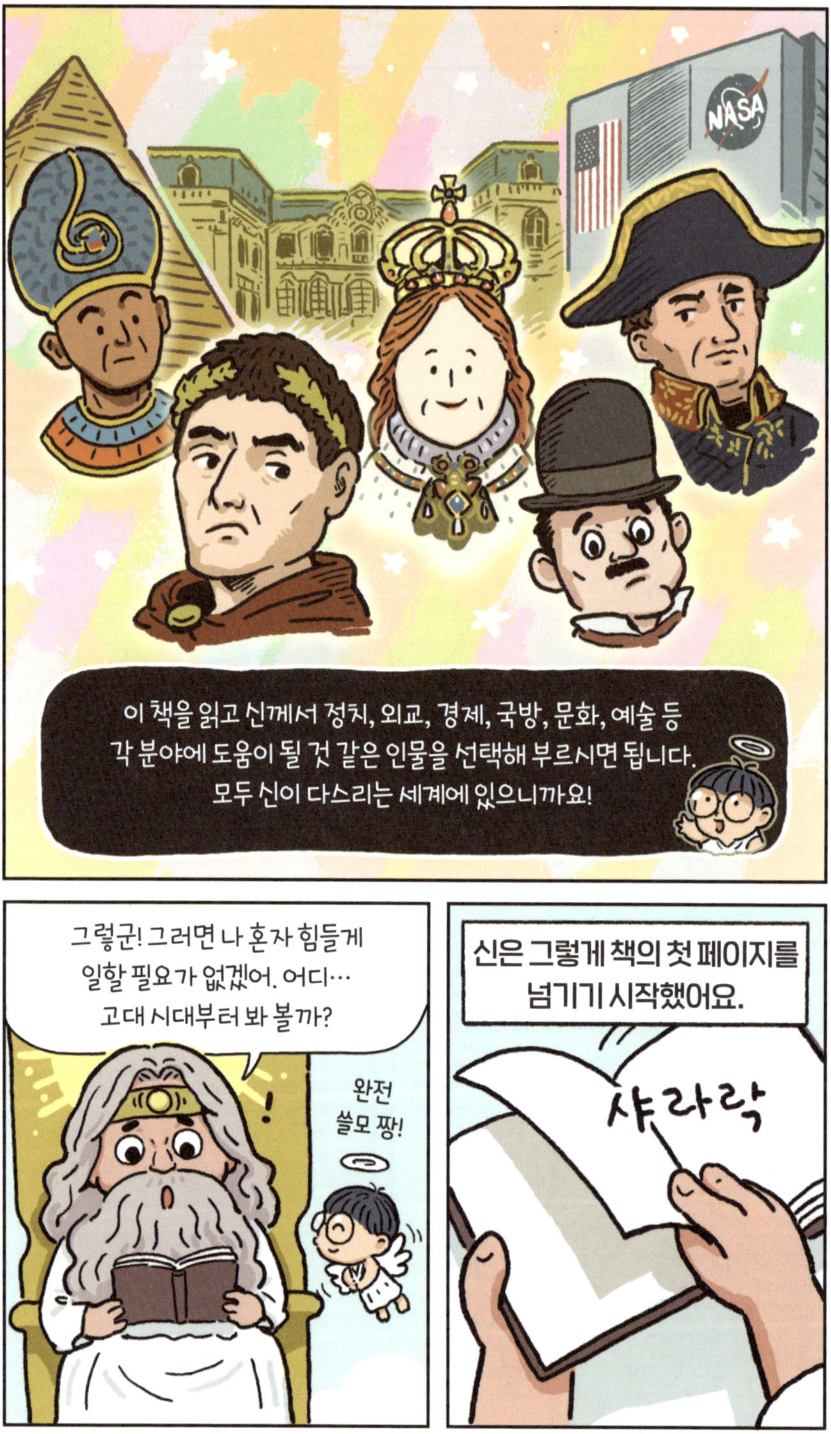

이 책을 읽고 신께서 정치, 외교, 경제, 국방, 문화, 예술 등 각 분야에 도움이 될 것 같은 인물을 선택해 부르시면 됩니다. 모두 신이 다스리는 세계에 있으니까요!

그렇군! 그러면 나 혼자 힘들게 일할 필요가 없겠어. 어디… 고대 시대부터 봐 볼까?

완전 쓸모 짱!

신은 그렇게 책의 첫 페이지를 넘기기 시작했어요.

샤라락

1장

고대

인류는 문명을 이루며 세계 곳곳에 도시 국가를 세우기 시작했어. 하지만 정복과 전쟁은 끊이지 않았고, 혼란 속에서 새로운 사상과 체제가 발전했지. 그리스 아테네에서는 민주주의가 태동했고, 페르시아와 그리스의 대규모 전쟁은 역사의 판도를 뒤흔들었어.

한편, 이 시기에 인류의 정신적 기반을 이루는 종교들이 탄생했어. 유대교에 뿌리를 둔 크리스트교는 서양 세계에, 인도에서 시작된 불교와 중국에서 탄생한 유교는 동아시아와 동남아시아로 널리 퍼져 나갔어. 이슬람교는 서아시아에서 태동하며 후대에 중요한 영향을 끼치지.

그러는 사이, 로마 제국이라는 거대한 나라가 유럽을 지배하며 세계 질서를 주름잡았어. 동시에 동아시아에서는 중국의 강력한 제국들이 유럽 못지않은 군사력과 문화를 드러내며 굵직한 발자취를 남겼지.

숨 가쁘게 돌아가는 고대 역사의 바퀴, 그 중심에는 시대를 대표하는 수많은 영웅과 지도자들이 자리하고 있어. 고대 역사에 이름을 남긴 인물들을 따라가 보자.

4대 문명의 탄생

인류는 약 1만 2천 년 전부터 정착해 공동체 생활을 시작했어. 튀르키예의 괴베클리 테페 유적이 대표적이지. 인류 최초의 문명은 기원전 3500년경 메소포타미아 지역에서 발생했고, 이후 이집트, 인도, 중국에서도 문명이 발전했어. 큰 강을 따라 농업이 발달하자 도시와 지배층이 등장했어. 도시 국가는 왕국으로 발전했고, 청동기와 문자를 사용했지.

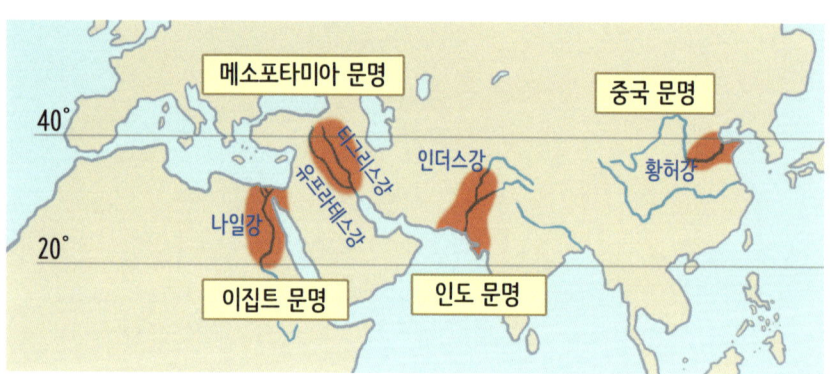

메소포타미아 문명

오늘날 이라크 남부의 티그리스강과 유프라테스강 사이에서 발생한 최초의 문명이야. 수메르인이 최초로 점토판에 쐐기 문자를 새겼고, 하늘에 제사를 지내기 위해 거대한 신전 지구라트를 세웠지. 또한 달의 움직임을 기준으로 날짜를 정하는 태음력을 사용했고, 인류 최초로 바퀴를 활용했어.

쐐기 문자

이집트 문명

이집트 문명은 나일강을 따라 발전했어. 기원전 3000년경 강력한 왕국이 건설되었고, 왕인 파라오는 신처럼 여겨졌지. 이집트 사람들은 사후 부활을 믿어 파라오의 무덤 피라미드를 지었고, 시신을 미라로 만들었어. 기록과 의식을 위해 상형 문자를 사용했지.

상형 문자

인도 문명

인더스강 주변에서는 인도 문명이 발달했어. 인도 문명을 대표하는 하라파와 모헨조다로 같은 도시들은 격자형 도로망과 공중목욕탕, 성벽을 갖춘 계획 도시였지. 물소나 코끼리 등 동물이 새겨진 인장 문자가 사용되었어.

인장 문자

중국 문명

황허강 일대에서 신석기 문화가 발달하며 중국 문명이 등장했어. 기원전 2000년경에는 양쯔강과 중국 남부로 확대되었지. 이 시기 사람들은 청동기를 사용했고, 여러 도시를 만들었어. 또한 동물의 뼈나 거북의 배 껍질에 문자를 새겨서 사용했지. 이를 갑골 문자라고 해.

갑골 문자

동서남북을 지배한 왕
사르곤 1세

지역 서아시아 **생몰** ?~2279 B.C. **재위** 2334~2279 B.C.

메소포타미아 문명을 통일

메소포타미아 지역에서 수메르인이 인류 최초로 문명을 세웠어. 도시 국가들이 저마다 지도자를 중심으로 발전했지. 하지만 시간이 흐르면서 북쪽의 아카드인 지도자들이 점점 힘을 키웠고, 그중에서도 사르곤 1세가 가장 강력한 왕으로 떠올랐어.

사르곤 1세는 수메르를 비롯해 메소포타미아 전역을 정복하고 아카드 왕조를 세웠지. 그전에도 여러 도시 국가를 통합하려는 시도는 있었지만, 메소포타미아 전체를 하나로 묶은 건 사르곤 1세가 처음이었어. 그래서 그는 '오리엔트 지역을 최초로 통일한 왕'으로 불리기도 해.

동서남북 사계의 왕

사르곤 1세는 정복 활동을 멈추지 않았어. 동쪽으로는 이란, 북쪽으로는 튀르키예 남부, 서쪽으로는 지중해 연안, 남쪽으로는 걸프해에 이르기까지 영토를 넓혔지. 그래서 사람들은 그를 '사계(四界)의 왕', 즉 동서남북을 다 다스리는 왕이라고 불렀어.

하지만 그는 단순한 정복자가 아니었어. 더 강력한 나라를 만들기 위해 여러 개혁도 추진했지. 도량형을 통일해 상인들이 더 쉽게 거래할 수 있도록 했고, 전국에 도로를 깔아 왕의 명령이 빠르게 전달되도록 했어. 또 충성스러운 군대를 따로 편성하고, 신하들에게 땅을 나눠 주어 믿을 만한 지방 통치자로 삼았지.

사르곤 1세의 이런 노력 덕분에 아카드 왕조는 오랫동안 강한 제국으로 남을 수 있었어.

돌비석에 정의를 새긴 왕
함무라비

지역 서아시아 생몰 1810~1750 B.C. 재위 1792~1750 B.C.

메소포타미아 지역을 다시 통일한 왕

아카드 왕국이 무너진 뒤, 메소포타미아는 여러 도시 국가로 나뉘어 혼란스러웠어. 이 틈을 타 조용히 성장한 나라가 바빌로니아였지. 바빌로니아는 특히 제6대 왕, 함무라비 때 크게 번성했어.

함무라비왕은 뛰어난 전략과 리더십으로 메소포타미아 일대를 다시 통일했어. 그는 영토를 넓히고 도로망을 정비했으며, 충성스러운 신하들에게 토지를 나눠 주고 지방을 다스리게 하는 등 지방 통치를 강화했어. 덕분에 바빌로니아는 더 안정되고 강력한 나라가 되었지.

돌비석에 새겨진 법

함무라비왕은 높이 2.5m의 돌 비석에 법을 새겨 남겼어. 이 법전은 당시 사회 구조와 법의 모습을 알려주는 귀중한 역사 기록이지. 법전에는 '눈에는 눈, 이에는 이' 같은 보복적 원칙이 적혀 있어. 사람을 다치게 하면 같은 방식으로 처벌받고, 사람을 죽이면 사형에 처했지. 또 귀족과 평민, 노예 등 신분에 따라 처벌 수위가 달랐지만, 힘이 있다고 함부로 개인적인 처벌을 할 수 없도록 했어. 함무라비왕 사후 바빌로니아는 히타이트의 침입으로 멸망했지만, 함무라비 법전은 인류의 법체계 형성에 큰 영향을 끼쳤지.

 **우르남무 법전**

글로 기록된 법전을 성문법전이라고 해. 한때는 함무라비 법전이 역사상 가장 오래된 성문법전으로 알려졌어. 하지만 기원전 2100년경 수메르의 우르남무왕이 만든 우르남무 법전이 발견되면서 이 기록이 깨졌지.

고대 No.003

지혜의 상징이 된 왕

솔로몬

지역 서아시아 생몰 990?~931 재위 970~931 B.C.

이스라엘 왕국을 번영시킨 왕

지중해 동쪽 해안과 메소포타미아 서쪽 지역에는 페니키아인과 헤브라이인들이 살고 있었어. 이 중 헤브라이인은 이스라엘 왕국을 세웠지. 이스라엘 왕국의 전성기를 이끈 대표적인 왕이 솔로몬이야. 그는 아버지 다윗이 다진 기반 위에서 나라를 더욱 부강하게 만들었어.

솔로몬은 이집트 공주와 결혼해 강력한 동맹을 맺고, 국경 수비를 강화해 외적의 침입을 막았어. 또한 이웃 나라들과 무역을 활발히 하며 이스라엘을 부유한 나라로 키웠지.

지혜로운 판결과 말년의 실수

솔로몬은 공정하고 합리적인 재판으로 유명해서 '지혜의 왕'이란 별명도 얻었어. 특히 아기를 두고 두 여인이 서로 자기 자식이라고 다툴 때, 솔로몬은 아이를 반으로 나누라고 명령했지. 그러자 한 여인이 차마 아이를 해칠 수 없다며 물러났고, 솔로몬은 그 여인이 아이의 진짜 엄마임을 알아차렸어.

하지만 솔로몬도 완벽한 왕은 아니었어. 말년에는 사치스러운 궁전과 신전을 짓느라 백성에게 세금과 노동을 부담시켰어. 이는 백성들의 불만을 불러왔지. 솔로몬이 죽자 결국 이스라엘 왕국은 북이스라엘과 유다 왕국으로 갈라졌어. 이후 두 나라는 주변 강대국의 침략을 받으며 멸망의 길로 들어섰지.

솔로몬의 판결

고대
No.004

황금 마스크로 유명해진 왕
투탕카멘

지역 아프리카 생몰 1341~1323 B.C. 재위 1334~1325 B.C.

죽고 나서 유명해진 파라오

투탕카멘은 이집트 신왕국 시대의 파라오로, 어린 나이에 왕위에 올랐지만 10년도 되지 않아 세상을 떠났어. 나라를 오래 다스리지도 못했고, 특별한 업적도 남기지 못했지.
하지만 오늘날 그는 이집트에서 가장 유명한 파라오 중 한 명으로 꼽혀. 살아 있을 땐 잘 알려지지 않았지만, 죽은 뒤에 무덤이 완전한 상태로 발굴되면서 세계적인 스타가 된 거야.

투탕카멘의 무덤 발굴

1922년, 영국의 고고학자 하워드 카터가 이집트 룩소르의 왕가의 계곡에서 투탕카멘의 무덤을 발견했어. 이 무덤은 도굴 피해가 거의 없이시, 아름다운 황금 마스크를 비롯한 수천 점의 보물이 그대로 남아 있었지. 원래 피라미드에 파라오의 미라와 보물을 묻었지만, 도굴이 심해지면서 인적이 드문 외진 곳에 파라오의 무덤을 만들었거든.
그런데 발굴 이후 탐사대 일부가 갑자기 사망

하면서 파라오가 저주를 내렸다는 괴담이 빠르게 퍼졌어. 하지만 이건 우연일 뿐, 과학적으로는 무덤 속 위생 상태와 균 감염 때문에 일어난 일로 보고 있어.

신왕국 시대 전성기를 이끈 파라오

고대 이집트는 고왕국, 중왕국, 신왕국 시대로 나뉘어. 람세스 2세는 가장 나중인 신왕국 시대를 대표하는 파라오로, 이집트의 전성기를 이끌었지. 그는 20대에 즉위해 66년 동안 이집트를 통치하며, 강력한 군사력과 건축 사업으로 나라를 번영하게 만들었어. 오늘날 이집트 수도 카이로에는 그의 이름을 딴 람세스 광장과 람세스역이 있을 정도로 위대한 지도자로 평가받고 있지.

카데시 전투와 평화 협정

람세스 2세는 직접 군대를 이끌며 사방으로 영토를 넓혔어. 남쪽으로 누비아를 정복하고, 서쪽으로 리비아를 확보했지. 북쪽으로는 팔레스타인 지역을 목표로 진격했지만, 강대국 히타이트 역시 팔레스타인을 양보할 생각이 없었어. 기원전 1274년, 람세스 2세는 카데시라는 곳에서 히타이트군과 대규모 전투를 벌였어. 카데시 전투는 세계 최초로 기록된 문명 간 전쟁으로 유명해. 이

전차 위의 람세스 2세

집트 문명과 메소포타미아 문명이 정면으로 충돌한 사건이지. 그러나 이 전투에서 람세스 2세의 군대는 히타이트 군대를 꺾을 수 없었고, 몇 년 뒤 이집트와 히타이트는 평화 조약을 체결했어. 이 역시 세계 최초의 평화 협정으로 알려져 있지. 이후 람세스 2세는 히타이트의 공주를 왕비로 맞이하며 평화를 다졌고, 큰 전쟁 없이 안정적인 통치를 이어갔어.

토목 산업을 일으키고 일자리 창출

람세스 2세는 지중해 동부 지역 진출을 대비해 나일강 북쪽에 신도시 피람세스를 건설하고 수도로 삼았어. 피람세스는 군사 요충지이자 무역 중심지로 번성했지.

그는 이집트 역사상 가장 많은 건축물을 남긴 파라오로도 유명해. 카르나크 신전을 확장하고, 아부심벨 대신전과 라메세움을 건설했지. 특히 아부심벨 신전은 나일강 상류에 세워진 거대한 신전으로, 람세스 2세의 강력한 위엄을 보여 주고 있어. 람세스 2세의 대규모 토목 산업 덕분에 많은 일자리가 생겨 이집트의 경제도 활성화됐지.

장수한 파라오

람세스 2세는 66년 동안 이집트를 통치하며 수많은 군사적, 경제적, 문화적 업적을 남겼어. 90세를 넘기고 사망했는데, 당시로서는 경이로운 장수를 누린 거야. 그러나 그의 사망 이후, 이집트는 아시리아와 페르시아의 침략을 받으며 어려운 시기를 맞게 돼.

아부심벨 대신전

아부심벨 대신전은 람세스 2세와 왕비를 모시는 신전이야. 입구에는 높이 20m에 이르는 거대한 조각상들이 자리하고 있으며, 내부에는 카데시 전투 등 람세스 2세의 전투 모습을 담은 벽화가 그려져 있어.

그러나 불행히도 나일강 상류에 댐이 만들어지면서 아부심벨 대신전이 물에 잠길 위기에 처하자, 지금은 아부심벨 대신전을 조각조각 뜯어내서 65m 지상으로 옮겨 놓았어.

고대 이집트의 찬란한 문화

고대 이집트 사람들은 죽음이 끝이 아니라고 믿었어. 그래서 파라오가 사후 세계에서 살아날 수 있도록 미라를 만들고, 웅장한 피라미드를 지어 보물을 채웠지. 파라오의 권위도 중시해서 조각상에는 수염 같은 상징도 새겨 넣었어.

다시 살아날 준비, 미라 제작

고대 이집트인들은 파라오가 죽으면 영혼을 보존하기 위해 미라로 만들었어. 특별한 방법으로 시신을 방부 처리하고, 마지막에 황금 마스크를 씌웠지.

미라 제작 과정

최초의 피라미드

이집트 고왕국 시대 때 파라오의 무덤으로 피라미드를 지었어. 최초의 피라미드는 제3왕조 조세르왕의 계단식 피라미드로, 사람들은 파라오가 계단을

조세르왕의 계단식 피라미드

타고 하늘로 올라간다고 믿었지.

다음 파라오들도 처음엔 계단식 피라미드를 지었지만, 점차 계단 사이를 메우면서 오늘날 우리가 아는 사각뿔 형태의 피라미드가 만들어졌지.

가장 크고 웅장한 피라미드

이집트 기자에 있는 쿠푸왕의 피라미드는 지금까지 알려진 피라미드 중 가장 커. 약 230만 개의 석재로 지어졌고, 각 석재의 평균 무게는 무려 2.5t이나 돼. 처음 지어졌을 땐 높이가 146.6m였지만, 윗부분이 파손되면서 지금은 138.5m 정도야. 당시 약 10만 명의 인부가 20년 넘게 공사에 참여했다고 전해져. 워낙 크고 웅장해서 '대피라미드'라고도 불려.

대피라미드

수염을 단 여왕, 하트셉수트

이집트의 파라오 조각상에는 종종 남성성을 상징하는 길쭉한 수염이 새겨져있어. 대표적인 여성 파라오 하트셉수트도 이런 긴 수염을 부착한 모습으로 조각되있지.

그녀는 원래 어린 왕 대신 나라를 다스리는 사람이었지만, 결국 직접 파라오로 즉위했어. 귀족들의 반대에 부딪힌 하트셉수트는 남성의 복장과 가짜 수염을 착용하고 왕좌에 올랐다고 전해져.

수염을 붙인 하트셉수트 조각상

선과 악을 나눈 성직자
조로아스터

지역 서아시아 **활동** 기원전 6세기경

조로아스터교 창시

조로아스터는 고대 페르시아의 성직자로, 조로아스터교를 창시했어. 기원전 7~6세기경 페르시아 동부에서 태어난 것으로 추정돼. 그는 어린 나이에 사제가 되었고, 성인이 되어 깨달음을 얻으며 새로운 가르침을 전파했지.

조로아스터교는 선과 악의 대립을 강조해. 세상의 창조주이자 선의 신 아후라 마즈다와 악의 신 앙그라 마이뉴가 끊임없이 싸운다고 보았지. 조로아스터교는 당시 여러 신을 믿는 다신교가 주류였던 사회에서 등장한 유일신 신앙이었기에 획기적인 변화를 가져왔어.

종교의 어머니

조로아스터교는 아케메네스 왕조 페르시아부터 사산 왕조 페르시아를 거치면서 페르시아인들의 중심 종교가 되었어. 키루스 2세와 다리우스 1세 같은 위대한 왕들이 이 종교를 따랐고, 페르시아 제국의 방대한 영토 확장과 함께 조로아스터교는 널리 퍼졌어.

또한 조로아스터교의 철학과 교리는 후대 종교에 큰 영향을 미쳤어. 크리스트교와 이슬람교의 천국과 지옥, 최후의 심판, 천사와 악마 같은 개념도 여기에서 비롯된 거야. 이 때문에 조로아스터교는 종종 '종교의 어머니'라고 불려.

 **파라바하르**

세 개의 깃털 층을 가진 파라바하르는 좋은 생각을 하면 좋은 말이 나오고, 이는 좋은 행동으로 이어진다는 조로아스터교의 가르침을 상징해.

페르시아 제국을 건설한 왕
키루스 2세

지역 서아시아   생물 600~530 B.C.   재위 550~530 B.C.

이란 건국의 아버지

기원전 6세기 초, 페르시아 지역에는 여러 작은 왕국과 부족이 공존하고 있었어. 그중 아케메네스 왕조의 키루스 2세가 두각을 나타냈지. 그는 주변 왕국을 통합하며 인류 최초의 제국인 페르시아 대제국을 건설했어.

오늘날 이란에서는 키루스 2세를 '키루스 대왕', 혹은 '이란 건국의 아버지'라고 불러.

서아시아 정복과 관용 정책

키루스 2세는 서쪽으로 진격해 소아시아의 강대국 리디아를 무너뜨렸고, 메소포타미아로 진출해 신바빌로니아를 정복했어. 바빌론 백성들은 저항 없이 성문을 열고 항복했지. 키루스 2세는 오늘날 시리아와 팔레스타인 지역까지 차지하며 제국을 넓혔어.

그는 정복한 지역의 문화와 종교를 존중하는 관용 정책을 펼쳤어. 특히 바빌론에서 포로로 있던 유대인들을 해방해 고향으로 돌려보냈지. 그의 업적은 '키루스 원통'이라는 유물에 기록되어 있는데, 인류 최초의 인권 선언문으로 불려. 키루스 2세는 동쪽 지역에서 유목 민족과 싸우다 전사했지만, 그의 아들이 이집트를 정복하며 페르시아 제국을 더욱 크게 확장했지.

페르시아의 강력한 통치자

기원전 522년, 페르시아의 캄비세스 2세가 죽은 뒤 반란이 일어나는 등 나라가 몹시 어지러워졌어. 다리우스 1세는 신속히 반란을 진압하고 왕위에 올랐지. 그는 제국 곳곳의 혼란을 정리하고 대규모 정복 전쟁을 벌여 영토를 확장했어. 동쪽으로는 인더스강까지 진출했고, 서쪽으로는 발칸반도와 다뉴브강(도나우강)까지 나아갔지. 다리우스 1세의 군대는 유럽까지 위협할 수 있을 정도였어. 그는 페르시아를 세계적인 제국으로 키운 인물이야.

제국의 체계화

다리우스 1세는 넓어진 영토를 효과적으로 다스리기 위해 전국에 총독을 파견했어. 총독들은 담당 구역에서 세금을 걷고 지방을 관리하며 중앙 정부의

아케메네스 왕조 페르시아의 최대 영역과 왕의 길

명령을 전달하는 역할을 했지. 또한, 다리우스 1세는 수도 페르세폴리스와 주요 도시를 연결하는 도로망을 구축해 행정과 군사 이동을 효율적으로 만들었어. 이런 체계 덕분에 페르시아 제국은 강력한 중앙 집권 국가로 자리 잡았고, 다리우스 1세는 '다리우스 대왕'이라는 칭호를 얻었어.

그리스·페르시아 전쟁 발발

페르시아의 지배를 받던 소아시아의 한 그리스 도시가 아테네의 지원을 받아 반란을 일으켰어. 다리우스 1세는 반란을 잠재운 뒤, 다시는 같은 일이 생기지 않도록 아테네를 벌주기 위해 군대를 보냈지. 이로써 그리스·페르시아 전쟁이 발발했어.

두 나라는 승리와 패배를 주고받으면서 오랜 전쟁을 이어갔지. 전쟁의 하이라이트는 아테네 동쪽의 마라톤 평원에서 치러진 마라톤 전투였는데, 페르시아군이 수적으로 훨씬 우세했음에도 그리스 군대가 잘 막아 냈어. 이때 한 그리스 병사가 승리 소식을 전하려고 아테네까지 뛰어갔다는 일화에서 마라톤 경기가 유래했어.

그리스·페르시아 전쟁의 결말

다리우스 1세는 그리스를 다시 정벌하려 했지만, 세상을 떠나며 꿈을 이루지 못했어. 그러나 그의 죽음 이후에도 전쟁은 계속됐지. 두 나라의 끈질긴 전쟁으로 페르시아 국력은 약해지고 백성들의 삶도 어려워졌어. 결국 마케도니아의 알렉산드로스가 그리스와 페르시아를 모두 멸망시키게 돼.

페르세폴리스

페르세폴리스는 다리우스 1세가 지은 페르시아 제국의 수도로, 행정과 의식의 중심지였어. 지금은 유적지만 남아 있지만, 거대한 궁전 터와 섬세한 부조들은 그의 권력과 제국의 위엄을 느끼게 해 줘.

페르세폴리스 터 전경

예 사상을 확립시킨 왕
주 무왕

지역 동아시아 **생몰** ?~1043 B.C. **재위** 1046~1043 B.C.

상나라를 무너뜨리고 화북 장악

주나라는 원래 상나라를 섬기던 제후국이었어. 하지만 상나라 왕이 폭정을 일삼아 백성들이 고통받자, 주나라 무왕이 다른 제후국들과 힘을 합쳐 상나라를 무너뜨리고 황허강 일대를 지배하였지. 주나라는 화북 지방을 중심으로 여러 제후국을 다스리며 새로운 통치 질서를 만들어 냈어.

봉건제와 예 사상 확립

주 무왕은 수도를 오늘날 산시성 시안으로 정하고, 왕족들과 공을 세운 신하들에게 영토를 나눠 주며 봉건제를 시행했어. 왕족과 신하들은 땅을 받은 대가로 주 무왕에게 충성을 맹세해야 했지.

또한, 주 무왕은 자신을 하늘의 아들인 '천자'라 칭하며 백성들에게 충성과 예 사상을 강조했어. 왕실을 충실히 따르고, 어른을 공경하며 예를 지키라고 했지. 이로써 예 사상이 퍼졌고, 사회 질서를 유지하는 원칙이 되었어.

주 무왕은 '사농공상'이라는 계급 체제도 세웠어. '사'는 학문과 관직을 맡은 계층, '농'은 농민, '공'은 수공업자, '상'은 상인을 의미했고, 이 순서대로 서열이 정해졌지. 주나라의 이러한 제도는 이후 중국 사회의 기반이 되었어.

 **강태공**

상나라가 폭정을 일삼던 시절, 주 무왕의 아버지 문왕은 어느 날, 강가에서 낚시하던 한 노인을 만났어. 그가 바로 강태공이야. 문왕은 그의 지혜를 알아보고 곁에 두었고, 강태공은 이후 주나라의 제도와 법을 정비했지.

춘추 시대 첫 번째 패자
제 환공

지역 동아시아　**생몰** ?~643 B.C.　**재위** 685~643 B.C.

춘추 시대의 시작

기원전 770년, 주 왕조는 이민족의 침략을 피해 수도를 시안에서 뤄양으로 옮겼어. 이때부터 왕권이 점점 약해지고, 제후국들이 독립적으로 세력을 키우며 서로 다투기 시작했지. 이 시기부터 기원전 403년까지를 춘추 시대, 그 후를 전국 시대라고 해.

춘추 오패의 등장

춘추 시대 초반, 가장 먼저 제나라가 두각을 나타냈어. 제나라는 주 무왕이 재상 강태공에게 하사한 나라로, 강태공의 후손들이 대대로 다스려 왔지. 그중 강태공의 후손인 제 환공이 형과의 권력 다툼에서 이긴 뒤 제나라를 강력한 제후국으로 성장시켰어. 이후 제 환공은 여러 제후들을 한자리에 불러 모아 *회맹을 주도하며 최초의 패자가 되었어. 이렇게 회맹을 주도하는 강한 제후를 '패자'라고 불러.

제 환공이 사망하자 진나라 문공이 회맹을 소집하면서 새로운 패자가 되었어. 그 뒤를 이어 초나라 장왕, 오나라 부차, 월나라 구천이 차례로 패자가 되었지. 이 다섯 명을 묶어 춘추 오패라고 불러. 춘추 시대를 이끈 다섯 패자라는 뜻이야.

 토막 사전 와신상담

오나라 부차와 월나라 구천은 장작 위에서 각오를 다지거나 쓴 쓸개를 핥으며 복수를 준비해 서로를 무너뜨렸어. '와신상담'은 여기서 유래한 말로, 목표를 이루기 위해 어떤 어려움도 참고 견딘다는 뜻이야.

※ **회맹** : 모여서 맹세함.

중국 최초의 황제
진시황

지역 동아시아 **생몰** 259~210 B.C. **재위** 221~210 B.C.(황제)

어린 왕에서 황제로

진시황의 본명은 정이야. 전국 시대 후반, 강대국인 진나라에서 태어난 그는 13살에 왕위에 올랐어. 나이가 어려서 초반에는 재상이 실권을 쥐었지만, 시간이 지나면서 정이 스스로 힘을 키워 재상을 제거하고 권력을 완전히 장악했지.

중국 통일과 제도 개혁

진나라는 법가 사상가이자 재상인 상앙의 개혁 덕분에 전국 칠웅 가운데 가장 강력한 나라로 성장했어. 전국 칠웅은 전국 시대에 힘이 셌던 일곱 나라(진, 초, 연, 제, 한, 위, 조)를 말해.

진시황은 전국 칠웅 중 다른 여섯 나라를 차례로 정복해 기원전 221년에 중국을 하나로 통일했어. 이로써 500년 넘게 이어졌던 춘추·전국 시대가 끝나고, 중국은 하나의 나라로 다시 태어났지. 정은 왕 대신 황제라는 새로운 칭호를 만들었고, '진시황'이라고 불렸어.

그는 전국의 문자, 도량형, 화폐를 통일해 중국을 하나의 문화권으로 만들었고, 전국을 36개의 군으로 나누어 황제의 명령이 곧바로 전달될 수 있도록 하는 중앙 집권 체제를 확립했어.

강압적 통치와 분서갱유

진시황은 자신의 권위를 깎아내리는 사상을 강하게 억눌렀어. 유가를 비롯하여 황제의 절대 권력에 방해되는 사상을 담은 서적은 태우고, 지식인들을 잔인하게 죽였지. 이를 '분서갱유'라고 해.

그는 전국을 돌아다니며 자신의 업적을 자랑하고 권위를 과시했지만, 순행 도중 갑자기 사망했어. 진시황이 죽자 진나라는 급격히 쇠퇴하기 시작했지.

진승·오광의 난과 진나라의 몰락

진나라는 북쪽 흉노족의 침략을 막기 위해 거대한 만리장성을 쌓았어. 이 성은 오늘날 유네스코 세계 문화유산으로 등록되었지.

하지만 만리장성을 짓기 위해 지나치게 세금을 많이 걷고 백성을 강제 노동에 동원하여 백성들의 불만이 커졌어. 결국 두 농민, 진승과 오광이 반란을 일으켰지. 이들은 원래 만리장성 건설에 강제 동원된 백성이었는데, 폭우로 시간 내 건설 현장에 도착하지 못해 처형될 위기에 놓이자 반란을 결심한 거야. 이 반란은 빠르게 퍼졌고, 결국 진나라는 멸망하고 말았어.

만리장성

진시황릉과 병마용갱

진시황 무덤의 규모는 길이 500m, 높이 76m로, 39년에 걸쳐 지어졌어. 특히 진시황릉의 일부인 병마용 1호갱이 유명한데, 이곳에는 약 8,000개의 정교한 병사 조각상이 묻혀 있었지. 이를 병마용이라고 해. 병마용은 황제를 사후에도 지키기 위해 만들어졌어.

병마용

제자백가와 주요 학파

춘추·전국 시대는 중국 역사에서 가장 혼란스러운 시기였지만, 이 시기에 다양한 철학과 사상이 꽃피었어. 혼란을 바로잡고 삶의 본질을 고민하며 여러 학파가 등장했지. 이들을 '제자백가'라고 불러. '수많은 학파와 여러 학자들'이란 뜻으로, 유가, 도가, 법가, 묵가처럼 이름 뒤에 '가'를 붙였어. 또 학자들 이름에는 '자'라는 존칭을 붙였지.

유가

공자가 창시한 학파야. 어진 마음을 바탕으로 왕이 백성을 어질게 다스려야 한다는 '왕도 정치'를 주장했어. 또한 자기 수양을 쌓고 가정을 다스린 후 나라와 천하를 평정해야 한다는 도덕적 실천을 강조했지.
이후 맹자는 인간의 본성이 선하다는 '성선설'을, 순자는 인간은 본래 악하다는 '성악설'을 주장하며 유학을 더욱 깊이 있게 발전시켰어.

공자

도가

노자는 자연에 순응하는 삶, 즉 '무위자연'을 강조했어. 억지로 꾸미지 않고 자연스럽게 살아가는 것이 가장 좋은 삶이라는 거야.

노자

또 다른 사상가인 장자는 노자의 사상을 더 넓히며 삶과 죽음을 초월한 자유로운 경지를 추구했지. 세상의 틀에서 벗어나 진정한 자유를 누리는 삶을 꿈꾼 거야.

법가

법가 사상은 강력한 법과 질서로 나라를 다스려야 한다고 봤어. 모든 백성이 법 앞에 평등하고, 법을 어기면 누구든 벌을 받아야 한다고 했지. 왕은 절대적인 권한을 가져야 한다는 점도 강조했어.

대표적인 법가 학자로는 진나라의 개혁가 공손앙(상앙)과 법가 사상을 체계적으로 정리한 한비자가 있어.

한비자

묵가

묵자는 유가 사상을 비판하며, 모든 사람을 평등하게 사랑해야 한다는 겸애를 주장했어. 전쟁을 반대하고, 왕도 백성과 함께 일하며 이익을 나눠야 한다고 했지. 다만 묵자의 사상은 현실에서 실현하기엔 어려운 점이 많아, 이상주의적인 철학이라는 평가도 있어.

묵사

이 외에도 명가, 농가, 병가, 음양가, 잡가, 종횡가, 소설가라는 학파가 있어. 위에서 설명한 네 개의 학파가 가장 대표적이지.

한나라를 세운 영웅
유방

지역 동아시아 **생몰** 256~195 B.C. **재위** 202~195 B.C.

평민에서 영웅으로

유방은 시골 농부의 아들로 태어나 평범하게 살아왔어. 젊은 시절에는 술 마시고 떠돌아다니는 날이 많았고, 지방 관청에서 진시황릉 공사에 인부들을 데려가는 일을 했지.

하지만 진승과 오광의 반란으로 진나라가 흔들리기 시작하자 유방도 병사들을 모아 반란을 일으켰어. 그는 처음엔 작은 무리로 시작했지만, 점점 세력을 키우며 진나라를 타도하고 새로운 나라를 세우겠다는 꿈을 품었지. 그렇게 천하를 꿈꾸는 영웅의 길로 나아가게 된 거야.

무적의 장수, 항우의 등장

한편, 초나라 귀족 출신인 항우도 삼촌 항량과 함께 봉기했어. 항우는 8척 장신에 힘이 셌고, 어려서부터 무예에 뛰어났지. 실제로 항우는 단숨에 진나라 군을 연이어 무찌르며 이름을 떨쳤고, 사람들은 그를 무적으로 여겼어.

하지만 항우는 학문을 가볍게 여기고, 무력을 지나치게 신뢰하는 경향이 있었어. 뛰어난 장수였지만, 장기적인 안목과 정치력에서는 부족한 점도 있었지. 항우는 결국 진나라를 쓰러뜨리긴 했지만, 진짜 경쟁 상대는 따로 있었어. 바로 유방이었지.

항우

유방과 항우의 천하 쟁탈전

항우의 부하들은 유방이 점점 세력을 키우는 걸 경계하며, 그를 연회에 초대

해 제거할 계획을 세웠어. 하지만 유방은 뛰어난 말솜씨와 부하들의 기지 덕분에 목숨을 건지고 탈출했지. 항우는 유방을 과소평가하고, 멀리 떨어진 지역으로 쫓아버렸어.

하지만 유방은 물러서지 않았어. 곧바로 세력을 키워 다시 항우와 천하를 놓고 본격적인 전쟁을 벌였지. 이 두 사람의 대결은 무려 4년간 이어졌고, 마침내 기원전 202년, 해하 전투에서 결판이 났어.

수많은 책사와 명장의 활약 속에 유방의 군대는 항우의 군대를 포위했고, 유방의 명장 한신이 사방에서 초나라 노래를 부르게 하는 전략을 써서 초나라 병사들의 사기를 꺾었어. 이때 나온 말이 바로 '사면초가'야. 사방이 초나라 노래로 둘러싸였다는 뜻으로, 더 이상 물러날 곳이 없는 절망적인 상황을 의미해.

항우는 끝까지 싸웠지만 결국 궁지에 몰렸고, 스스로 생을 마감했어.

한나라의 천하 통일

천하를 통일한 유방은 마침내 한나라의 황제가 되었어. 수도는 지금의 시안인 장안으로 정했고, 나라를 황제가 직접 다스리는 지역과 공신들에게 맡기는 지역으로 나누는 군국제를 실시했지.

유방은 진시황처럼 강압적으로 다스리진 않았어. 새 나라의 질서를 세우기 위해 법과 제도를 정비했고, 안정적인 통치를 위해 유가 사상을 받아들였지. 이렇게 해서 한나라의 시대가 시작된 거야. 오늘날 중국인들이 자신들을 부르는 '한족(漢族)'이라는 이름도 한나라에서 비롯됐지.

흉노의 묵특 선우

기원전 3세기 말, 몽골고원에 말을 잘 타고 활을 능숙하게 잘 쏘는 유목 민족이 나타났어. 바로 흉노족이야. 이들은 끝없이 펼쳐진 초원을 자유롭게 누비며 힘을 키워 나갔어. 그렇게 자신들만의 나라를 세우고, 중국 북쪽을 위협하기 시작했지.

흉노 제국은 처음에는 진나라, 그다음에는 한나라와도 대립하며 세력을 넓혔고, 나중에는 중앙아시아까지 진출할 정도로 강력한 유목 제국이 되었어. 그렇게 흉노 제국이 모습을 드러낸 거야.

제국을 건설한 묵특 선우

흉노를 진짜 제국으로 만든 인물이 있었어. 그의 이름은 바로 묵특 선우. 흉노에서는 왕을 '선우'라고 불렀어.

묵특은 원래 왕이 될 사람이 아니었어. 그의 아버지 두만 선우는 다른 아들을 왕으로 세우려고 묵특을 서쪽 나라 대월지에 인질로 보냈지. 하지만 묵특은 대월지에서 탈출해 고향으로 돌아와 아버지를 몰아내고 직접 왕이 되었어.

묵특 선우의 흉상　　　독수리 모양의 흉노 금관

항복한 한나라 황제

왕이 된 묵특은 주변 부족을 빠르게 정복하면서 흉노를 하나로 묶었고, 곧바로 강대국 이웃 한나라를 향해 칼끝을 겨눴어. 기원전 200년, 묵특은 대군을 이끌고 한나라를 침공했어. 한나라의 초대 황제, 유방이 친히 군대를 이끌고 맞섰지. 하지만 흉노 기병대의 빠른 기동력 앞에 유방은 포위당하고 말았어.

궁지에 몰린 유방은 살아남기 위해 흉노에 공물을 바치고 한나라 황실 여성을 시집보내겠다는 조건을 받아들였지. 흉노의 완전한 승리였고, 묵특 선우의 이름은 북방 전역에 알려졌어.

흉노와 한나라가 맞붙은 백등산 전투

묵특에게 포위당한 한나라의 사신

No.013 고대
제국을 완성한 황제
한 무제

지역 동아시아 생몰 156~87 B.C. 재위 141~87 B.C.

강력한 중앙 집권 체제 형성

한 무제는 한나라 7대 황제로, 유교를 국가 이념으로 삼아 통치 체제를 정비했어. 수도에 태학을 세워 유학을 교육하고, 유학에 능한 인재를 관리로 뽑으며 유학을 본격적으로 발전시켰지. 이로써 유학은 한나라의 중심 사상이 되었어.

또한 제후국들을 견제하고 제거하다 마침내 중앙 집권 체제를 정립했어. 한 무제는 '건원'이라는 이름의 연호를 처음 사용한 황제이기도 해. 연호란 황제의 통치 기간을 가리키는 말인데, 한 무제는 한나라의 주변 국가와 제후들에게도 사용하게 해 황제의 권위를 드러냈지. 황제가 시간의 질서와 통치의 중심임을 분명히 한 거야.

흉노족 토벌과 동서 문화의 교류

한 무제는 나라 건국 초기부터 골칫거리였던 북쪽의 흉노족을 토벌해 고비 사막 너머로 몰아냈어. 또 장건을 서역(중앙아시아 지역)에 파견해 서쪽 나라들과 교류할 길을 찾았지. 이 길은 훗날 동서 문명이 만나는 중요한 길인 실크 로드의 시작이 되었어. 한나라는 남쪽의 남월과 동쪽의 고조선을 정복하며 대제국으로 성장했지.

한 무제는 경제 정책도 적극적으로 추진했어. 소금과 철 같은 생활필수품을 황실이 독점 판매하고, 화폐 제도를 통일했어. 덕분에 수도 장안은 인구 40만 명이 넘는 대도시로 성장했고, 국제적인 무역 중심지가 되었지.

한 무제는 한나라를 강력한 나라로 만들었지만, 잦은 전쟁과 무리한 재정 지출로 인해 그의 사후 한나라는 점차 쇠퇴하기 시작했어.

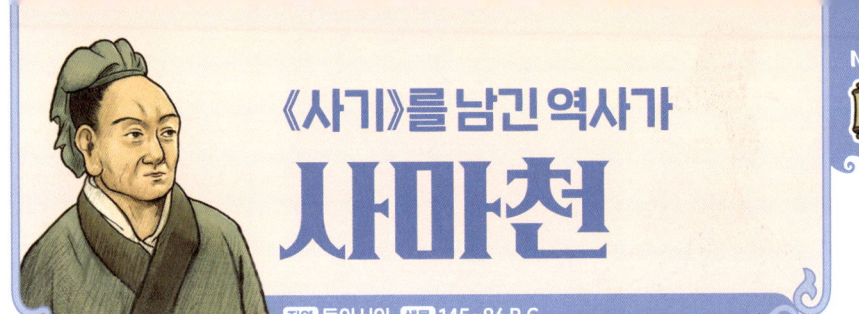

고대 No.014

《사기》를 남긴 역사가
사마천

지역 동아시아 생물 145~86 B.C.

치욕을 견디고 역사를 기록한 사관

사마천은 중국 역사에서 가장 뛰어난 역사가로 꼽혀. 원래는 아버지의 뒤를 이어 천문과 역법, 역사를 기록하는 관직인 태사령을 지내던 관리였지.
하지만 어느 날, 흉노족과의 전투에서 항복한 한나라 장수를 두둔했다가, 한 무제의 분노를 사 결국 생식기를 제거당하는 치욕적인 형벌을 받았어. 그러나 사마천은 절망하지 않고 아버지가 저술하기 시작한 역사서 《사기》를 완성하는 데 모든 힘을 쏟았지. 치욕을 견디고 기록한 사마천의 용기와 노력 덕분에 그는 중국 역사학의 아버지로 불리게 되었어.

중국 최초의 역사책 《사기》

사마천이 남긴 《사기》는 총 130권으로 구성된 중국 최초의 정사야. 전설로 내려오는 중국 초기 역사부터 한 무제 시대까지의 역사를 다루고 있지.
《사기》는 왕과 황제들의 이야기(본기), 제후들의 역사(세가), 영웅과 인물들의 기록(열전), 연표(표), 제도와 문물을 설명한 기록(서)으로 구성되었어. 이렇게 인물의 전기를 중심으로 역사를 서술하는 방식을 '기전체'라고 해. 《사기》는 이후 모든 중국 역사 서술의 모범이 되었고, 후대 역사학자들에게 큰 영향을 끼쳤지.

 **토막 사전** 후한 시대의 역사학자, 반고

반고는 억울하게 감옥에 갇힌 뒤 20년 동안 《한서》를 집필했어. 이 책은 사마천의 《사기》를 잇는 역사서로, 기전체로 한나라의 역사를 정리했지. 반고는 사마천과 함께 중국 역사학의 양대 산맥으로 평가받고 있어.

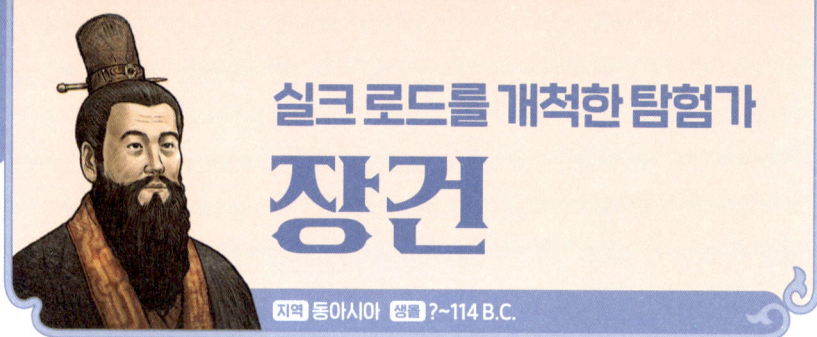

실크 로드를 개척한 탐험가
장건

지역 동아시아　생몰 ?~114 B.C.

실크 로드 개척

장건은 중국과 서역을 연결하는 실크 로드를 개척한 탐험가야. 이 길을 통해 중국의 비단, 종이, 도자기 같은 물품이 서역으로 전해졌고, 서역의 말, 포도, 향료 등이 중국으로 들어오게 되었지. 실크 로드는 불교와 이슬람교 같은 종교와 다양한 문화가 중국에 전해지는 통로이기도 했어.

흉노족 토벌을 위한 원정과 중앙아시아 탐사

한 무제는 북쪽의 흉노족을 토벌하기 위해 서역의 강국, 대월지와 손을 잡으려 했어. 이때 외교 사절로 장건이 파견되었지만, 그는 가는 길에 흉노에게 붙잡혀 무려 10년 동안 억류되었지. 간신히 탈출한 그는 대월지에 도착했지만, 대월지는 이미 흉노와의 전쟁 의지를 잃은 상태였어. 결국 빈손으로 귀국길에 오른 장건은 또다시 흉노족에 붙잡히는 고난을 겪었어. 그는 장안을 출발한 지 13년이 지난 기원전 126년에야 겨우 고향으로 돌아올 수 있었지.

장건은 비록 동맹을 이루지 못했지만, 여행 도중 거쳐 간 서역의 지리, 문화, 상품, 풍습 등을 자세히 기록하고 보고했어. 이 기록 덕분에 한 무제는 서역에 대해 자세히 알게 되었고, 흉노족을 몰아내는 데 성공했지.

장건의 탐험은 중국과 서역의 교류를 넓히며 한나라의 대외 전략과 외교에 중요한 영향을 미쳤어.

▲ 장건의 서역 원정도

한나라를 재건한 황제
광무제

지역 동아시아 생몰 5 B.C.~57 재위 25~57

한나라(전한)의 멸망

한나라는 한 무제 시절 전성기를 누렸지만, 시간이 흐르면서 황실 내부의 권력 다툼과 경제적 문제, 외적의 침입 등으로 점차 흔들리기 시작했어.
그 틈을 타서 외척이었던 왕망이 반란을 일으켜 황제를 내쫓고 신나라를 세웠지. 왕망은 토지를 나누고 화폐를 바꾸는 등 전면적인 개혁을 시도했지만, 백성들의 반발과 자연재해가 겹치면서 혼란이 더욱 심해졌어. 결국 또다시 반란이 일어나 왕망은 죽고, 신나라는 15년 만에 멸망했지.

후한 건국과 국가 기틀 정비

혼란이 계속되던 중, 한나라 황족 출신인 유수가 다른 반란군들을 모두 제압하며 한나라를 다시 세웠어. 이 인물이 광무제야.
25년, 새로 황제가 된 광무제는 수도를 장안에서 뤄양으로 옮겼어. 새로운 왕조를 세우기보다 원래 한나라를 이어간다는 의미에서 이 시기를 '후한'이라고 불러. 앞선 한나라는 '전한'이라고 불러 구분하지.
후한 초기에는 전국적으로 반란이 끊이지 않았어. 광무제는 10여 년 동안 반란을 진압하며 통일을 완성했지.
광무제는 우선 왕망의 독재 정치에 질린 백성이 안정적으로 생업에 종사할 수 있도록 세금을 깎아 줬어. 또 유교를 국가 통치 철학으로 삼으며 중앙 집권 체제를 강화했지. 덕분에 후한은 빠르게 국가 기틀을 다졌고, 다시 한번 한나라의 이름을 빛낼 수 있었어.

중국 영웅들의 이야기, 삼국지

후한 말, 장각이 황건적의 난을 일으키며 나라가 혼란에 빠졌어. 이 틈을 타 동탁이 어린 황제를 인질로 삼아 권력을 쥐었지만, 곧 조조가 등장해 황제를 모시며 세력을 키웠어. 이후 조조, 유비, 손권이 각자 세력을 넓히며 삼국 시대의 주역으로 떠올랐지.

적벽 대전과 삼국 시대의 시작

208년, 조조는 막강한 군사력으로 중국 통일을 노렸지만, 유비와 손권이 손을 잡고 적벽 대전에서 그를 막았어. 유비의 책사 제갈량과 손권의 책사 주유가 강풍을 이용한 불화살 전술로 조조의 함대를 불태웠고, 조조는 대군을 잃고 도망쳤지.

이후, 조조, 유비, 손권은 각자의 기반을 다졌어. 조조의 아들 조비가 위나라

적벽 대전에서 패배한 조조

를 세웠고, 유비는 촉나라를, 손권도 오나라를 세우며 중국은 위·촉·오 삼국으로 나뉘었어.

삼국의 멸망과 중국 통일

유비가 세상을 떠난 뒤 아들 유선이 즉위했지만, 실권은 제갈량이 쥐고 있었어. 234년, 제갈량은 위나라를 향한 북벌을 계속 시도했지만, 위나라의 책사인 사마의에게 가로막히며 실패했지. 북벌이 실패한 뒤 촉나라는 쇠퇴했고, 263년 위나라에 항복하며 삼국 중 가장 먼저 멸망했어.

위나라에서는 조조의 후손들이 황제 자리를 이어갔지만, 강력한 지도력을 보여 주지 못했어. 이 틈을 타 사마의 가문이 권력을 잡았고, 마침내 265년 사마의의 손자 사마염이 위나라 황제를 폐위시키고 진나라를 세웠지.

손권이 죽은 뒤 오나라에서도 강력한 지도자가 나오지 않았어. 결국 280년, 진나라가 오나라를 공격해 승리하면서 중국은 다시 하나로 통일되었지. 이렇게 위·촉·오가 다투던 삼국 시대는 진나라(서진)의 통일로 막을 내렸어.

위·촉·오 삼국 지도

그리스 폴리스

폴리스의 형성과 발전

기원전 8세기경, 그리스와 소아시아 지역에 도시 국가 폴리스가 형성되기 시작했어. 폴리스는 도시와 주변 농촌으로 이루어졌고, 중심에는 아크로폴리스와 시장 아고라가 있었지. 아크로폴리스에는 신전과 방어 시설이 있었고, 아고라는 시민들이 모여 토론하고 물건을 사고파는 장소였어.

각 폴리스는 독립적인 정치 체계를 가졌는데, 아테네와 스파르타가 대표적이야.

고대 그리스의 대표 폴리스들

폴리스의 구조

민주주의를 꽃피운 아테네

아테네는 민주주의를 발전시킨 대표적인 폴리스야. 처음에는 귀족들이 정치를 독점했지만, 시간이 지나면서 평민들도 민회를 통해 정치에 참여할 수 있게 되었어. 귀족들도 법을 지켜야 했고, 법 앞의 평등이 강조되었지.

하지만 모든 사람이 평등했던 건 아니었어. 여성, 노예, 외국인은 시민으로 인정받지 못해 정치에 참여할 수 없었거든.

군사 중심 국가 스파르타

스파르타의 남자아이들은 어릴 때부터 '아고게'라는 훈련 제도에 따라 군사 교육을 받았어. 여성은 전사로 싸우진 않았지만, 강한 체력과 정신력을 갖춘 어머니가 되도록 교육받았지.

식량은 배급제로 지급되었지만 넉넉하지 않아서, 소년들은 도둑질로 식량을 구해야 했어. 다만 들키면 벌을 받으니까 몰래 훔치는 기술과 생존력을 함께 길러야 했지.

이렇게 철저한 훈련 덕분에 스파르타는 가장 강한 군사력을 가진 폴리스로 성장했어.

아테네(왼쪽)와 스파르타(오른쪽)의 병사와 생활 모습

그리스 민주주의를 만든 사람들

아테네는 시민들이 직접 정치에 참여하는 민주주의의 뿌리를 마련한 폴리스야. 이는 시민의 권리와 책임을 강조한 혁신적인 정치 형태였지. 아테네는 여러 지도자들의 개혁을 거치며 점점 발전했어.

민주주의의 기반을 만든 솔론

아테네의 지도자였던 솔론은 400인 평의회를 만들어 더 많은 시민이 정치에 참여할 수 있도록 했어. 또 시민을 재산에 따라 4등급으로 나누었는데, 상위 1~2등급은 고위직에 오를 수 있었고, 가장 낮은 4등급도 민회에 참여할 수 있었어.

솔론은 가난한 농민이 빚을 갚지 못해 노예가 되는 것을 막았고, 그 덕에 일부 농민은 도시로 이주해 수공업에 종사할 기회를 얻었지.

솔론

민주주의를 발전시킨 클레이스테네스

솔론 이후 아테네는 잠시 혼란에 빠졌지만, 클레이스테네스가 등장하며 민주주의는 한 단계 더 발전했어. 그는 시민을 10개의 지역 공동체 '데모스'로 나누었는데, 여기서 현대 민주주의를 뜻하는 영단어 '데모크라시(Democracy)'가 유래했어.

도편 추방제 조각

또한 평의회를 500인으로 확장하고, 도편 추방제를 시행해 독재 위험이 있는 인물을 해외로 내쫓을 수 있도록 했지. 그러나 나중에 유능한 정치인까지 추방당하는 부작용도 생겼어.

민주주의의 황금기를 이끈 페리클레스

아테네의 민주주의는 페리클레스가 최고 권력자로 선출되며 절정에 달했어. 그는 민회의 권한을 강화해 귀족 회의보다 더 큰 힘을 가지게 했고, 군사 지도자도 시민들이 직접 뽑도록 했지.

또한 민중 재판소를 설치해 시민의 권리를 보장했고, 하위 계층도 아르콘이 될 수 있도록 허용했어. 이로써 모든 시민이 정치에 참여하는 민주주의가 확립되었고, 페리클레스는 제1시민이라는 칭송을 받았어. 하지만 페리클레스 시절 아테네의 발전은 다른 폴리스들의 희생 위에 이루어졌다는 비판도 있었지.

페리클레스

연설하는 페리클레스

전설을 노래한 시인
호메로스

지역 유럽 활동 기원전 8세기경

정체를 알 수 없는 시인

호메로스는 서양 역사상 가장 오래되고 위대한 시인으로 평가받아. 그는 《일리아스》와 《오디세이아》라는 걸작 서사시를 남겼어. 이 작품들은 원래 입에서 입으로 전해지던 구전 서사시였는데, 나중에 문자로 기록된 것으로 알려졌지.

호메로스의 생애에 대한 기록은 거의 남아 있지 않아. 그래서 그가 전설 속 인물이었다는 주장도 있지만, 많은 학자는 그가 실존했던 시인이라는 데 대부분 동의하고 있어.

트로이 전쟁을 배경으로 한 《일리아스》

《일리아스》는 그리스 신화 속 트로이 전쟁을 배경으로 한 서사시야. 신화에 따르면 트로이 전쟁은 트로이의 왕자 파리스가 스파르타 왕의 아내 헬레네를 납치하면서 시작됐어. 그리스 연합군은 트로이를 공격했고, 이 전쟁은 무려 10년간 계속되었지.

《일리아스》의 중심인물은 그리스의 영웅 아킬레우스야. 그는 용맹한 전사였지만, 그리스군 총사령관과의 갈등으로 전쟁에 참여하지 않는다고 선언했어. 그가 빠진 뒤 그리스군은 고전했고, 급기야 절친한 친구가 전사하자 아킬레우스는 다시 전쟁에 뛰어들었지. 그는 결국 트로이의 왕자 헥토르를 쓰러뜨려 전세를 뒤집었어.

《일리아스》에 그의 죽음은 나오지 않지만, 전설에 따르면 그는 발목에 화살을 맞고 생을 마감했다고 해.

아킬레우스

트로이 전쟁 이후를 다룬 《오디세이아》

《오디세이아》는 트로이 전쟁 이후, 그리스 영웅 오디세우스가 고향으로 돌아가는 10년간의 모험을 그린 작품이야.

오디세우스는 바다의 신 포세이돈의 아들을 해친 죄로 저주를 받아 바다를 떠돌게 되었지. 외눈박이 괴물 키클롭스, 세이렌, 마녀 키르케 등 수많은 위험 인물을 만나며 오디세우스는 끊임없이 시련에 맞섰어. 결국 여신 아테네의 도움으로 무사히 고향으로 귀환한 오디세우스는 집과 부인을 차지하려는 남자들을 모두 쓰러뜨리고 가족과 무사히 재회하게 돼.

적을 쓰러뜨리는 오디세우스

서양 문학의 기초

《일리아스》와 《오디세이아》는 단순한 전쟁 이야기나 모험담이 아니야. 두 작품은 서사 구조, 인물 묘사, 인간의 감정과 선택을 깊이 있게 그려 내며, 서양 문학의 기초가 되었지. 오늘날에도 많은 작가가 두 작품을 계승하거나 재해석하고 있어.

호메로스는 시대를 초월한 최고의 시인으로 여겨지며, 그가 남긴 작품은 여전히 전 세계 독자에게 감동을 주고 있지.

 **약점 아킬레스건**

아킬레우스의 어머니는 그를 불사신으로 만들기 위해 스틱스강에 담갔지만, 손으로 붙잡던 발목만 물에 닿지 않았어. 아킬레우스는 발목만 빼고 불사신이 된 거야. 결국 그는 훗날 발목에 화살을 맞아 죽음을 맞이했지. 그래서 오늘날 아킬레스건은 치명적인 약점을 뜻하는 표현으로 사용돼.

강에 담가지는 아킬레우스

고대 그리스를 빛낸 학자들 ❶

역사학의 선구자들

헤로도토스는 여러 지역을 여행하며 현지인들과 대화를 통해 정보를 수집했어. 이를 바탕으로 그리스·페르시아 전쟁을 기록한 책인 《역사》를 9권 남겼지. 이 책은 단순한 일화가 아닌 역사적 사실을 학문적으로 다룬 최초의 기록이야. 그는 '역사의 아버지'로 불리기도 해.

투키디데스는 《펠로폰네소스 전쟁사》를 집필하며 아테네와 스파르타의 전쟁을 객관적으로 기록했어. 그는 아테네의 장군이었지만, 실책으로 추방당한 뒤 망명 생활을 하며 역사가가 되었지. 어느 한쪽에 치우치지 않는 시각과, 인간 심리 및 갈등의 본질을 잘 통찰했다는 점에서 최초의 교훈적 역사학자로 평가받아.

철학의 선구자들

소크라테스는 문답법을 통해 상대가 스스로 진리에 도달할 수 있도록 돕는 대화 방식을 사용했어. "나는 내가 아무것도 모른다는 것을 안다."는 말로 무지를 자각하는 것이 중요하다고 강조했지. 스스로 무지를 깨달아야 진리를 탐구할 수 있다는 뜻이야. 또한 앎과 덕은 하나라고 주장하며, 진리를 아는 사람은 반드시 바르게 행동한다고 믿었어. 그는 인간 중심의 철학, 즉 인본주의 철학을 시작한 철학자로 평가받아.

소크라테스

플라톤은 소크라테스의 제자이자 아리스토텔레스의 스승이야. 그는 이데아론을 통해 현실은 불완전하며 완벽한 진리는 이상 세계(이데아)에 존재한다고 보았어. 정신을 깨끗이 하고 본질을 보려고 노력해야 이데아에 도달할 수 있다고 믿었지.

그는 스승 소크라테스의 처형 이후 민주주의를 비판하고, 철학자가 통치하는 철인 정치를 이상적인 체제로 제안했어. 그리고 아테네에 '아카데미아'라는 학교를 세워 많은 제자를 양성했지.

플라톤

아리스토텔레스는 플라톤의 제자였어. 플라톤이 이상 세계를 강조한 반면, 아리스토텔레스는 현실 세계를 탐구하며 자연과학, 정치, 윤리 등 다양한 분야에서 업적을 남겼어. 그의 사상은 서양 철학과 과학의 기초를 이루었지.

아리스토텔레스

고대 그리스를 빛낸 학자들 ❷

수학의 선구자들

피타고라스는 세상의 모든 것이 수로 이루어졌다고 보았어. 직각 삼각형을 풀이한 '피타고라스 정리'가 유명해. 이는 오늘날 수학의 기초 개념으로 사용되고 있어.

에우클레이데스는 '기하학의 아버지'로, 기하학을 체계적으로 정리한《기하학 원론》을 집필했어. 이 책은 기하학 최고의 경전으로 평가받아.

아르키메데스는 물속에 들어갔을 때, 몸의 부피만큼 물이 넘쳐 흐른다는 원리를 발견했어. 이를 응용해 왕의 금관을 물에 넣어 금관이 순수 금이 아니라 은이 섞여 있다는 사실을 밝혀냈지. 또한 지렛대의 법칙을 발견하며, '긴 지렛대와 지렛목만 있으면 지구도 움직일 수 있다.'라고 말했어.

부력의 원리를 발견한 아르키메데스

의학의 선구자

히포크라테스는 '의학의 아버지'로 여러 지역을 여행하며 의학 지식을 쌓았고, 고향에 의학 학교를 세워 의학서를 집필했어. 그의 학설을 모은《히포크라테스 전집》은 후대 의학 발전에 큰 영향을 미쳤지.

히포크라테스 선서

그는 몸속 체액의 균형이 깨지면 병이 생긴다고 했어. 또 자연의 원리에 따라야 병이 낫는다고 보았지. 의사의 윤리를 강조해 오늘날 '히포크라테스 선서'의 기초를 마련한 인물이기도 해.

천문학의 선구자들

아리스타르코스는 역사상 처음으로 태양을 중심으로 천체가 돈다는 지동설을 주장했어. 또한 태양과 달의 거리와 크기를 계산하는 방법도 제시했지.

에라토스테네스는 해시계를 사용해 지구 둘레를 처음으로 계산했어. 그의 계산값은 실제 값과 거의 일치했지. 또 위도와 경도를 처음 사용해 지리적 위치를 표시했고, 소수를 구별하는 방법도 정리했어.

프톨레마이오스는 지구를 중심으로 천체가 돈다는 천동설을 주장했어. 비록 그의 이론은 틀렸지만, 해와 달, 행성의 위치를 수학적으로 계산했고, 빛이 대기에서 굴절한다는 사실과 달이 일정하지 않은 속도로 움직인다는 점을 밝혔지. 그의 저서 《천문학 집대성》은 코페르니쿠스 등장 전까지 최고의 천문학 서적으로 인정받았어.

헬레니즘 제국을 건설한 대왕
알렉산드로스

지역 유럽 **생몰** 356~323 B.C. **재위** 336~323 B.C.

마케도니아의 부상과 알렉산드로스의 등장

그리스 내전인 펠로폰네소스 전쟁 이후, 마케도니아가 그리스 최강국으로 떠올랐어. 그 중심에는 필리포스 2세가 있었지. 그는 기원전 338년에 그리스 연합군을 꺾고 일인자가 되었지만, 2년 후 암살당했어. 이후 아들 알렉산드로스 3세가 왕위에 올랐지.

알렉산드로스가 즉위하자 일부 그리스 폴리스들이 반란을 일으켰어. 알렉산드로스는 강력한 군사력으로 이를 진압했고, 특히 테베를 완전히 초토화하며 그리스 전역을 평정했지. 그리스 사람들은 알렉산드로스의 무서움을 알게 됐어. 알렉산드로스는 이후 동방 원정을 계획하며 세계 정복에 나섰지.

동방 원정과 페르시아 제국 멸망

기원전 334년, 알렉산드로스는 약 4~5만 명의 군대를 이끌고 페르시아 제국을 침공했어. 두 나라 군대는 유럽과 튀르키예 사이에 있는 그라니코스강에서 맞붙었지. 여기서 알렉산드로스는 가슴에 창을 맞아 부상을 입었지만, 승리를 거뒀어.

양쪽 군대는 기원전 333년, 이소스 평원에서 다시 충돌했어. 이번에도 알렉산드로스가 승리했지. 알렉산드로스는 이제 페르시아 제국의 수도 페르세폴리스를 향해 진군했어.

도망가는 다리우스 3세

기원전 331년, 티그리스강 유역의 가우가멜라에서 또다시 전투가 일어났어. 페르시아군은 전차와 기병, 소수의 코끼리 부대까지 동원했지만, 알렉산드로스의 전략과 군대의 단결력 앞에 무너졌어. 이 전투로 아케메네스 왕조 페르시아는 완전히 몰락했고, 도망친 다리우스 3세는 신하들에게 배신당해 암살되고 말아. 알렉산드로스는 마침내 페르세폴리스를 점령하고 파괴했지.

헬레니즘 문화와 제국의 분열

페르시아를 정복한 알렉산드로스는 이란고원을 넘어 인도 북서부까지 진출했어. 하지만 병사들은 오랜 전쟁과 행군에 지쳐 있었고, 결국 알렉산드로스는 원정을 중단하고 페르시아로 돌아가기로 했지.

알렉산드로스는 자신이 정복한 지역에 '알렉산드리아'라는 도시들을 세우고, 그리스 문화를 전파했어. 또 그리스인과 페르시아 귀족

간의 결혼을 장려하며 동서양 문화를 융합했지. 이렇게 헬레니즘 문화가 탄생했어.

하지만 그는 33세의 젊은 나이에 열병으로 세상을 떠났고, 갑자스러운 죽음 이후 제국은 분열되었어. 그럼에도 헬레니즘 문화는 뒤를 잇는 로마와 유럽 문명에 큰 영향을 남겼지.

토막 사전 알렉산드리아 도서관

알렉산드리아 도서관은 알렉산드로스 사망 이후 이집트를 다스린 프톨레마이오스 왕조가 세운 그 당시 세계 최대 규모의 도서관이야. 수십만 권의 책과 두루마리를 보관했었지만, 전쟁과 화재로 대부분 소실되고 말았지.

로마의 건국 신화

로마의 탄생

로마는 쌍둥이 형제 로물루스와 레무스의 전설에서 시작돼. 왕족 출신인 어머니에게서 태어난 두 형제는 권력을 지키려던 악한 왕에 의해 테베레강에 버려졌지만, 늑대가 형제를 구해 젖을 먹이며 키웠지. 이후 양치기가 형제를 발견해 데려가 길렀어.

두 형제는 성장해 출생의 비밀을 알게 되었고, 악한 왕을 무찔렀어. 두 형제는 기원전 753년 함께 도시를 세우기로 했어. 하지만 도시의 위치와 이름을 두고 다투다 결국 형 로물루스가 동생 레무스를 죽이고 초대 왕이 되었어. 그리고 도시의 이름을 자신의 이름을 따 '로마'라고 지었지.

늑대의 젖을 먹는 로물루스와 레무스(카피톨리나 늑대상)

사비니와의 갈등과 통합

로마가 세웠졌을 당시, 주변에는 강한 이웃들이 있었어. 특히 사비니인과의 갈등이 유명해. 당시 로마는 여성 인구가 부족한 문제에 직면했는데, 이를 해결하기 위해 로물루스가 사비니 여인들을 납치해 로마인과 결혼시켰다는 전설이 전해져. 이 사건으로 전쟁이 일어났지만, 두 민족은 결국 화해하고 하나로 통합되었지. 사비니인들이 로마

로마의 일곱 언덕

시민으로 받아들여지면서 인구가 늘고, 로마는 더 강해졌어.

로물루스, 로마의 기틀을 세우다

로물루스는 단순히 도시만 세운 게 아니야. 로마를 체계적으로 다스리기 위해 여러 제도를 만들었지. 가장 대표적인 건 귀족 회의 기구인 원로원이야. 원로원은 왕의 자문 기관으로 왕의 사후 후임 왕을 선출하는 핵심 역할을 수행하며 이후 로마 공화정과 제국의 기초가 되었어.

또한 로물루스는 군대를 조직하고 주변을 정복하며 로마의 세력을 넓혔어. 그의 노력 덕분에 로마는 이후 세계를 주름잡는 제국으로 발전할 수 있었지.

원로원의 모습

로마를 공포에 떨게 한 장군
한니발

지역 아프리카 **생몰** 247~183 B.C.

로마-카르타고 전쟁 발발

한니발은 고대 지중해의 강국 카르타고 출신의 장군이야. 카르타고는 아프리카 북부에서 무역과 해상 패권을 장악하며 번성했지만, 신흥 강국 로마와 충돌하며 위기를 맞았어.

기원전 264년, 시칠리아를 둘러싼 분쟁으로 1차 로마-카르타고 전쟁(포에니 전쟁)이 시작됐어. 카르타고는 뛰어난 해군을 보유했지만, 로마의 공세에 밀려 패배했어. 결국 시칠리아를 로마에 넘기고 막대한 배상금을 물어야 했지.

칸나에 전투와 몰락

카르타고의 패배를 인정할 수 없었던 한니발은 로마에 복수를 결심했어. 그는 2차 전쟁을 일으켰고, 기상천외한 전략을 세웠지. 수많은 병사와 전투 코끼리 부대를 이끌고 험준한 알프스산맥을 넘어 로마로 진격한 거야. 이 과정에서 많은 병사와 코끼리를 잃었지만, 한니발은 남은 병력으로도 로마군을 압도했어. 특히 기원전 216년의 칸나에 전투에서 로마군을 격파해 대승리를 거뒀지.

그러나 로마는 좌절하지 않았어. 스키피오 장군이 카르타고 본토를 공격하며 전세를 뒤집었지. 기원전 202년, 자마 전투에서 한니발이 스키피오의 로마군에 패배하며 카르타고는 사실상 로마에 굴복하게 됐어.

한니발은 이후 로마의 추적을 피해 도망 다녔고, 스스로 생을 마감했어. 그는 평생을 전쟁터에서 싸우며 전쟁의 신이라고 불릴 만큼 존경받았지만, 로마의 집요한 압박에 끝내 재기하지 못했지.

알프스산맥을 넘는 한니발

고대 No.020

성공하지 못한 정치 개혁가
그라쿠스 형제

형 / 동생
지역 유럽 활동 기원전 2세기

로마의 불평등을 해결하려는 정치인

기원전 2세기, 로마 공화정은 심각한 사회 불평등을 겪고 있었어. 전쟁으로 많은 평민이 땅과 재산을 잃고, 귀족들의 대농장에서 소작농이나 노예처럼 일해야 하는 처지가 되었지. 반면, 귀족들은 전쟁에서 점령한 땅을 독점하며 더 큰 부를 쌓았어. 이러한 사회적 격차를 해결하기 위해 그라쿠스 형제가 개혁에 나섰지.

실패한 개혁

형 티베리우스 그라쿠스는 평민을 보호하는 관직인 호민관에 선출된 후, 농지 개혁법을 제안했어. 공공 토지를 과도하게 차지한 귀족의 땅을 몰수해 가난한 농민에게 나눠 주자는 법이었지. 하지만 귀족들의 강한 반발 속에, 티베리우스는 암살당하고 말았어.

동생 가이우스 그라쿠스도 호민관에 선출되어 형의 뜻을 이어받아 농지 개혁법을 다시 추진했어. 곡식을 싸게 팔도록 하는 곡물법, 평민을 로마 식민지로 이주시키는 징책법도 추진했지. 하지만 가이우스 역시 귀족들의 반발을 이기지 못하고 스스로 목숨을 끊었어.

그라쿠스 형제의 개혁은 비록 실패로 끝났지만, 그들은 평민 계급의 불만을 공론화하고, 로마 공화정이 직면한 구조적 문제를 드러냈어. 이로 인해 로마 평민과 귀족 간 갈등은 더욱 심해졌고, 결국 로마 공화정에 불안정한 미래를 예고하는 계기가 되었지.

고대
No.021

로마의 영웅이자 독재자
카이사르

지역 유럽 **생몰** 100~44 B.C. **재위** 49~44 B.C.

인물 한마디 "왔노라, 보았노라, 이겼노라."

삼두 정치의 시작

카이사르는 혼란스러운 로마 공화정 말기에 등장한 유능한 정치인이야. 재무관으로 정계에 입문한 뒤, 법무관과 스페인 총독을 지내며 군사적 성공과 정치적 입지를 다졌지.

당시 로마에서 군사적으로나 경제력으로나 막강한 두 인물이 있었어. 바로 폼페이우스와 크라수스였지. 카이사르는 이 둘과 손을 잡고 힘을 합치기로 했어. 삼두 정치가 결성된 거야. 삼두 정치는 세 사람이 공동으로 권력을 나누는 정치 체제를 말해. 덕분에 카이사르는 두 사람의 도움으로 집정관에 올랐고, 빈민에게 땅을 나눠 주는 등 개혁을 추진했지. 하지만 보수적인 귀족들은 그런 카이사르를 경계했고, 카이사르는 암살 위협을 피해 오늘날 프랑스 일대인 갈리아 지방 총독 자리를 맡게 되었어.

갈리아 전쟁과 내전

갈리아에서 카이사르는 대규모 정복 전쟁을 벌였어. 오늘날 프랑스, 벨기에, 심지어 영국까지 진출하며 로마 영토를 크게 확장했지. 이 전쟁으로 카이사르는 군사적 명성을 얻었지만, 로마 귀족들과 폼페이우스의 견제를 받게 되었어.

그러던 중, 크라수스가 전쟁 중 전사하며 삼두 정치가 깨졌어. 폼페이우스는 카이사르를 없애려고 그를 로마로 소환하려 했지. 그러나 카이사르는 폼페이우스의 명령에 응하지 않고 기원전 49년, 무장한 채로 루비콘강을 건너며 내전을 시작했어. 이때 그가 남긴 유명한 말이 바로 "주사위는 던져졌다."야.

권력 장악과 종신 독재

내전에서 승리한 카이사르는 폼페이우스를 제거하고, 종신 독재관 자리에 올랐어. 그는 농지 재분배, 곡물 배급, 건설 사업 등 다양한 개혁을 추진하며 평민들의 지지를 얻었지. 또 로마 시민권을 확대하고, 귀족의 특권을 줄이는 정책도 펼쳤어. 그럴수록 귀족들은 점점 더 위협을 느꼈지.

암살과 로마 공화정의 종말

귀족들은 카이사르가 공화정을 폐지하고 황제가 되려 한다고 의심했어. 결국 원로원 내부의 반대파들이 모여 카이사르를 제거하기로 했지.

기원전 44년, 카이사르는 원로원 회의 도중 여러 차례 칼에 찔려 생을 마감했어. 황제에 버금가는 권력을 누렸던 카이사르의 시대는 그렇게 끝이 났지. 그의 죽음은 로마 공화정의 종말을 알리는 신호탄이 되었어.

암살당하는 카이사르

로마 제정 시대를 연 황제
옥타비아누스

지역 유럽 **생몰** 63 B.C.~14 **재위** 27 B.C.~14

인물 한마디 "천천히 서둘러라."

카이사르의 후계자

옥타비아누스는 카이사르의 양자이자 후계자로 지명된 인물이야. 그는 카이사르의 부관이었던 안토니우스, 레피두스와 손을 잡고 제2차 삼두 정치를 결성했지. 이들은 카이사르의 암살범과 반대파를 모두 제거한 후, 로마 제국을 나누어 통치했어. 옥타비아누스는 서방, 안토니우스는 동방, 레피두스는 아프리카 지역을 맡았지.

그러나 삼두 정치는 오래가지 못했어. 레피두스가 실각한 뒤, 옥타비아누스와 안토니우스가 권력을 둘러싸고 충돌했지. 기원전 31년, 두 사람은 그리스 서부의 악티움 해전에서 맞붙었고, 옥타비아누스가 최종 승자가 되었어.

로마의 평화 시대

내전을 끝낸 옥타비아누스는 권력을 원로원에 돌려주겠다고 선언했어. 이에 원로원은 옥타비아누스에게 '존엄한 사람'이란 뜻의 '아우구스투스'라는 칭호를 주었지. 이로써 옥타비아누스는 사실상 로마의 첫 황제가 되었고, 로마는 공화정에서 제정으로 바뀌었어.

옥타비아누스는 약 40년간 로마를 통치하며 전쟁을 멈추고 안정과 평화의 시대를 열었어. 또한 대규모 건축 사업을 통해 로마를 정비해 웅장한 도시로 탈바꿈시켰지. 이 시기를 '팍스 로마나(로마의 평화)'라고 불러. 로마는 본격적인 번영의 시대로 접어들었어.

로마의 영웅을 뒤흔든 여왕
클레오파트라

지역 아프리카 **활동** 기원전 1세기

외교가 뛰어난 정치인

클레오파트라는 고대 이집트 프톨레마이오스 왕조의 마지막 여왕이야. 흔히 절세 미녀로만 알려져 있지만, 사실 뛰어난 언어와 외교 능력을 가진 지도자였어. 당시 로마 최고 권력자였던 카이사르와 안토니우스도 그녀의 지혜와 매력에 푹 빠졌다는 평가를 받았지.

로마 권력자와의 인연

원래 클레오파트라는 남동생과 이집트를 공동으로 통치했지만, 권력 다툼 끝에 왕위에서 쫓겨났어. 이때 카이사르가 이집트에 개입했고, 클레오파트라는 자신을 카펫에 숨겨 그의 앞에 등장했다는 전설적인 일화가 유명해. 카이사르의 지지를 받아 클레오파트라는 이집트 왕위를 되찾았고, 두 사람 사이에선 아들이 태어났지.

카이사르가 암살된 후, 클레오파트라는 로마의 또 다른 권력자인 안토니우스와 손을 잡고 동방에서 권력을 키우려 했어. 하지만 기원전 31년 악티움 해전에서의 패배로, 안토니우스는 자결하고 말았어. 클레오파트라도 그 뒤를 따라 독사에게 물리는 방법으로 목숨을 끊었지. 이집트의 프톨레마이오스 왕조는 이렇게 막을 내렸어.

구원자의 탄생

이스라엘 베들레헴의 마구간에서 한 아기가 태어났어. 바로 예수야. 성경에 따르면, 천사가 목자들에게 나타나 예수의 탄생 소식을 알렸다고 해. 예수는 훗날 '그리스도'라 불렸는데, 이는 '기름 부음을 받은 사람', 즉 구원자(메시아)를 뜻해.

만민 평등 사상 전파

이스라엘의 통치자 헤롯왕은 장차 메시아가 태어나 왕을 위협할 것이라는 예언을 듣고 두려워했어. 그래서 두 살 이하의 남자아이들을 모두 죽이라는 명령을 내렸고, 예수의 가족은 이를 피해 예루살렘 밖으로 피신했지.
어른이 된 예수는 예루살렘으로 돌아와 모든 인간은 평등하다는 가르침을 전파했어. 이 사상이 바로 만민 평등 사상이야. 많은 사람이 예수의 가르침에 감동했고, 예수를 따르는 사람들이 늘어나기 시작했지. 그러자 유대교 지도자들은 예수의 가르침을 신성 모독이라며 로마 총독에게 고발했고, 결국 예수는 체포되어 십자가에 매달려 죽음을 맞이했어.

예수의 가르침을 이은 사람들

예수의 죽음 이후, 그의 제자들이 가르침을 이어갔어. 예수를 따랐던 열두 제자 중 한 명인 베드로는 로마에 첫 교회를 세우며 크리스트교 전파에 앞장섰지. 교회에서 로마 가톨릭의 역사가 시작되었으니, 베드로는 로마 교회의 첫 교황인 셈이야. 그래서 베드로를 제1대 사도라고 불러.
또 다른 사도인 바울은 원래 크리스트교를 믿지 않았고, 오히려 크리스트교도를 박해하던 사람이었어. 그러나 어느 날, 죽은 예수가 기적적으로 바울의 앞에 나타났다고 전해져. 예수를 보고 완전히 변한 바울은 로마 제국 곳곳을 다니며 10년 넘게 크리스트교를 전했지. 바울의 전도 활동으로 신도 공동체가 형성되었고, 교회 발전에 큰 영향을 줬어.

크리스트교의 확산

기원후 60년경, 바울은 로마에서도 크리스트교를 전파했어. 그러나 4년 후 로마에 대화재가 발생하며 크리스트교도들은 방화범으로 몰려 박해를 받았지. 이 과정에서 베드로와 바울은 순교했지만, 크리스트교도들은 지하 동굴로 숨어 예배를 이어갔고, 오히려 신앙과 믿음이 더 단단해지며 크리스트교는 더욱 널리 퍼졌어.

동굴 벽에 새겨진 예수와 열두 제자들의 모습

기원전(B.C.)과 기원후(A.D.)

시대를 구분할 때, 예수가 탄생한 때를 기준으로 그 이전을 기원전, 그 이후를 기원후라고 해. 예를 들어, B.C. 100년은 예수가 태어나기 100년 전, A.D. 100년은 예수 탄생 100년 후를 의미하지.

로마의 폭군 황제들

로마 황제 중에는 뛰어난 지도자도 많았지만, 폭군도 많았어. 이들은 신을 자처하거나 극단적인 정책으로 사람들의 반발을 샀고, 결국 암살되거나 자살로 생을 마쳤지.

로마 공화정 말기 → 카이사르 → 로마 제정 → 1대 옥타비아누스 → 2대 티베리우스

17대
헤라클레스를 흉내 낸 콤모두스

오현제 시대가 끝나고 콤모두스가 황제가 되면서 다시 폭정이 시작됐어. 그는 자신을 헤라클레스의 후예라고 주장하며, 신처럼 떠받들라고 명령했지. 이를 거부하면 처형당했어. 결국 반대 세력에게 암살당하며 비극적 최후를 맞았어.

21대
동생을 죽인 카라칼라

형 카라칼라와 동생 게타는 공동 황제가 되었지만, 카라칼라가 동생을 죽이고 단독 황제가 되었어. 하지만 폭정으로 결국 민심을 잃어 암살당했지. 이후 로마는 황제가 자주 바뀌는 혼란의 시기로 접어들었어.

3대
첫 폭군 황제, 칼리굴라
칼리굴라는 처음에는 인기 있는 통치자였지만, 정신병을 앓은 뒤 성격이 변했어. 자신을 신이라 여겼고, 사치와 낭비를 일삼았지. 국고가 바닥나자 세금을 마구 걷어 민심을 잃었어. 결국 연극을 보던 중 근위병에게 암살당했지.

평화로웠던 오현제 시대 ← 네 황제의 해  4대 클라우디우스

5대
최고의 폭군, 네로
네로는 초기에 개혁을 시도했지만, 점점 폭군이 되었어. 어머니와 스승까지 죽이고, 로마 대화재 사건을 구실로 크리스트교도들을 박해했지. 결국 군대의 반란이 일어나자 네로는 도망치다가 스스로 목숨을 끊었어.

디오클레티아누스 → 콘스탄티누스 →

오현제 시대 황제들

첫 번째 현명한 황제, 네르바

네르바는 65세 나이에 즉위했어. 황제 세습제를 폐지하고, 유능한 인물을 후계자로 삼는 전통을 세웠지. 그는 아들 대신 유능한 장군 트라야누스를 후계자로 삼아 안정적인 통치 기반을 마련했어.

네르바

두 번째 현명한 황제, 트라야누스

트라야누스는 스페인 출신의 군사령관이었어. 그는 오늘날 루마니아, 아라비아반도, 북아프리카 일부까지 정복하며 로마 제국의 영토를 사상 최대 규모로 넓혔어.

트라야누스

세 번째 현명한 황제, 하드리아누스

하드리아누스는 트라야누스의 조카이자 측근이였어. 그는 전쟁보다 국경 방어와 행정 개혁에 집중했지. 오늘날 잉글랜드와 스코틀랜드 경계에 하드리아누스 성벽을 세운 것이 대표적 업적이야. 이 성벽은 지금도 일부가 남아 있어. 그는 문화 통합에도 힘써, 다양한 민족을 제국 안에 포용하려 했어.

하드리아누스

하드리아누스 성벽

네 번째 현명한 황제, 안토니누스

안토니누스는 평화 정책을 이어가며 크리스트교 박해를 줄이고, 정복한 지역의 세금을 감면했어. 사치와 낭비를 줄여 재정을 안정시키고, 자연재해로 무너진 도시를 재건하며 20년 넘게 평화를 유지했지.

안토니누스

다섯 번째 현명한 황제, 아우렐리우스

아우렐리우스는 철학자 황제로, 《명상록》을 저술하며 도덕적 통치를 펼쳤어. 그의 죽음과 함께 오현제 시대는 막을 내렸고, 이후 로마는 불안정해졌지.

아우렐리우스

모든 길은 로마로

오현제 시대(96~180) 로마는 제국 전체를 잇는 방대한 도로망을 구축했어. 이 도로들을 통해 군사, 무역, 문화가 빠르게 이동하며 로마의 힘은 더욱 강해졌지. 고대 그리스 문화도 유럽 전역으로 퍼졌고, 오늘날 파리, 런던, 빈 같은 주요 도시들이 형성되었어. 그래서 '모든 길은 로마로 통한다.'는 말이 생겨났지.

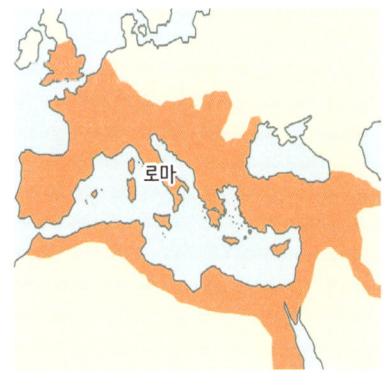
로마 제국 전성기 시절 영토

오현제 시대 마지막 황제
마르쿠스 아우렐리우스

지역 유럽 **생몰** 121~180 **재위** 161~180

철학자 황제

마르쿠스 아우렐리우스는 평화로운 오현제 시대를 마감한 인물이야. 그의 통치 이후 로마는 점차 쇠퇴기에 접어들어 그는 흔히 '로마 황금기를 끝낸 마지막 황제'로 기억돼. 하지만 뛰어난 지성과 철학적 사고방식을 가졌던 그는 '철학자 황제'라는 별명으로도 유명해. 통치자이자 학자로서 독특한 발자취를 남겼지.

아우렐리우스는 어려서부터 학문과 철학에 깊은 관심을 가졌어. 특히 윤리를 중요시하고, 욕망을 누르며 법을 따를 것을 주장하는 스토아 철학에 심취해 열심히 연구했지. 그는 치열한 전쟁터에서도 철학적으로 생각하려 했고, 인간의 내면을 성찰하며, 삶의 고난과 역경을 이겨 내는 지혜를 담은 《명상록》이라는 책을 남겼어. 이 책은 원래 아우렐리우스가 일기처럼 쓴 개인적 기록이지만, 지금은 자기 수양과 인생 성찰을 위한 고전으로 널리 읽히고 있어.

마지막 오현제

아우렐리우스 통치 시기, 로마는 도전에 끊임없이 직면했어. 역병이 퍼지면서 인구가 줄었고, 게르만족과 파르티아 제국의 침략이 계속됐지.

아우렐리우스는 황제임에도 불구하고 직접 전쟁터로 나가 군을 이끌며 로마를 지켰어. 그러나 긴 전쟁 속에서 병에 걸려 사망하고 말았지.

그의 죽음 이후 아들 콤모두스가 황제 자리를 이어받았지만, 콤모두스의 무능한 통치는 로마 제국의 쇠퇴를 앞당기고 말았어.

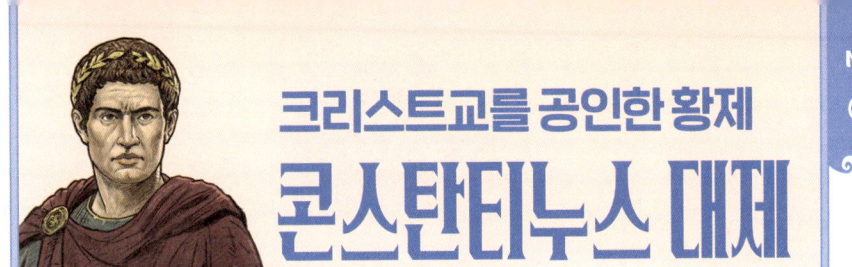

크리스트교를 공인한 황제
콘스탄티누스 대제

지역 유럽 생몰 272~337 재위 306~337

크리스트교를 공인

콘스탄티누스 대제는 로마 역사에서 중요한 전환점을 만든 황제야. 당시 로마 제국은 동방과 서방으로 나뉘어 각기 다른 황제가 다스리고 있었어. 313년, 서방 황제였던 콘스탄티누스 대제는 동방 황제 리키니우스와 함께 밀라노에서 칙령을 발표했어. '칙령'은 황제의 명령이란 뜻이야. 이 밀라노 칙령으로 크리스트교는 로마 제국의 공식 종교로 인정받았고, 오랜 크리스트교 박해의 시대는 막을 내렸지.

하지만 리키니우스가 나중에 칙령을 깨고 다시 박해를 시작하자, 콘스탄티누스 대제는 이를 구실로 전쟁을 선포했어. 결국 콘스탄티누스 대제가 승리하면서 로마 제국은 다시 하나로 통일되었지.

무적의 수도, 콘스탄티노폴리스 설립

로마를 통일한 콘스탄티누스 대제는 제국의 중심을 동쪽으로 옮기기로 했어. 330년, 그는 수도를 비잔티움(오늘날 이스탄불)으로 옮기고 자신의 이름을 따서 '콘스탄티노폴리스'라고 명명했지. 콘스탄티누스의 도시라는 뜻이야.
이 도시는 절벽과 바다로 둘러싸인 천연 요새로 방어에 유리했고, 동서 교역이 활발한 경제 중심지였기 때문에 새로운 수도로 완벽했지. 이는 훗날 비잔티움 제국(동로마 제국)의 발전에 큰 영향을 미쳤어.

로마를 기록한 인물들

라틴 문학의 기틀을 다진 키케로

키케로는 로마 공화정 말기의 뛰어난 정치가이자 철학자로, '라틴 문학의 창조자'라 불려. 그는 라틴어로 철학과 연설을 풍부하게 표현하며, 후대 라틴 문학의 기준을 세웠지.

키케로는 젊은 시절, 최고 관직인 집정관에 올라 반란을 일으킨 카틸리나를 탄핵하는 명연설을 남겼어. 하지만 반란 주동자들을 재판 없이 처형한 책임으로 탄핵당해 유배되었지. 이후 로마로 돌아와 수많은 철학서와 편지를 남겼는데, 그의 저작들은 고대 로마의 정치, 사상, 철학을 이해하는 데 중요한 자료로 여겨져.

키케로

로마의 서사시를 남긴 베르길리우스

베르길리우스는 로마를 대표하는 최고 시인이야. 후대에는 '시의 성인'이라 불렸어.

그의 대표작 《아이네이스》는 트로이의 영웅, 아이네아스의 모험과 로마 건국의 기틀을 다지는 과정을 그린 장편 서사시야. 이 작품은 로마의 국가 정체성과 영광을 상징하는 문학으로, 옥타비아누스 황제의 통치 이념을 뒷받침하기 위해 쓰였다는 평가도

베르길리우스

있어.
베르길리우스는 말년에 이 작품을 불태워 달라는 유언을 남겼지만, 옥타비아누스 황제가 그의 뜻을 거부하면서 오늘날까지 작품이 전해지게 되었지.

로마 초기 역사를 기록한 리비우스와 타키투스

리비우스는 로마의 건국부터 아우구스투스 황제 시대까지의 역사를 다룬 《로마 건국사》를 남겼어. 이 책은 원래 142권이었지만, 현재 35권만 남아 있지. 로마사를 이해하는 데 꼭 필요한 책으로, '로마사 연구의 성서'라고 불릴 만큼 중요한 작품이야. 리비우스는 사건을 문학적으로 생생하게 묘사해서 역사서이지만 소설처럼 재미있게 읽히는 매력이 있어.
타키투스는 로마 제국의 정치와 사회를 신랄하게 기록한 역사학자야. 대표작은 《연대기》와 《역사》로, 티베리우스 황제 이후 황제들의 통치와 권력 다툼을 자세히 기록했어. 또한 《게르마니아》에서는 로마 외곽에 살던 게르만족의 문화와 풍습을 전해주고 있어. 이 책은 게르만족 사회를 연구하는 데 중요한 단서가 되었지.

영웅들의 이야기를 전한 플루타르코스

플루타르코스는 그리스 출신이지만, 로마 시대에 활동한 대표적인 저술가야. 그의 대표작 《영웅전》(《플루타르코스 영웅전》)은 그리스와 로마의 위대한 인물들을 비교한 전기 모음집이지. 예를 들면, 아테네를 세운 테세우스와 로마를 세운 로물루스, 그리스의 정복자 알렉산드로스와 로마의 정복자 카이사르를 짝지어 비교하면서 각 민족의 특징과 가치관을 탐구하려 했지. 이 책은 중세와 르네상스 시대 수많은 작가와 사상가들에게 영감을 주었어.

플루타르코스

불교를 창시한 석가모니 싯다르타

지역 남아시아 | 활동 기원전 6세기

룸비니 동산에서 태어난 왕자

옛날 네팔과 인도 사이 히말라야산맥 기슭에는 샤키야족이 세운 작은 카필라 왕국이 있었어. 이곳을 다스리던 정반왕과 마야 부인은 출산을 앞두고 있었지. 마야 부인은 고향으로 향하던 중 룸비니 동산에서 아기를 낳았어. 이 아기가 바로 싯다르타야.

해탈을 얻기 위해 출가

싯다르타는 궁궐에서 왕자로서 풍족하고 안락한 생활을 누리며 살았어. 결혼도 하고 아이도 낳았지. 하지만 어느 날, 새가 벌레를 쪼아 먹는 장면을 보고 생명이 서로 해치며 살아가는 세상의 고통을 느끼게 되었어. 또한 궁궐 밖에서 늙은 노인, 병든 사람, 시신, 승려를 차례로 목격하며 인간의 생로병사가 얼마나 고통스러운 것인지 깊이 고민하게 되었지.
싯다르타는 고통의 본질이 무엇인지 깨닫고, 고통에서 벗어나는 방법인 해탈을 얻고 싶었어. 결국 29세가 되던 해, 싯다르타는 가족과 왕위를 뒤로하고 출가했지.
전설에 따르면, 한 선인이 아기 싯다르타를 보고 "그가 현실 세계에 머물면 전륜성왕이 될 것이고, 출가하면 붓다가 될 것이다."라고 예언했대. 전륜성왕은 이상적인 왕, 붓다는 '깨달음을 얻은 자'를 의미해.

깨달음을 얻은 부처

출가한 싯다르타는 고행과 명상을 통해 깨달음을 얻으려고 했어. 무려 6년 동안 극심한 고행을 하며 뼈와 가죽만 남을 정도로 스스로를 극한까지 몰아붙였지. 하지만 지나친 고행이 답이 아니라는 걸 깨닫고 명상에 집중했어. 그리고 보리수나무 아래에서 깊은 명상에 잠겼지. 그는 모든 고통은 집착에서 비롯되며, 집착과 욕망을 내려놓는 방법이 해탈이라는 사실을 깨달았어. 이때부터 그는 붓다, 즉 '깨달음을 얻은 자'라 불리게 되었지. 혹은 '샤키야족의 성자'라는 말을 산스크리트어로 그대로 읽은 '석가모니'라고도 불려. 오늘날 인도 비하르주에 가면, 붓다가 깨달음을 얻은 보리수나무가 있는 마하보디 사원이 있어. 불교의 주요 성지지.

마하보디 사원

불교를 인도에 널리 전파

붓다는 인도 여러 지역을 다니며 "누구나 깨달음을 얻으면 부처가 될 수 있다."는 가르침을 전파했어. 이는 신분에 따라 차별을 두는 당시 인도의 주 종교였던 브라만교의 가르침과는 달랐지. 그래서 엄격한 신분제인 카스트 제도에 억눌린 많은 인도 사람의 마음을 움직였어. 붓다의 가르침은 점점 퍼졌고, 많은 제자와 신도들이 모이며 불교는 널리 전파되었지.

붓다는 80세가 되었을 때 조용히 세상을 떠나고 열반에 들었어. 불교에서는 모든 번뇌와 집착을 완전히 끊고 고통에서 벗어난 깨달음의 경지를 열반이라고 해.

토막 사전 | 비슷한 시기에 탄생한 자이나교

불교와 비슷한 시기에 자이나교도 생겨났어. 창시자인 마하비라는 12년간 고행한 끝에 깨달음을 얻었다고 해. 자이나교는 모든 생명에 해를 끼치지 않고, 고행과 자기 절제를 통해 해탈을 추구하는 종교야.

인도를 최초로 통일한 왕
찬드라굽타 마우리아

지역 남아시아 생몰 350~295 B.C. 재위 322~298 B.C.

마우리아 왕조 수립

옛날 인도 갠지스 평원 지역에 마가다 왕국이 있었어. 이 왕국은 긴 세월 동안 여러 다른 왕조의 지배를 받았지. 그러다 기원전 4세기 무렵, 난다 왕조가 마가다 왕국을 지배하게 되었어.

찬드라굽타 마우리아는 난다 왕조를 무너뜨리고 새롭게 마가다 왕국을 다스리게 된 인물이야. 전해지는 이야기에 따르면 그는 난다 왕조의 마지막 왕과 후궁 사이에 태어난 왕자라는 설도 있고, 평민이란 말도 있어.

마우리아가 살아가던 시기, 마케도니아의 알렉산드로스 대왕이 인도 서북부를 침략했어. 이민족의 침략으로 인해 인도 사람들은 외적에 맞설 강력한 나라의 필요성을 절실히 느끼게 되었지. 마우리아는 이 상황을 기회 삼아 백성들을 한데 모아 봉기했어. 그리고 알렉산드로스 대왕이 차지했던 펀자브 지방과 인도 서북부 지역을 되찾았지. 그렇게 난다 왕조를 무너뜨리고 왕위에 올라 인도 최초의 통일 왕조인 마우리아 왕조가 탄생했어.

북인도를 완전히 통일

왕이 된 마우리아는 정복 전쟁을 멈추지 않았어. 무려 약 60만 대군을 이끌고 나가 마침내 북인도를 완전히 통일했지. 그리고 효율적인 행정을 위해 정복한 지역마다 총독을 파견하고, 수도와 주요 도시를 연결하는 도로를 건설했어. 이러한 체계 덕분에 마우리아 왕조는 안정되고 번성할 수 있었지.

하지만 기원전 298년, 마우리아는 갑자기 왕위를 내려놓더니 승려가 되어 출가했어. 그리고 남은 여생을 조용히 보내다 세상을 떠났지.

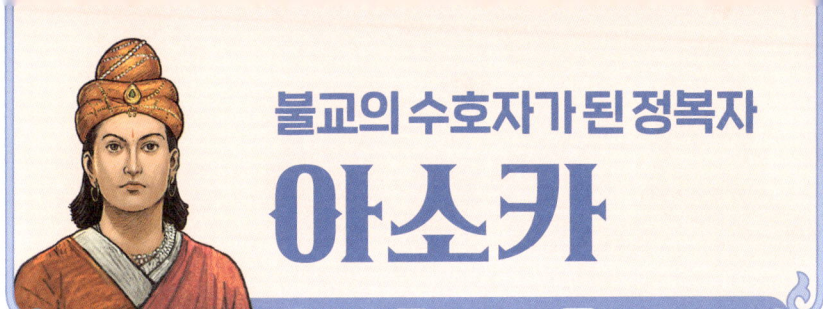

불교의 수호자가 된 정복자
아소카

지역 남아시아 생몰 304~232 B.C. 재위 268~232 B.C.

인도 최고의 정복자

아소카왕은 찬드라굽타 마우리아의 손자야. 그는 할아버지처럼 뛰어난 정복자로 활약했어. 서쪽으로는 오늘날 파키스탄과 아프가니스탄까지 진출했고, 동쪽으로는 방글라데시, 남쪽으로는 타밀 지방까지 영토를 확장했지. 인도 남부 지방 일부를 제외한 거의 모든 영토를 넓혔어. 아소카왕은 인도 역사상 가장 넓은 땅을 다스린 왕으로 기록돼.

운명을 바꾼 칼링가 전투

아소카왕은 인도 북동부의 가장 강력한 왕국, 칼링가를 정복하기 위해 전투를 치렀어. 이 전투에서 수십만 명이 희생되었고, 아소카왕은 피로 물든 전장을 보고 오싹함을 느꼈지. 전쟁의 고통과 참혹함을 몸소 느낀 그는 정복 전쟁을 중단하고, 불교에 푹 빠져들었어. 그리고 앞으로는 법(다르마)에 따라 통치하겠다고 선언하며 불교를 적극 보호하고 퍼뜨리기 시작했어. 전국 곳곳에 불교 비문과 석주를 세워

불교 가르침을 전했고, 해외에도 사절단을 보내 불교를 전파했어. 아소카왕의 노력 덕분에 불교는 인도뿐 아니라 아시아 전역으로 퍼져 나갔지.

No.030 고대

쿠샨 왕조의 정복자 왕
카니슈카

지역 남아시아 **혈통** 2세기 중반 **재위** 127~150

쿠샨 왕조의 전성기

아소카왕 사망 이후 마우리아 왕조가 멸망하면서 인도는 혼란에 빠졌어. 이때 중앙아시아의 유목 민족인 월지족이 인도 서북부를 차지하고 쿠샨 왕조를 세웠어.

카니슈카왕은 쿠샨 왕조 3대 왕으로, 뛰어난 정복자이자 불교를 후원한 통치자였어. 그는 수도를 오늘날 파키스탄 북서부의 페샤와르에 두고, 중앙아시아의 파미르고원을 넘어 중국 신장 지역까지 세력을 넓혔어. 실크 로드의 주요 교역로를 장악하며 경제와 문화를 발전시켰고, 쿠샨 왕조를 인도·중앙아시아·중국을 잇는 국제 교역의 중심지로 만들었지.

간다라 양식의 출현

카니슈카왕은 불교 교리 연구와 미술 발전을 적극 지원했어. 이 시기에 간다라 양식이라는 독특한 불교 미술이 발전했는데, 헬레니즘 양식과 인도 전통 양식이 융합된 특징을 보여 줘. 간다라 미술은 이후 중국과 동아시아로 전해지며 불교 미술에 큰 영향을 끼쳤지.

간다라 양식의 석굴암 부처상

쿠샨 왕조가 쇠퇴한 뒤, 인도는 다시 혼란에 빠졌어. 이 혼란을 끝내고 굽타 왕조를 세운 인물이 바로 찬드라굽타 1세야. 320년, 왕위에 오른 찬드라굽타 1세는 갠지스강 유역을 중심으로 영토를 넓히고, 강력한 중앙 집권 체제를 마련했어. 그는 자신을 왕 중의 왕이라는 뜻의 '마하라자디라자'라고 칭하며 권위를 확립했지. 그의 사후 아들 사무드라굽타가 정복 전쟁을 통해 인도 북부를 완전히 통일했고, 굽타 왕조는 전성기를 맞았어.

찬드라굽타 2세는 사무드라굽타의 아들이야. 이때 굽타 왕조는 가장 넓은 영토를 차지했고, 문학과 예술도 크게 꽃피었지. 중국의 승려가 이 시기 인도를 방문해 불교와 인도 문화를 기록으로 남겼어. 경제적으로도 로마와 활발히 교역을 하며 금화와 귀금속이 풍부하게 들어온 '인도의 황금시대'였지.
하지만 찬드라굽타 2세 사후 굽타 왕조는 결국 550년경 멸망하고 말았어.

굽타 왕조와 인도의 황금기

굽타 왕조는 인도의 황금기로 불릴 만큼 종교·과학·문학·예술이 눈부시게 발전한 시기였어. 특히 힌두교가 국교로 자리 잡아 인도 사회의 중심이 되었지.

힌두교의 성장과 인도 민족주의

힌두교는 굽타 왕조 이전에도 존재했지만, 불교에 밀려 크게 성장하지 못했어. 그러나 굽타 왕조의 왕들이 힌두교를 적극적으로 신봉하고 국교로 삼으면서 크게 발전했지. 힌두교는 브라만교, 불교, 인도의 민간 신앙이 결합해 형성되었고, 인도의 신분 제도인 카스트 제도를 인정했지. 굽타 왕조는 인도인을 중심으로 세워졌기 때문에 힌두교를 통해 인도 민족의 정체성과 결속을 강화하려 했지.

브라만
크샤트리아
바이샤
수드라

카스트 제도

힌두교의 주요 신

힌두교에는 세 명의 주요한 신이 있어. 우주를 창조한 신 브라흐마, 우주를 유지하는 신 비슈누, 우주를 파괴하는 신 시바야. 이 세 명의 신은 우주의 끝없는 순환을 나타내. 당시 인도 북부에서는 비슈누를, 남부에서는 시바를 숭배하는 전통이 있었다고 해.

힌두교의 주요 신. 브라흐마, 비슈누, 시바

불교 문화와 미술의 발전

이 시기 불교 미술을 굽타 양식이라 해. 서양 영향을 많이 받은 간다라 양식과 달리, 굽타 양식은 인도 전통이 강조된 게 특징이야. 아잔타 석굴의 불상이 대표적이고, 이 양식은 동아시아에도 영향을 줬지.

아잔타 석굴의 불상

과학과 문화의 발전

굽타 왕조는 수학과 천문학 분야에서도 눈부신 발전을 이뤘어. '0'의 개념이 정립되었고, 오늘날 우리가 쓰는 아라비아 숫자의 기초가 마련됐지. 천문학자이자 수학자 아리아바타는 지구가 자전하며 태양 주위를 돈다고 주장했고, 원주율을 사용해 원 면적을 계산하는 방법도 제시했어.

문학에서는 산스크리트어로 쓰인 인도 전통이 강조된 작품들이 등장했어. 대표적으로 장편 서사시 《마하바라타》와 《라마야나》가 있지. 희곡 《샤쿤탈라》 같은 걸작도 만들어졌어.

한화 정책을 펼친 개혁 군주
효문제

지역 동아시아 생몰 467~499 재위 471~499

5호 16국 시대와 북위의 성장

서진이 위·촉·오 삼국을 통일했지만, 내분과 북방 이민족의 침략으로 곧 무너졌어. 이후 흉노, 선비, 강, 저, 갈 같은 북방 유목 민족이 중국 북부에 나라를 세우며 중국은 다시 혼란에 빠졌지. 이 시기를 5호 16국 시대라고 불러. 이때 북위라는 나라가 점차 힘을 키우며 다른 나라들을 정복하고 북부를 통일했어. 북위는 선비족이 세운 나라로, 효문제 시기에 가장 번성했지.

효문제의 개혁과 북위의 몰락

효문제는 5세에 즉위해 초반에는 태후가 섭정을 맡았어. 태후가 세상을 떠나고, 성인이 된 효문제는 직접 정치에 나서며 개혁을 시작했지.

그는 민족 융화를 위해 한화(漢化) 정책을 펼쳤어. 당시 북위는 선비족이 한족을 지배하는 구조였는데, 효문제는 두 민족의 갈등을 줄이고 공존과 융합을 이루고 싶었지. 그래서 선비족의 문화를 버리고 한족의 언어와 옷차림을 따르게 했고, 수도도 선비족의 평성에서 한족 중심지인 뤄양으로 옮겼어. 자신의 성도 '탁발'에서 한족식 성인 '원'으로 바꿨지.

그러나 효문제가 군사 원정 중 목숨을 잃자, 북위는 급격히 약해졌어. 귀족들의 권력 다툼과 민족 간 갈등이 심해지면서 결국 534년, 북위는 동위와 서위로 분열되었지. 남쪽에서도 왕조가 자주 교체되며 남북조 시대는 약 150년간 이어졌어.

위진남북조 시대의 예술가들

자연을 노래한 도연명

도연명은 중국의 대표적인 시인이야. 세속을 떠나 자연 속에서 소박하게 사는 삶을 동경했지. 대표작 《귀거래사》에서 세속을 떠나 고향으로 돌아가는 심정을 담담하게 표현했고, 《도화원기》에서는 이상적인 자연과 평화로운 세계를 그려 냈지.

서예의 성인 왕희지

왕희지는 중국 최고의 서예가로 꼽혀. 해서체라는 서체에 능했을 뿐 아니라, 행서체와 초서체라는 서체를 발전시켜 서예를 독립된 예술로 만들었지. 그의 서체를 따로 '왕희지체'라고 부를 정도야.

인물화의 최고봉 고개지

고개지는 중국 역대 화가를 통틀어 인물화를 가장 잘 그리는 화가라는 평가를 받아. 대표작 《여사잠도》는 궁중 여인들의 일상을 섬세하게 표현한 작품으로, 현재 영국의 대영 박물관에 있는 그림은 후대의 모사본으로 알려져 있어.

아버지를 죽이고 황제로 즉위

수나라의 창시자인 양견(수 문제)은 혼란스러운 남북조 시대를 종식시켰어. 그는 가장 먼저 북조를 정복한 뒤, 589년에는 남조까지 통일하며 중국 전역을 하나로 만들었지. 수 문제는 과거 제도를 도입해 유능한 인재를 관리로 선발하고, 백성을 위한 정치를 펼쳤어. 하지만 말년에는 정치적 혼란이 커졌고, 황태자였던 양광과의 관계도 나빠졌어. 양광이 형을 죽이고 아버지 수 문제까지 죽였다는 이야기도 있지. 양광은 수 문제 사후 수나라 2대 황제가 되었고, 수 양제로 불리게 돼.

대운하 건설과 수나라 멸망

수 양제는 유례없는 대규모 토목 공사를 추진했어. 북쪽 베이징에서 남쪽 항저우까지 연결되는 약 2,000km 길이의 대운하를 건설했지. 이 운하는 중국의 북쪽과 남쪽의 경제 및 문화 교류를 촉진했지만, 공사 기간 6년 동안 총 수백만 명의 백성이 건설에 동원되며 큰 고통을 겪었어.

수 양제는 또한 진시황 때 지은 만리장성을 증축하고, 뤄양에 새로운 수도를 지었어. 궁궐을 새로 짓기 위해 수많은 노동력을 동원했지. 궁궐 정원에 인공 바다와 인공 섬까지 만들었다는 말도 있을 정도야.

612년, 수 양제는 대규모 군대를 동원해 고구려를 세 차례나 침략했지만 모두 실패했어. 무리한 공사와 전쟁으로 나라 살림이 엉망이 되었고, 결국 반란이 일어났지. 618년, 수 양제는 반란군에게 살해당했고, 수나라는 37년 만에 멸망하고 말았어.

고대 No.035

당나라 태평성대를 이룬 황제
당 태종

지역 동아시아 **생몰** 598~649 **재위** 626~649

잔혹했던 당나라 권력 쟁탈전

수나라가 멸망한 뒤, 수나라의 장군이었던 이연이 당나라를 세우고 황제에 올라 당 고조가 되었어. 당 고조는 장남에게 황제 자리를 물려주려 했지만, 차남 이세민이 형과 동생을 모두 죽이고 황제 자리를 차지했지. 이세민은 조카들까지 없애며 경쟁자를 모두 제거했어. 이후 이세민은 당나라 2대 황제 태종으로 즉위했지.

태평성대와 고구려 원정

잔인한 과정으로 황제가 된 당 태종이었지만, 통치는 뛰어났어. 신하들의 의견을 경청하고, 과거 제도를 정비해 공정하게 관리를 선발했지. 나라에 흉년이 들면 나라 창고를 열어 백성들에게 곡식을 나눠 주기도 했어. 백성을 생각하는 정치를 펼친 당 태종 덕분에 당나라는 태평성대를 누렸지.

하지만 그는 수 양제처럼 고구려를 정복하려 했어. 645년, 직접 대군을 이끌고 고구려를 침략했지만, 고구려의 강력한 저항에 부딪혀 실

패했지. 특히 고구려 명장 연개소문의 방어가 강력했어. 이 전쟁으로 당나라 군은 큰 피해를 입었고, 당 태종도 병에 걸려 649년 세상을 떠났어. 그래도 그의 정책들 덕분에 당나라는 한동안 번영을 이어갈 수 있었지.

No.036 고대

중국 최초의 여성 황제
측천무후

지역 동아시아 **생몰** 624~705 **재위** 690~705

후궁에서 여황제로

측천무후는 원래 당 태종의 후궁이었지만, 그가 죽자 관례에 따라 비구니가 되었어. 그런데 당 태종의 아들, 당 고종이 그녀를 다시 궁궐로 불러들여 후궁으로 삼았지. 그녀는 2대 연속 두 황제의 후궁이 된 셈이야.

측천무후는 차차 정적을 제거하고 마침내 황후가 되었어. 당 고종이 병약해지자 사실상 공동 통치를 하며 실권을 장악했지. 두 아들을 황제로 세웠다가 폐위시키는 등 후계 문제에도 깊이 개입했어.

결국 690년, 그녀는 넷째 아들 예종을 밀어내고 중국 역사상 유일한 여성 황제로 등극했어. 나라 이름을 '대주(大周)'로 바꾸고 자신만의 왕조를 열었지. 하지만 가문에 대한 과도한 편애와 강압적인 통치로 반발을 사 705년 반란으로 폐위된 뒤 그해 세상을 떠났어.

고구려 멸망과 당나라 영토 확장

측천무후가 권력을 잡던 시기, 한반도에선 신라가 삼국 통일을 추진하고 있었어. 고종은 당나라 군대를 보내 신라를 도왔고, 668년 고구려는 결국 멸망했지. 이후 당나라는 고구려 북쪽 일부 지역을 차지하며 국경을 확장했어.

불경에 평생을 바친 스님
현장

지역 동아시아　생몰 602~664

불법을 찾아 인도로 여행

현장은 당나라 초기의 대표적인 승려야. 10살 무렵부터 불경을 공부해 13살에 출가했고, 불교의 세 가지 주요 경전(경장, 율장, 논장)에 능해 '삼장 법사'라는 별칭을 얻었지.

하지만 현장은 중국에서 한자로 번역된 불경만으로는 불교를 완전히 이해하기 어렵다고 느꼈어. 그래서 불교의 본고장인 인도로 가기로 결심하고, 627년에 긴 여행길에 올랐지. 여행 도중 현장은 인도의 날란다 사원에서 5년 동안 불교를 공부하며 깨달음을 얻었어.

중국 불교 발전에 기여

645년, 현장은 불경과 불상 등을 가지고 당나라로 돌아왔고, 이후 평생을 불경 번역에 바쳤어. 그는 74종 1,335권의 불경을 한자로 옮기며 중국 불교 발전에 큰 공헌을 했지. 또 인도와 중앙아시아의 문화와 풍습을 기록한 인도 여행기, 《대당서역기》 12권도 남겼어.

당나라 이후 명나라 시대에 현장의 여행기를 바탕으로 한 소설 《서유기》가 탄생했어. 손오공, 저팔계, 사오정이 삼장 법사를 모시고 구법 여행을 떠나는 모험 이야기로, 오늘날까지도 사랑받는 중국 4대 기서 중 하나야.

No.038

여자에 빠져 나라 망친 황제
당 현종

지역 동아시아 **생몰** 685~762 **재위** 712~756

당나라의 전성기 이끈 황제

당나라 9대 황제 현종은 측천무후의 손자였어. 측천무후 사후에도 권력 다툼이 계속되었지만, 당 현종은 치열한 투쟁 끝에 승리해 712년, 아버지로부터 황제 자리를 물려받았어.

당 현종은 즉위 초기에 뛰어난 정치 감각을 보였어. 국경 수비를 강화해 이민족의 침략을 막고 안보를 튼튼히 했지. 또 밭을 개간해 민생 안정에도 신경 썼어. 특히 수도 장안은 세계 각지에서 몰려든 상인들로 붐비며 국제 교역의 중심지로 성장했고, 당나라는 전성기를 맞았지.

양귀비와 함께 몰락

하지만 후반기로 갈수록 현종은 정치를 소홀히 하고 사치와 쾌락에 빠졌어. 특히 며느리였던 양귀비를 후궁으로 들이면서 그녀에게 집착했지. 간신들이 권력을 잡으면서 국정은 더욱 흔들렸어.

혼란을 틈타, 당나라에 큰 반란이 일어나고 말았어. 양귀비는 결국 죽임을 당했지. 현종은 겨우 목숨을 건졌지만, 시름시름 앓다가 쓸쓸히 생을 마감했어. 한때 전성기를 이끌었던 황제였지만, 사랑과 방탕으로 타락한 황제가 되고 만 거야.

 **당나라 최고 미녀, 양귀비**

양귀비는 당 현종의 사랑을 독차지한 절세 미녀였어. 실제 초상화는 남아 있지 않지만, 당대 사람들이 그녀의 미모를 극찬했다는 기록이 많아. 오늘날 전해지는 양귀비 그림들은 모두 후대 화가들이 상상해서 그린 거야.

절도사에서 반란의 수장으로

안녹산은 당나라 변방을 방어하던 절도사로, 당 현종과 양귀비의 총애를 받아 막강한 권력을 쥐게 되었어. 절도사는 군대를 거느린 지방 세력가를 말해. 안녹산은 여러 지역의 절도사를 겸임하며 점차 세력을 키웠어. 그리고 755년에 반란을 일으켰지.

안녹산은 반란 초기 수도 장안 인근까지 진격했어. 뤄양을 점령한 뒤, 스스로 연나라 황제를 자처하며 독립을 선언했지. 그러나 당나라 충성파와 분열 세력 간의 갈등이 커지면서, 결국 안녹산은 아들에게 암살당하고 말았어.

끝나지 않은 반란과 당나라의 몰락

안녹산이 죽은 뒤에도 반란은 끝나지 않았어. 그의 부하 사사명이 안녹산의 아들을 죽이고 새로운 우두머리가 되었지. 그래서 이 반란은 안녹산과 사사명의 난, 즉 '안사의 난'이라 불리게 돼. 하지만 사사명도 아들에게 암살당했고, 반란군은 점점 약해졌어.

안사의 난은 8년 동안 이어지며 당나라에 엄청난 피해를 남겼어. 당나라 정부는 간신히 반란을 진압했지만, 나라의 경제는 파탄났고, 황제의 권위도 크게 흔들렸지. 이후 절도사들이 강력한 군사력을 바탕으로 독립적인 세력을 키우며 중앙 정부는 힘을 잃었어.

약 100년 뒤, 황소라는 인물이 대규모 농민 반란을 일으켜 수도 장안을 점령했고, 이는 당나라 멸망의 신호탄이 되었어. 결국 당나라는 907년에 완전히 무너졌지.

당나라를 빛낸 예술가들

시의 신선, 이백

이백은 당나라 최고의 시인 중 한 명이야. 자유롭고 즉흥적인 시를 쏟아 내는 천재였고, '시의 신선'이라 불렸어.

그는 당 현종 시절 궁에서 관직을 지냈지만, 자유로운 성격탓에 오래 머물지 못했어. 연회 자리에서 양귀비의 아름다움을 묘사한 《청평조사》를 남기기도 했지만, 술에 취해 무례한 행동을 하다 궁에서 쫓겨났어. 이후 전국을 유랑하며 도교 사상에 심취했고, 두보와도 깊은 우정을 나눴지. 이백은 평생 약 1,100편의 시를 남겼고, 그의 작품들은 《이태백 문집》으로 정리되었어.

이백

시의 성인, 두보

두보는 시에 사회 비판과 유교적 교훈을 담았어. 유교적 가치가 담긴 그의 시는 깊은 울림을 주어 '시의 성인', 즉 '시성'이라 불렸지.
그러나 부패한 사회를 비판하는 글을 남겨 그의 관직 생활은 오래가지 못했어. 이후 떠돌이 생활을 하면서도 두보는 시 창작을 계속해 고향을 떠난 슬픔을 담은 《추흥》, 부패와 전쟁의 비극을 그린 《병거행》, 이별과 고독을 묘사한 《삼리삼별》 등 평생 약 1,400편의 시를 남겼지.

두보

시의 부처, 왕유

왕유는 시인이자 화가로, 자연을 사랑한 예술가야. 특히 불교 사상이 스며든 시를 많이 남겨서 '시의 부처', 즉 '시불'로 불렸지.
그는 자연 속에서 깨달음을 찾으며 전원생활의 아름다움을 노래했어. 산과 물의 고요한 정취를 담은 《창주도》, 깊은 사색이 깃든 《망주도》 등이 유명해. 그의 작품은 《왕우승집》이란 책으로 묶였지. 왕유는 수묵 산수화도 즐겨 그렸어.

당나라 최고의 서예가, 구양순

구양순은 당나라를 대표하는 서예가야. 왕희지가 만든 왕희지체를 바탕으로 점과 획이 반듯한 '구양순체'를 만들어 냈어. 이 글씨체는 후대 서예가들에게 큰 영향을 주었고, 한반도에도 전해져 큰 인기를 끌었어.
대표작으로 《황보탄비》, 《구성궁예천명》 등이 있고, 서예 이론서인 《전수결》, 《용필론》도 남겼어.

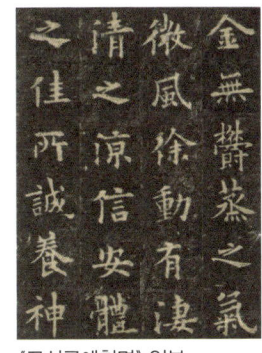
《구성궁예천명》 일부

불교를 장려한 일본 개혁가
쇼토쿠 태자

지역 동아시아 생몰 574~622

일본을 불교 국가로 만든 섭정

쇼토쿠 태자는 일본 최초의 여성 천황인 스이코의 조카로, 그녀의 섭정이 되어 실질적인 권력을 행사했어. 그는 나라를 개혁하고, 정치 체계를 정비하는 데 힘을 쏟았지.

특히 불교를 적극 장려해 일본에 불교문화를 뿌리내리게 했어. 그전까지는 전통 신앙인 신토가 주류였지만, 쇼토쿠 태자가 불교를 공인하면서 불교가 국가의 중심 사상이 되었지. 그는 호류지를 비롯한 많은 불교 사찰을 세웠어.

이렇게 된 데는 한반도의 도움이 컸어. 고구려와 백제에서 건너온 기술자들이 사찰과 불상을 제작했거든. 쇼토쿠 태자는 백제의 승려 혜총과 고구려의 승려 혜자에게 불교를 배우며 불교 발전을 이끌었어.

호류지

중앙 집권 체제 추진

쇼토쿠 태자는 유교와 불교 사상을 바탕으로 정치 원칙을 세웠는데, 이를 17조 헌법으로 정리했어. 또 관직을 12등급으로 나누고, 천황 중심의 중앙 집권 체제를 강화했지. 귀족들은 반발했지만, 결국 천황에게 충성을 맹세할 수밖에 없었어.

쇼토쿠 태자는 국가의 위엄을 높이기 위해 국사를 편찬하고, 당나라에 외교 사절도 보내 대외 교류를 활발히 했어. 그는 직접 천황이 되진 않았지만, 그의 개혁은 일본 정치와 문화에 깊은 영향을 남겼어.

일본 불교의 큰 스승
엔닌

지역 동아시아 생몰 794~864

고구려 장보고와의 인연

엔닌은 일본 헤이안 시대의 승려로, 일본 불교 발전에 중요한 역할을 한 인물이야. 헤이안 시대는 794년부터 약 400년간, 교토의 헤이안쿄를 수도로 삼았던 시기로, 이 시기 일본에서는 불교와 귀족 문화가 함께 번성했어.

엔닌은 15세에 불교 종파 중 하나인 천태종 사찰에 입문해 불교를 배우기 시작했어. 불경을 공부하고 강연을 주로 하며 승려로서의 길을 걸었지.

838년, 엔닌은 천태종의 깊은 교리를 배우기 위해 당나라로 유학을 떠났지만, 체류 기간이 끝나기도 전에 정책 변화로 귀국 명령을 받게 되었어. 그래서 청해진 대사 장보고를 찾아가 도움을 청했지. 당시 장보고는 한국, 중국, 일본 세 나라의 바다를 주름잡고 있었거든. 장보고의 도움을 받은 엔닌은 신라인들이 세운 중국의 적산법화원이라는 사원에 머물며 불법을 더 공부하고, 불경과 불화를 수집했어. 이후 신라인의 배를 타고 일본으로 돌아왔지.

엔닌은 9년 3개월 동안의 경험을 《입당구법순례행기》라는 네 권의 책으로 남겼어. 이 책은 당나라뿐만 아니라 신라와 발해에 대한 정보까지 담고 있어서 동아시아 역사와 문화를 이해할 수 있는 중요한 자료로 평가받고 있지. 특히 신라 관련 이야기는 2권과 4권에 상세히 기록되어 있어.

일본 최초로 대사 칭호를 받은 승려

귀국한 엔닌은 천태종 교리에 밀교 요소를 더하며, 누구나 부처가 될 수 있다는 가르침을 전했어. 덕분에 불교는 농촌 지역까지 널리 퍼졌지. 엔닌은 일본 불교를 더욱 발전시킨 업적을 인정받아, 사후에 일본 최초로 '대사(大師)' 칭호를 받은 승려가 되었어.

이슬람교를 창시한 예언자
무함마드

지역 서아시아 생물 570~632

메카에서 태어난 예언자

무함마드는 아라비아반도 서쪽, 메카에 살던 쿠라이시족 하심 가문에서 태어났어. 하지만 태어나기 전에 무역상이던 아버지를 잃었고, 6세 때 어머니도 세상을 떠났지. 부모님을 여읜 무함마드는 친척 손에서 자라며 힘든 어린 시절을 보냈어.

성인이 된 무함마드는 큰 무역 상단에서 일하며 경험을 쌓았어. 그리고 이곳에서 만난 미망인 카디자와 결혼해 자식을 낳고 생활을 꾸렸지. 가정을 이루고 경제적으로 안정된 무함마드는 깊은 사색에 빠지게 돼. 40세가 되던 해, 메카 근처에 있는 히라 동굴에서 명상을 하던 중 가브리엘 천사의 계시를 받아 이슬람교를 창시하게 되었지.

이슬람교의 시작과 헤지라

무함마드는 유일신 알라만을 섬겨야 한다고 가르치며, 모든 인간은 알라 앞에서 평등하다고 주장했어. 당시 메카의 다신교 중심 귀족들은 이를 위협으로 느끼고 무함마드를 박해했지만, 서민과 상인층 사이에서 무함마드의 가르침은 점차 지지를 얻었어.

결국 622년, 무함마드는 지지자들과 함께 메디나로 피신했는데, 이 사건을 헤지라(히즈라)라고 해. 이슬람교에서는 이 해를 이슬람력 1년으로 삼고 있지. 메디나에서 무함마드는 이슬람 공동체 '움마'를 조직하고, 정치·종교 지도자로서 세력을 키웠어. 이후 메카 귀족과의 전투에서도 승리를 거두고, 630년에 마침내 메카를 평화롭게 정복했지.

메카의 성지였던 카바 신전에서 다양한 신을 모시던 우상들을 제거하고 카바 신전을 이슬람의 유일신 신전으로 바꾼 것도 이때야. 오늘날에도 무슬림들은 매일 카바를 향해 기도하고, 일생에 한 번 성지 순례를 하는 것이 종교적 의무로 여겨져.

이슬람교의 확산

메카 정복 이후, 아라비아반도의 여러 부족들이 무함마드를 따르며 이슬람은 빠르게 퍼졌어. 무함마드는 632년, 자신의 임무를 마치고 세상을 떠났고, 이후 그의 가르침은 칼리프들에 의해 계속 전파되었지.

이슬람교는 아라비아를 넘어 서아시아, 북아프리카, 동남아시아, 유럽 일부에까지 확산되며 세계 3대 종교 중 하나로 자리 잡았어.

카바 신전

이슬람 시아파의 시조
알리 이븐 아비 탈리브

지역 서아시아 **생몰** 601~661 **재위** 656~661

무함마드 혈통을 이은 칼리프

알리는 무함마드의 사촌이자 사위로, 이슬람교 초기부터 그를 도운 인물이야. 무함마드와 같은 가문 출신이며, 무함마드의 딸과 결혼해 두 아이들을 낳아 무함마드의 혈통을 이었지.

무함마드 사후, 이슬람교 지도자는 투표로 선출되었고, 이를 칼리프라 불렀어. 알리는 656년 제4대 칼리프로 선출됐지. 무함마드와 혈연이 없던 앞선 세 칼리프와 달리, 그는 무함마드의 가르침과 혈통을 잇는 인물로 여겨졌어.

하지만 모두가 알리를 따르진 않았어. 특히 메카의 귀족 출신 무아위야가 강하게 반발했지. 그는 시리아 총독으로 임명되어 큰 세력을 형성했고, 곧 메카 귀족들의 지지를 등에 업고 알리와 전쟁을 벌였지. 이 내전은 훗날 이슬람 세계가 수니파와 시아파로 나뉘는 계기가 되었어.

무아위야가 세운 우마이야 왕조

661년, 알리는 돌연 자객에게 암살당했어. 이윽고 무아위야가 칼리프가 되어 우마이야 왕조를 세웠지. 이때부터 이슬람 세계는 투표로 지도자를 뽑던 전통을 버리고, 세습 군주제로 바뀌게 돼. 그래서 알리까지 네 명의 칼리프를 '정통 칼리프'라고 해.

수니파와 시아파

	수니파	시아파
지도자(칼리프) 계승	공동체 합의로 선출	무함마드 혈통 계승
이슬람교도 규모	약 85~90%	약 10~15%
대표 나라	사우디아라비아, 이집트, 튀르키예, 인도네시아 등	이란, 이라크, 레바논, 바레인 등

이슬람 황금기 만든 칼리프
하룬 알라시드

지역 서아시아 **생몰** 763~809 **재위** 786~809

비잔티움 제국을 꺾고 외교를 강화

750년, 아바스 가문이 칼리프 자리를 차지하며 아바스 왕조가 이슬람 세계를 지배하게 되었어. 칼리프 하룬 알라시드는 아바스 왕조의 전성기를 이끌었지.

그는 비잔티움 제국과 여러 차례 전쟁을 벌였어. 직접 군대를 이끌고 원정에 나섰고, 결국 비잔티움 제국의 조공을 받아냈지. 또 프랑크 왕국의 카롤루스 대제와 동맹을 맺어 유럽과의 외교 관계를 강화했어. 이때 카롤루스 대제에게 선물로 코끼리를 보냈다는 일화도 전해져. 한편, 동쪽으로는 당나라와 교류하며 이슬람 세계의 국제적 위상을 높였어.

이슬람 문화의 황금시대

하룬 알라시드는 학문과 문화를 적극 장려해 수도 바그다드를 세계적인 도시로 성장시켰어. '지혜의 집'이라는 도서관 겸 연구소를 세우고, 학자들에게 고대 그리스 서적을 아랍어로 번역하게 했지. 또 궁전에는 시인, 음악가,

과학자, 수학자 등 다양한 인재를 초빙해 학문과 예술을 꽃피었어. 이슬람 문학의 대표작, 《천일 야화》에 하룬 알라시드가 등장해. 이야기 속 그는 변장하고 바그다드를 돌아다니며 백성들의 삶을 살피는 현명한 군주로 그려졌지.

이슬람 세계의 위대한 학자들

천문학자 이븐 알 샤티르

평생 하늘의 비밀을 파헤치며 정밀한 관측 자료를 쌓은 천문학자, 샤티르는 새로운 천문 관측 기구인 '사분의'를 제작했어. 그는 프톨레마이오스의 천동설에 여러 의문점을 제기하며 더 정밀한 우주 구조를 제시하려 했어. 그의 연구는 훗날 코페르니쿠스의 지동설과 비슷하다는 평가를 받았고, 천문학 발전의 밑거름이 되었지.

지리학자 알 이드리시

이드리시는 시칠리아 왕의 의뢰로 여러 지역을 여행한 경험을 살려 1154년에 정교한 세계 지도를 완성했어.
이 지도는 메카를 중심에 두고, 남과 북이 뒤바뀐 독특한 형태로 그려졌어. 한국을 '신라'라는 이름으로 섬처럼 표현한, 가장 오래된 세계 지도로도 유명해.

알 이드리시의 세계 지도

종교학자 알 투시

알 투시는 이슬람교 시아파의 가르침을 정리하고, 《쿠란》 해설서를 집필했어. 그의 활동은 이슬람 신학 발전에 기여했지.

의학자 이븐 시나

이븐 시나는 의학자이자 철학자로, 《의학전범》을 저술해 의학 지식을 체계화했어. 이 책은 유럽으로 전해져 17세기까지 교재로 사용되었지. 그는 《치유의 서》라는 철학서도 남겼어.

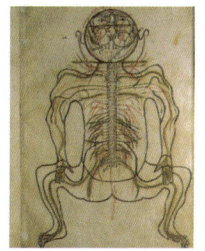

인체 해부학 그림

수학자 알 콰리즈미

알 콰리즈미는 방정식을 체계적으로 정리한 최초의 수학자야. 그의 이름에서 문제를 해결하기 위한 절차나 방법을 뜻하는 '알고리즘'이란 용어가 비롯되었지. '대수학'이라는 용어도 그가 집필한 책 제목에서 유래되었어.

화학자 자비르 이븐 하이얀

이븐 하이얀은 연금술을 연구했는데, 금속 코팅, 옷감 염색 및 방수 처리, 유리 제조 등 다양한 실험을 통해 화학 발전에 크게 기여했어.

역사학자 이븐 할둔

이븐 할둔은 이슬람 세계의 역사와 문화를 정리한 학자로, 《역사 서설》을 통해 다양한 종족의 역사와 문화를 정리했지.

이슬람 학자들의 모습

그래. 문명과 제국이 탄생하고 멸망해 가는 과정에서
쟁쟁한 지도자들이 많이 나왔어.
영토를 엄청나게 넓혔던 인물들이 몇 명 기억나.
넓은 땅을 효율적으로 다스리기 위해 법과 제도를 마련한 인물들도 있었어.

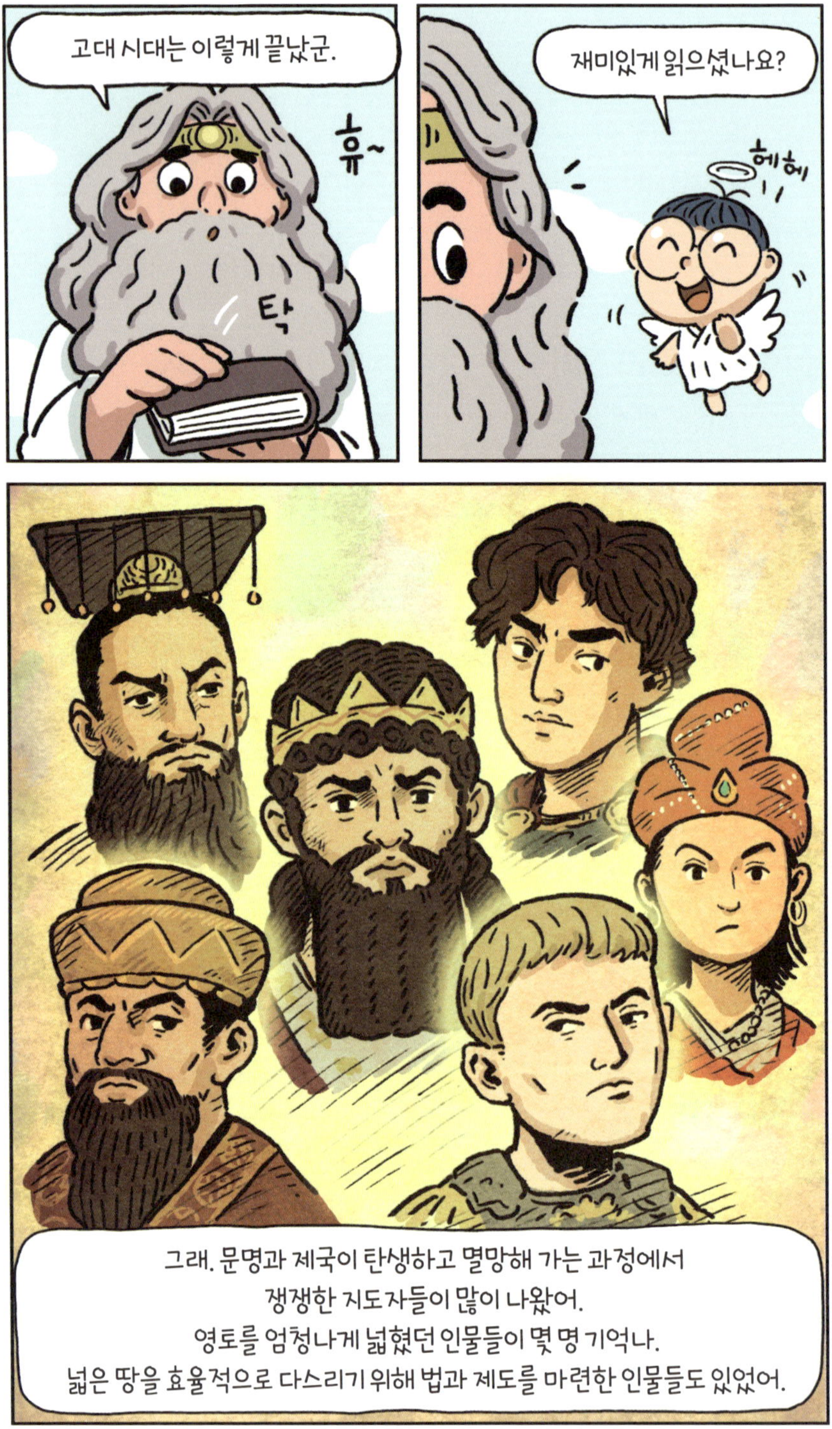

2장

중세

유럽은 고대 로마 제국이 무너진 뒤 새로운 질서 속으로 들어갔어. 크리스트교가 퍼졌고, 기사와 영주가 이끄는 봉건 사회가 자리 잡았지.
동아시아에서는 중국 제국들이 흥망을 거듭하며 사회 체제와 법 질서를 다듬었고, 한국과 일본에도 영향을 미쳤어.
한편, 이슬람 세계는 아시아와 아프리카, 유럽까지 뻗어 나가며 거대한 제국을 이루었고, 이슬람 상인들은 여러 지역을 오가며 문화를 널리 퍼뜨렸지.
중세 후반부로 접어들면서 유럽에는 르네상스, 종교 개혁, 신항로 개척 같은 큰 변화가 찾아왔어. 몽골 제국은 동서양을 잇는 초대형 제국으로 등장해 세계사의 판도를 바꿨지.
그럼, 중세 시대를 빛낸 인물들을 만나러 가 보자!

프랑크 왕국을 건설

클로비스 1세는 프랑크 왕국의 메로빙거 왕조를 연 인물이야. 그는 게르만족 중 하나인 살리 프랑크족 족장의 아들로 태어나, 젊은 나이에 부족장이 되었지. 당시 프랑크족은 여러 작은 부족으로 나뉘어 서로 다투며 흩어져 있었어. 클로비스 1세는 뛰어난 리더십으로 하나씩 부족들을 통합해 나갔어. 그리고 486년, 그는 갈리아 지역을 지배하던 서로마 제국의 마지막 총독을 무찌르며 갈리아 일대를 통일했지. 이후로도 계속 영토를 확장해 라인강 일대와 튀링겐 지역까지 차지하면서 강력한 왕국을 만들었어.

프랑크족뿐 아니라 주변 다른 게르만족 부족들도 차례로 정복하면서 클로비스 1세는 서유럽에서 가장 강한 왕으로 떠올랐어. 이렇게 프랑크 왕국은 중세 유럽의 강대국으로 성장하게 되었지.

크리스트교로 개종

클로비스 1세가 내린 중요한 결정 중 하나는 크리스트교로 개종한 일이야. 그는 전쟁에서 승리한 뒤, 로마 교황에게 세례를 받고 크리스트교로 개종했어. 이를 통해 프랑크 왕국은 로마 교회와 굳건한 동맹을 맺었고, 종교적 권위를 등에 업어 왕권을 강화할 수 있었지.

511년, 클로비스 1세는 넓은 영토와 강력한 왕권을 남기고 세상을 떠났어. 그의 죽음 이후 아들들 사이의 다툼으로 프랑크 왕국은 점차 약해졌고, 결국 메로빙거 왕조는 혼란 속에 무너지게 되었어.

세례를 받는 클로비스 1세

이슬람 확장을 막은 영웅
카롤루스 마르텔

지역 유럽 생몰 688~741 재위 737~741

프랑크 왕국의 실세, 궁재

메로빙거 왕조 후기로 갈수록 왕들은 힘을 잃고 형식적인 존재로 전락했어. 왕 대신 실제로 나라를 움직이는 건 다른 사람이었지. 바로 '궁재'라 불리는 고위 관리였어. 귀족들은 이 자리를 차지하려고 치열하게 다투었지.

이때 카롤링거 가문의 카롤루스 마르텔이 등장했어. 그는 주변 부족들을 정복하며 두각을 나타냈고, 마침내 프랑크 왕국의 궁재가 되어 실권을 장악했지.

유럽을 구한 전투와 왕조의 교체

8세기 중반, 북아프리카에서 세력을 넓힌 이슬람군이 스페인을 넘어 유럽 깊숙이 진격하기 시작했어. 프랑크 왕국 사람들은 이슬림 세력이 코앞까지 다가오자 공포에 떨었지.

이때 마르텔이 용감히 군대를 이끌고 732년, 투르-푸아티에 평원에서 이슬람군을 무찌르며 유럽을 구했어. 그는 유럽을 이슬람 세력으로부터 지켜 낸 영웅으로 칭송받았지.

비록 마르텔은 끝내 왕이 되지는 못했지만, 아들 피핀이 메로빙거 왕조의 마지막 왕을 폐위시키고 스스로 왕위에 올랐어. 이렇게 카롤링거 왕조가 시작되었고, 프랑크 왕국은 더욱 강력한 국가로 성장하게 되었지.

로마 제국을 부활시킨 황제
카롤루스 대제

지역 유럽 생몰 742~814 재위 768~814

> 인물 한마디 "다른 언어를 배우는 건 두 번째 영혼을 갖는 것이다."

카롤링거 왕조의 두 번째 왕

카롤루스(샤를마뉴)는 카롤링거 왕조를 연 피핀의 아들이야. 768년, 피핀이 세상을 떠난 뒤 프랑크 왕국의 왕이 되었지. 처음엔 동생과 함께 왕국을 다스렸지만, 동생이 사망하면서 단독 통치자가 되었어.

이후 카롤루스는 유럽 전역을 뒤흔드는 강력한 왕으로 성장해. 나중엔 황제의 자리까지 오르며 '카롤루스 대제'라는 별칭으로 불렸어. 그의 이름은 지금도 유럽 역사에서 빼놓을 수 없게 되었지.

게르만족을 통일한 정복자

카롤루스는 40년 넘게 프랑크 왕국을 다스리며 영토를 거침없이 넓혔어. 독일 동부의 작센 지역을 정복해 게르만족을 통일하려 했고, 알프스를 넘어 이탈리아 북부의 롬바르드 왕국을 점령했지. 롬바르드 왕국은 오래전부터 교황을 위협해 온 나라라서, 이 승리는 교황과의 관계를 단단하게 해 주었지.

카롤루스는 여기서 멈추지 않고 스페인으로 진격해 이슬람 세력을 몰아내려 했어. 완전히 쫓아내진 못했지만 많은 땅을 되찾았지. 그가 확장한 영토는 옛 서로마 제국의 대부분을 되찾은 것과 같았고, 오늘날 오스트리아와 헝가리 지역까지 포함될 정도였어.

이 무렵 카롤루스와 함께 전쟁에 참여한 수많은 기사들의 무용담은 《롤랑의 노래》라는 서사시로 전해졌어.

서로마 제국 부활, 황제에 등극

카롤루스는 로마 교황과 힘을 합쳐 크리스트교를 보호하고 퍼뜨렸어. 당시 교황은 동쪽의 비잔티움 제국 황제의 간섭에서 벗어나려 했고, 자신을 지지해 줄 강력한 후원자가 필요했지. 카롤루스가 제격이라 생각한 교황은 800년 크리스마스 날, 로마에서 미사 도중 카롤루스의 머리에 왕관을 씌워 서로마 제국의 부활을 선언했어. 카롤루스는 프랑크 왕국의 왕에서 유럽 전체의 황제로 거듭났지. 이 일로 교황은 비잔티움의 영향에서 벗어났고, 카롤루스는 유럽의 중심 인물로 자리 잡았어.

왕관을 받는 카롤루스 대제

봉건 제도와 카롤링거 르네상스

카롤루스 대제는 넓은 영토를 효율적으로 다스리기 위해 신하들에게 땅을 나눠 주었어. 이런 땅을 '봉토'라고 해. 봉토를 받은 신하들은 영주가 되어 작은 왕처럼 행동했지만, 황제에게 충성을 맹세했어. 이처럼 땅을 매개로 왕과 신하가 맺은 관계는 바로 유럽의 봉건 제도로 발전했지.

그는 학문과 문화를 장려하며 중세 유럽 문화의 부흥을 이끌었어. 수도원을 세우고, 라틴어 교육과 고전 문헌 보존에 힘썼지. 덕분에 로마 제국의 문화와 지식이 사라지지 않고 이어졌어. 이 시기를 '카롤링거 르네상스'라고 불러. 카롤루스 대제는 독일 아헨에 궁전과 대성당을 세워 유럽의 중심지로 만들었지. 오늘날 그의 이름을 딴 '카롤루스 대제상'이 매년 아헨에서 수여되고 있어. 유럽 통합에 기여한 사람에게 주는 상이야.

중세
No.048

독일 통일의 기반을 다진 황제
오토 1세

지역 유럽 생몰 912~973 재위 962~973(신성 로마 제국)

독일을 통일한 강력한 왕

프랑크 왕국은 카롤루스 대제 사후 동프랑크, 서프랑크, 중프랑크 왕국으로 나뉘었어. 도중에 중프랑크 왕국이 사라지면서, 남은 동프랑크와 서프랑크는 각각 오늘날의 독일과 프랑스로 발전하게 됐지.

동프랑크 왕국의 오토 1세는 강력한 왕권을 바탕으로 독일 통일의 기반을 다졌어. 그는 이탈리아 북부의 롬바르드 왕국을 정복해 이탈리아 왕위도 겸했고, 오늘날 체코 지역도 장악했지. 또 폴란드로부터 조공을 받았고, 끊임없이 침입하던 헝가리군도 크게 물리쳤어.

당시 독일은 여러 공국으로 나뉘어 각각 제후들이 다스리고 있었어. 일부 공국이 반란을 일으켰지만, 오토 1세는 이를 강하게 진압하고, 제후들과 힘의 균형을 맞추며 훗날 제후들이 신성 로마 제국의 황제를 선출하는 제도의 토대를 마련했어.

독일계 신성 로마 제국의 첫 황제

오토 1세는 크리스트교 수호자 역할을 했어. 독일 곳곳에 교구와 수도원을 세우고, 교황과 우호적 관계를 맺었지. 특히 교황 요한 12세가 군사적 위기에 처했을 때, 오토 1세는 군대를 파견해 도움을 주었어. 그 대가로 962년, 교황에게 황제의 관을 받아 신성 로마 제국의 황제로 즉위했지.

이는 카롤루스 대제 이후 유럽에서 황제가 다시 탄생한 역사적 사건이었어. 하지만 카롤루스 대제는 프랑크족, 오토 1세는 독일계라는 차이가 있어. 비잔티움 제국도 오토 1세의 황제 지위를 인정하면서 오토 1세의 권위는 더욱 높아졌지. 그는 '오토 대제'라고 불리며, 독일 왕국과 신성 로마 제국의 기초를 세운 인물로 평가받아.

영국을 정복한 노르만 공작
윌리엄 1세

지역 유럽 생몰 1028~1087 재위 1066~1087

노르망디 공작에서 영국 왕으로

윌리엄 1세는 노르망디 공국의 공작이자, 이후 잉글랜드(영국)를 정복해 왕이 된 인물이야. 노르망디 공국은 바이킹족이 프랑스 북부에 정착할 때, 프랑스 왕이 영토를 내어주며 형성된 나라야.

정복왕 윌리엄

1066년, 영국의 왕이 후계자 없이 사망하자, 귀족들은 강력한 권력을 가진 헤럴드를 왕으로 추대했어. 하지만 윌리엄은 자신이 사망한 왕의 외사촌이고, 생전에 왕위를 약속받았다고 주장했지. 게다가 헤럴드가 자신에게 충성을 맹세한 적도 있다고 강조했어. 윌리엄은 왕위를 요구하며 군대를 이끌고 영국으로 진격했어. 결국 헤이스팅스 전투에서 헤럴드를 물리친 뒤, 왕으로 즉위했지. 이렇게 영국에 노르만 왕조가 시작된 거야.

영국을 정복한 뒤, 윌리엄은 스코틀랜드까지 제압하고 귀족들의 땅을 몰수해 기사들에게 나눠 주며 중앙 집권 체제를 강화했어. 그는 전국의 토지와 인구를 조사한 책인 《둠스데이 북》을 작성하고, 이를 바탕으로 세금을 부과하며 효율적인 통치를 이어갔지. 1087년, 그는 프랑스 왕과 전투 중 부상을 입고 사망했어.

중세 No.050

로마 옛 땅을 회복한 황제
유스티니아누스 1세

지역 유럽 생몰 482~565 재위 527~565

비잔티움 제국의 황제로 즉위

서로마 제국은 게르만족의 침입으로 멸망했지만, 동방의 수도 콘스탄티노폴리스를 중심으로 한 비잔티움 제국은 천 년 가까이 이어갔어. 비잔티움 제국은 로마 제국의 후계자라는 자부심을 가지고 있었지. 그중에서도 비잔티움 제국의 전성기를 이끈 인물이 바로 유스티니아누스 1세야.

유스티니아누스는 마케도니아 지방 출신으로, 평범한 가정에서 태어났어. 어릴 때부터 똑똑하고 정치적 재능이 뛰어났지. 그러다가 황제가 된 삼촌이 유스티니아누스를 궁으로 불러들였고, 유스티니아누스는 삼촌 곁에서 정치를 배우며 점점 힘을 키웠어. 삼촌은 아예 유스티니아누스를 공동 황제로 삼아 후계자로 준비시켰지. 그러다 527년, 삼촌이 사망하면서 유스티니아누스가 단독 황제가 되었어.

신분을 뛰어넘은 사랑

유스티니아누스의 인생에서 빼놓을 수 없는 인물이 바로 황후 테오도라야. 테오도라는 술집에서 춤을 추며 살아가는 천한 신분이었지. 유스티니아누스는 황제가 되기 전, 춤추는 테오도라를 보고 한눈에 반했어. 둘은 사랑에 빠졌지만, 당시 로마법은 귀족과 하층민의 결혼을 금지하고 있었어. 하지만 유스티니아누스는 법을 고쳐 신분의 벽을 무너뜨리고 그녀와 결혼했어.

테오도라

테오도라는 뛰어난 재능과 판단력을 가진 여성이었지. 그녀는 유스티니아누스에게 정치적 조언을 하며 국가 운영에 깊이 관여했어. 특히 여성과 빈민의 권리를 보호하는 정책에 큰 관심을 가졌고, 실제로 많은 법 개정에 영향을 미쳤다고 해.

초대형 폭동과 제국의 위기

532년, 수도 콘스탄티노폴리스에서 대규모 폭동이 일어났어. 전차 경기장에서 벌어진 싸움이 점점 정치적인 불만과 분노로 번지며 사태가 커졌지. 폭동은 곧 황궁까지 위협했어. 유스티니아누스는 상황을 수습하지 않고 도망칠 생각을 했지만, 옆에서 테오도라 황후가 그를 붙잡고 조언했어.

"황제의 자리는 도망치는 자리가 아닙니다. 차라리 황제의 옷을 입고 죽는 게 낫습니다."

테오도라의 말에 용기를 얻은 유스티니아누스는 군대를 재정비했고, 폭동을 진압했어. 만약 테오도라가 아니었다면, 비잔티움 제국은 그날 무너졌을지도 몰라.

로마의 영광을 회복

유스티니아누스는 단순히 폭동을 진압하는 데 그치지 않았어. 그는 서로마 제국의 옛 땅을 되찾아 로마의 영광을 재현하겠다는 꿈을 품었지.

533년, 유스티니아누스는 먼저 북아프리카의 반달 왕국을 시작으로, 시칠리아, 사르데냐, 코르시카 등 섬들을 되찾고, 이탈리아반도의 동고트 왕국도 정복했어. 동고트족의 라벤나 왕국과는 무려 20여 년 동안 전쟁을 벌였지. 또 스페인까지 진출해 서고트족이 점령한 영토 일부도 회복했어. 이로써 지중해는 다시 로마의 바다로 불리게 되었지.

유스티니아누스는 제도의 정비에도 힘썼어. 그는 흩어져 있던 로마법을 《로마법 대전》으로 정리했고, 이는 훗날 유럽 여러 나라의 법 체계에 영향을 줬어. 또 폭동으로 불타버린 수도의 성 소피아 성당도 새롭게 재건했지.

황제를 파문한 최초의 교황
그레고리우스 7세

지역 유럽 생몰 1015~1085 임기 1073~1085

교회의 개혁을 주도한 교황

그레고리우스 7세는 이탈리아 북부 출신으로, 교회의 개혁을 주장한 클뤼니 수도원에서 교육을 받았어. 클뤼니 수도원은 성직 매매와 성직자의 결혼을 근절하고, 교황이 황제보다 우월한 권위를 가져야 한다고 주장했어. 그레고리우스 7세는 이러한 사상을 지지하며 활동했지. 한때 독일로 추방되기도 했지만, 다시 교황청으로 복귀해 1073년에 교황이 되었어.

1075년, 그는 새로운 명령을 발표했어. 이 명령에 따르면 교황은 황제를 폐위할 수 있고, 황제가 주교를 임명하는 전통을 폐지하며, 교회가 성직자를 임명해야 한다고 했어.

황제와의 대립, 카노사의 굴욕

그레고리우스 7세의 명령은 황제의 권위를 약화시키는 것이었고, 신성 로마 제국의 황제 하인리히 4세는 이에 크게 반발했어. 그는 교황 폐위를 선언했고, 이에 맞서 그레고리우스 7세도 황제를 파문했지.

파문으로 귀족들의 지지를 잃은 하인리히 4세는 결국 교황에게 용서를 구하려고 1077년 한겨울에 눈을 맞으며 교황이 머무는 카노사의 성문 앞에 서서 사흘간 용서를 빌었어. 이 사건이 바로 '카노사의 굴욕'이야.

겉으로는 교황의 승리처럼 보였지만, 하인리히 4세는 다시 힘을 키워 교황을 끌어내렸고, 그레고리우스 7세는 유배지에서 생을 마감했어. 이후에도 교황과 황제의 권력 다툼은 계속되었지.

성문 앞에 서 있는 하인리히 4세

십자군을 창시한 교황
우르바누스 2세

지역 유럽 생몰 1035~1099 임기 1088~1099

인물 한마디

"신이 그것을 바라신다."

개혁을 이끈 프랑스 출신 교황

우르바누스 2세는 프랑스 귀족 가문 출신으로, 클뤼니 수도원에서 활동하며 수도원장을 지냈어. 교황 그레고리우스 7세의 추천으로 추기경이 되었고, 1088년 교황에 선출되었지.

그도 성직 매매를 금지하고, 왕이 성직자를 임명하는 관행에도 반대하며 교회 개혁을 추진했어. 이 과정에서 신성 로마 제국의 황제 하인리히 4세와 대립했고, 프랑스 왕과도 대립했지.

십자군 전쟁을 선포

이 무렵 비잔티움 제국은 이슬람 세력의 위협을 받고 있었어. 이슬람군이 수도 근처까지 침략해 오자, 비잔티움 제국의 황제는 우르바누스 2세에게 군사적 도움을 요청했지.

이에 우르바누스 2세는 1095년, 종교 회의인 클레르몽 공의회를 열었어. 그는 이슬람군에 점령당한 예루살렘을 되찾자고 외치며 십자군 결성을 촉구했지. 유럽 전역의 기사들이 이에 응답하며 제1차 십자군 전쟁이 시작되었어. 우르바누스 2세는 십자군 전쟁을 통해 교황권을 유럽 전역으로 넓히려 한 거야.

클레르몽 공의회에서 연설하는 교황

십자군 전쟁

성지를 둘러싼 전쟁

예루살렘은 크리스트교와 이슬람교 모두에게 중요한 성지였어. 처음엔 양쪽 신자들이 자유롭게 순례했지만, 11세기 이슬람 셀주크 왕조가 예루살렘을 점령하며 크리스트교 순례자들의 방문을 방해했지. 이에 유럽의 크리스트교도들이 분노해 성지를 되찾기 위한 전쟁, 십자군 전쟁이 시작됐어. 1096년부터 1270년까지 무려 8차례나 치러졌지.

전쟁을 선포하는 우르바누스 2세

제1차 십자군은 콘스탄티노폴리스에 모여 예루살렘으로 진격했어. 이들은 3년간의 전투 끝에 예루살렘을 정복해 크리스트교 왕국을 세웠지. 성지를 지키기 위한 종교 기사단도 만들었어. 하지만 1145년, 이슬람 세력이 크리스트교 왕국 중 하나를 무너뜨리며 제2차 십자군 전쟁이 일어났어. 이 전쟁은 십자군의 패배로 끝났고, 이슬람 세력은 더 강해졌지.

1187년, 이슬람의 영웅 살라딘이 예루살렘을 되찾았어. 그러자 사자심왕 리처드 1세 같은 유럽 최고 왕들이 나서서 제3차 십자군을 일으켰지만, 끝내 예루살렘을 되찾지는 못했어. 대신 1192년, 크리스트교 순례자들이 예루살렘을 방문할 수 있도록 허용하는 협정을 맺었지.

변질된 십자군과 전쟁의 종말

1202년에 시작된 제4차 십자군 전쟁은 가장 '추악한' 십자군 전쟁으로 꼽혀. 십자군은 성지로 향하지 않고, 같은 크리스트교 국가인 비잔티움 제국의 수도, 콘스탄티노폴리스를 공격했지. 십자군은 도시를 점령하고 약탈했으며, 57년 동안 지배자 행세를 했어.

이후 십자군 전쟁은 점점 의미를 잃었어. 제5·6차 십자군은 별 성과 없이 끝났고, 잠시 예루살렘을 되찾았다가 다시 이슬람군에 빼앗겼지. 제7차 십자군에서는 프랑스 왕 루이 9세가 이슬람군에게 포로로 잡히는 굴욕까지 당했어. 이때 이슬람의 장군 바이바르스 1세가 무려 38번이나 십자군을 무찔렀다고 해. 마지막 제8차 십자군 전쟁이 루이 9세가 전사하며 마무리된 후 십자군 전쟁은 더 이어지지 않았어.

십자군 전쟁이 유럽의 크리스트교 세력의 패배로 끝나자, 로마 교황의 권위는 크게 떨어졌고, 대신 왕과 황제의 권력이 다시 강해졌어. 봉건 제도도 서서히 약해졌지. 십자군 전쟁은 단순한 종교 전쟁을 넘어 유럽과 이슬람 세계의 정치, 경제, 사회를 모두 흔든 큰 사건이었어.

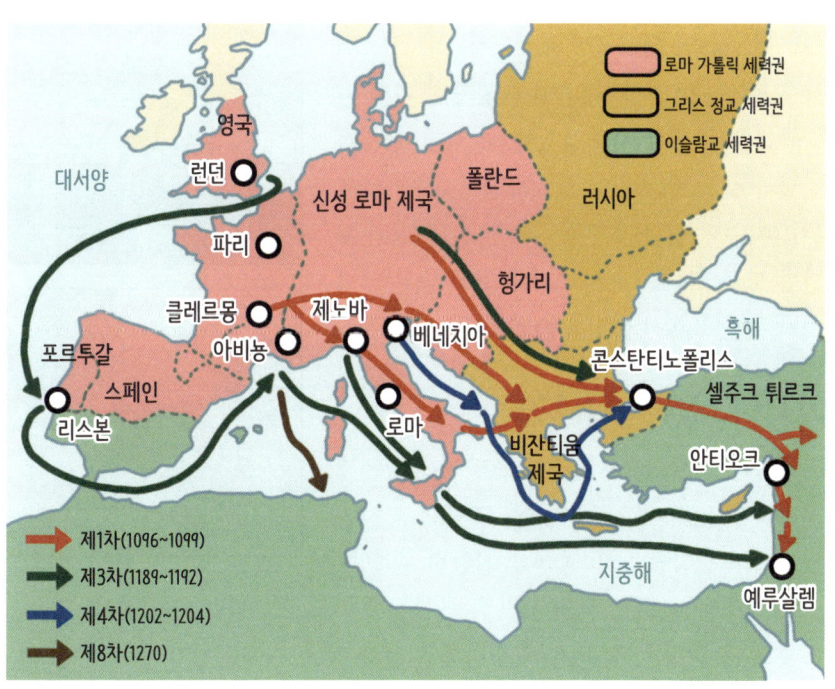

십자군 전쟁의 전개

중세
No.053

중세 기사의 상징, 사자심왕
리처드 1세

지역 유럽 생몰 1157~1199 지위 1189~1199

십자군의 영웅, 전쟁터에서 살아간 왕

리처드 1세는 영국 플랜태저넷 왕조의 두 번째 왕이야. 그는 아버지 헨리 2세와는 사이가 좋지 않았어. 어머니 아키텐 공작과 함께 반란을 일으켰다가 실패하기도 했지. 그러나 아버지가 사망하자 무사히 왕위를 계승했어. 그는 왕이 된 후 영국보다 전쟁터에서 더 많은 시간을 보냈지.

1190년, 제3차 십자군이 결성되자, 리처드 1세는 프랑스 왕, 신성 로마 제국 황제와 함께 이슬람군을 물리치러 출정했어. 그러나 황제가 전사하고, 프랑스 왕이 철수하면서 리처드 1세는 혼자 이슬람군의 영웅 살라딘과 맞섰어. 두 사람 모두 뛰어난 전사였기에 최종 승부를 가리지 못하고 휴전 협정을 맺었지.

사자의 심장을 지닌 왕

귀국하던 리처드 1세는 오스트리아 공작에게 붙잡혀 몸값을 내고 풀려났어. 그리고 그 사이 영국에서 왕위를 노린 동생을 진압한 뒤 프랑

스와 전쟁에 나섰지. 하지만 전투 중 부상을 입고 세상을 떠나고 말아.
리처드 1세는 용맹함 덕분에 사자의 심장을 지닌 '사자심왕'이라는 별명으로 불렸어. 중세 기사 정신을 대표하는 인물이야.

유럽 왕들이 쩔쩔맨 이슬람 왕
살라딘

지역 서아시아 생몰 1137~1193 재위 1174~1193

이슬람 세계를 다시 통일한 왕

살라딘은 이라크 쿠르드족 출신으로, 아이유브 왕조를 세운 이슬람의 위대한 왕이야. 본명은 살라흐 앗 딘이지만 보통 살라딘이라 불러. 그는 북아프리카의 파티마 왕조를 무너뜨리고 아이유브 왕조를 세운 뒤, 시리아와 메소포타미아까지 정복해 이슬람 세계를 다시 통일했어. 그의 대제국은 북아프리카부터 서아시아까지 이어졌고, 살라딘은 강력한 지도자로 떠올랐지.

유럽 왕들도 못 꺾은 이슬람 왕

성지 예루살렘은 원래 이슬람 세력이 다스렸지만, 제1차 십자군 전쟁 때 크리스트교 세력이 차지했어. 1187년, 살라딘은 예루살렘 탈환에 나서 마침내 승리를 거두었지. 쟁쟁한 유럽의 왕들이 반격했지만, 끝까지 싸운 건 영국의 리처드 1세뿐이었고, 결국 살라딘을 이기지 못했어. 예루살렘은 이슬람 세력의 땅으로 남았고, 대신 크리스트교도들의 순례는 허용됐어.

살라딘은 적에게 자비로운 왕으로 유명했어. 유럽 여성이 유괴된 아이를 찾아 달라고 울부짖자, 살라딘은 직접 돈을 내어 아이를 찾아 줬대. 그의 인품에 감탄한 리처드 1세는 살라딘을 '위대한 왕'이라고 인정했어.

신앙과 이성을 연결한 철학자
토마스 아퀴나스

지역 유럽 생몰 1224?~1274

인물 한마디 "한 권의 책만 읽은 사람을 조심해라."

스콜라 철학의 제왕

토마스 아퀴나스는 이탈리아 출신의 철학자이자 신학자야. 어릴 때부터 책을 좋아했는데, 말수가 적고 체격이 커서 '벙어리 황소'라는 별명으로 불렸대. 아퀴나스는 나폴리 대학에서 공부한 후 수도사가 되었고, 파리 대학교에서 신학을 가르쳤어. 명성이 널리 퍼지면서 이탈리아 여러 대학에서 강의도 했지.

아퀴나스는 크리스트교 신앙을 이성적으로 설명하려는 '스콜라 철학'을 대표하는 인물이야. 그는 스콜라 철학을 체계적으로 정리했기 때문에 '스콜라 철학의 제왕'이라고 불려.

기독교를 이성적으로 해석

아퀴나스는 아리스토텔레스 철학을 바탕으로, 신의 존재와 크리스트교 교리를 이성적이고 논리적으로 설명하려 했어. 이전의 철학자들은 신의 존재를 의심 없이 무조건 믿어야 한다고 여겼지만, 아퀴나스는 논리적인 설명을 통해 신의 존재를 증명하려 했지. 또한 신이 세상의 중심이라는 점은 인정하면서도, 인간의 자유와 이성도 중요하다고 강조했어. 즉, 인간 중심의 크리스트교 철학을 발전시킨 거야.

아퀴나스는 수많은 저서를 남겼는데, 그중 《신학 대전》이 대표적이야. 이 책에는 아퀴나스의 철학과 신학이 잘 정리되어 있어. 그의 사상은 이후 근대 유럽 신학과 철학에 깊은 영향을 주었고, 로마 교회는 그의 업적을 인정해 아퀴나스 사후 그를 성인으로 추대했지.

교황을 제압한 프랑스 왕
필리프 4세

지역 유럽　생물 1268~1314　재위 1285~1314

프랑스 왕권을 강화한 왕

카롤루스 대제 이후 프랑스 왕권은 후계 분쟁과 외세의 침략으로 약해졌어. 하지만 987년, 카페 왕조가 등장하면서 프랑스는 다시 강대국으로 성장하기 시작했지. 특히 필리프 4세는 프랑스를 봉건 체제에서 중앙 집권 체제 국가로 전환하는 데 큰 역할을 했어. 그는 의회와 행정 기구를 수도 파리로 옮기고, 관료제를 정착시켜 왕권을 강화했지.

삼부회 소집과 아비뇽 유수

당시 프랑스 남서부에 아키텐 공국이라는 제후국이 있었어. 그런데 아키텐여 공작이 영국 왕과 결혼하면서 이 땅은 영국령이 되었지. 이를 두고 분노한 필리프 4세는 영국과 갈등을 빚었고, 전쟁 자금을 마련하기 위해 성직자에게 세금을 부과했어. 하지만 교황이 격렬하게 반대하자, 1302년에 필리프 4세는 파리에서 삼부회를 소집했지. 삼부회는 성직자, 귀족, 평민 대표로 구성된 최초의 신분제 의회로, 당시엔 왕의 사무 역할만 했어.

교황과의 갈등이 더 심해지자, 이듬해 필리프 4세는 신하를 보내 이탈리아 아나니에 있는 교황의 별장을 습격했어. 교황은 가까스로 탈출했지만, 곧 병으로 사망하고 말아. 필리프 4세는 프랑스 출신 교황을 임명하고, 교황청을 프랑스 아비뇽으로 옮기게 했어. 이 사건을 아비뇽 유수라고 해. 아비뇽 유수를 계기로 교황권은 크게 약해지고, 프랑스 왕권이 더욱 강해졌지.

아나니 사건을 묘사한 그림

영국과 프랑스의 백년 전쟁

백년 전쟁은 이름처럼 100년이 넘게 이어진 전쟁이야. 영국과 프랑스가 무려 116년 동안 싸웠지. 그 이유는 오랫동안 쌓인 영토 분쟁과 왕위를 둘러싼 갈등 때문이었어.

노르망디에서 시작된 갈등

전쟁의 씨앗은 1066년, 윌리엄 1세가 영국 왕이 되면서 뿌려졌어. 그는 노르망디 공국의 지배자였기 때문에, 영국 왕이 된 후에도 프랑스 내에 영토를 가진 특이한 상황이 되었지. 이후 왕실 간 결혼으로 영국이 프랑스 영토를 더 많이 차지하게 되면서 두 나라의 갈등이 커졌어.

영국에 세워진 노르만 왕조

프랑스 왕위를 둘러싼 싸움

1328년, 프랑스 왕 샤를 4세가 후계자 없이 사망하자, 프랑스 귀족들은 그의 사촌 필리프 6세를 왕으로 세웠어. 필리프는 발루아 가문 출신이라, 이때부터 프랑스에서 발루아 왕조가 시작돼.

그런데 영국 왕 에드워드 3세도 프랑스 왕위를 주장했어. 그는 샤를 4세의 누나, 이자벨라의 아들이었거든. 혈통만 보면 에드워드 3세가 샤를 4세와 더 가까웠지만, 프랑스에는 여자를 통해 왕위를 물려줄 수 없다는 살리카법이 있었어. 그래서 에드워드의 주장은 받아들여지지 않았지.

화가 난 에드워드는 프랑스의 모직물 산업 중심지인 플랑드르에 양모 수출을 끊겠다고 선언했어. 양모가 없으면 모직물을 만들 수 없으니, 플랑드르는 큰 타격을 입게 됐지. 그러자 필리프 6세도 맞불을 놓아, 프랑스 내 영국 영토, 특히 포도주로 유명한 기엔 지방을 몰수해 버렸지.

백년 전쟁의 시작과 잔 다르크의 등장

1337년, 에드워드 3세가 프랑스를 상대로 전쟁을 선포하며 백년 전쟁이 시작됐어. 전쟁은 대체로 프랑스 땅에서 벌어졌지.

전쟁 초반에는 영국이 우세했어. 장궁이라는 강력한 무기를 앞세워 크레시 전투(1346)에서는 프랑스 기사들이 대거 전사했고, 푸아티에 전투(1356)에서는 프랑스 왕이 영국군 포로로 잡히기도 했지.

하지만 프랑스는 포기하지 않았어. 1429년, 잔 다르크라는 소녀가 나타나 오를레앙 전투(1429)에서 대승을 거두었고, 이후 프랑스군은 계속 영국군을 몰아냈어. 마침내 마지막 카스티용 전투(1453)에서 프랑스가 승리하며 전쟁이 끝났지. 그 결과, 영국은 프랑스 내 대부분의 영토를 잃었어.

크레시 전투(1346)

오를레앙 공방전에서 승리한 잔 다르크

프랑스를 승리로 이끈 소녀
잔 다르크

지역 유럽 생몰 1412~1431

천사의 계시를 듣고 출정

백년 전쟁이 한창이던 1429년, 프랑스는 궁지에 몰려 있었어. 이 당시 프랑스의 왕자 샤를은 아버지 샤를 6세가 세상을 떠난 지 7년이 다 되도록 프랑스의 정식 국왕으로 인정받지 못했거든. 1420년에 맺어진 조약에 따라 샤를 6세가 죽으면 영국의 헨리 6세가 프랑스 왕위를 물려받기로 되어 있었기 때문이야. 샤를은 이 조약이 무효이고 자신이 정당한 프랑스의 왕이라 주장했지만, 영국의 힘이 너무 강력했어. 심지어는 프랑스의 많은 귀족마저 영국과 손을 잡고 샤를의 왕위 계승을 방해했지. 이런 위기의 순간, 잔 다르크가 등장했어.
잔 다르크는 그저 평범한 시골 소녀였어. 그런데 어느 날 들판에서 천사를 만나 "프랑스를 구하라."는 계시를 들었다고 하지. 잔 다르크는 곧바로 샤를 왕자를 찾아갔어. 샤를은 잔 다르크의 말을 믿지 않았고, 신하를 자신으로 위장시켜 대신 내보냈지. 그런데 잔 다르크는 신기하게도 진짜 왕자를 알아봤어. 감탄한 샤를은 그녀에게 군대를 내어 주었지.

오를레앙에서 활약

잔 다르크는 군대를 이끌고 영국군에게 포위된 도시, 오를레앙으로 향했어. 그녀의 지휘 아래 프랑스군은 용감하게 싸웠고, 마침내 포위를 뚫고 성을 되찾았지. 이 승리는 프랑스군의 사기를 높였어. 잔 다르크의 이름도 순식간에 퍼져 나갔어. 흰 갑옷 차림의 잔 다르크가 나타나기만 하면, 영국군은 겁에 질려 도망쳤다고 해.

샤를 7세의 대관식

프랑스군은 잔 다르크의 승리에 힘입어 랭스로 진격했어. 랭스는 전통적으로 프랑스 왕들이 수백 년 동안 대관식을 올리는 곳이었지. 그래서 이곳에서 대관식을 올려야 프랑스의 정식 국왕으로 인정받을 수가 있었어. 1429년 샤를은 랭스 대성당에서 프랑스의 왕 샤를 7세로 즉위했고, 이 대관식은 프랑스가 위기에서 벗어나 백년 전쟁을 승리로 이끄는 변곡점이 되었지. 시골 소녀 잔 다르크가 프랑스를 위기에서 구한 거야.

마녀로 몰려 화형

하지만 잔 다르크의 활약은 오래가지 못했어. 1430년, 그녀는 콩피에뉴 전투에서 적에게 포로로 잡혀 결국 영국군에 넘겨졌지. 그녀는 남자 옷을 입고 머리를 짧게 했다는 이유로 마녀로 몰려 재판을 받아 끝내 화형당했어. 잔 다르크의 죽음은 프랑스에 큰 충격을 주었지.

백년 전쟁이 끝난 뒤 프랑스는 오랜 전쟁으로 황폐해졌고, 혼란은 계속됐어. 이후 오랜 시간이 지나 가톨릭교회는 뒤늦게 잔 다르크의 결백을 인정해 1920년, 그녀를 가톨릭 성인으로 추대했지.

토막 사전 ─ 전쟁에 분노한 백성들

프랑스에선 1358년에 자크리의 난, 영국에선 1381년에 와트 타일러의 난이 일어났어. 긴 전쟁과 무거운 세금에 지친 농민들이 들고 일어난 거야. 무기를 든 농민들이 갑옷 입은 기사를 죽이기도 했어.

중세
No.058

스페인 통일의 주역
이사벨 1세

지역 유럽 생몰 1451~1504 재위 1474~1504

스페인의 탄생을 이끈 여왕

이사벨 1세는 스페인 통일을 이끈 여왕이야. 그녀는 어린 시절 정치적 갈등 속에서 궁정에서 멀어진 채 지방에서 힘든 시기를 보냈지. 이복오빠 엔리케 4세는 그녀를 포르투갈의 나이 든 왕과 정략결혼시키려 했지만, 이사벨은 이를 거부하고 1469년에 아라곤의 왕자 페르난도와 비밀 결혼식을 올렸어.

1474년, 엔리케 4세가 사망하면서 이사벨은 카스티야의 여왕이 되었고, 5년 뒤엔 페르난도가 아라곤의 왕으로 즉위했지. 두 사람의 결혼으로 카스티야와 아라곤이 하나로 묶이며 스페인의 기틀이 마련됐어. 다만 완전한 통일은 아니었고, 둘이 공동 국왕으로 각자의 왕국을 통치했지.

이슬람 정복과 신대륙 개척

이사벨과 페르난도는 이베리아반도 남부의 이슬람 왕국 그라나다를 정복하며 레콩키스타를 완성했어. '레콩키스타'는 크리스트교 세력의 국토 회복 운동을 말해. 이에 로마 교황은 이사벨과 페르난도에게 '가톨릭 왕'이라는 칭호를 주었지.

이사벨은 스페인의 바닷길 주도권 확보에도 힘썼어. 당시 포르투갈이 해상 탐험에 앞서 있었기에, 이사벨은 이를 견제하려 콜럼버스의 항해를 지원했지. 콜럼버스의 항해로 신대륙이 발견되자, 스페인은 막대한 식민지를 확보하며 세계적인 강국으로 성장했어.

그라나다 정복

중세 No.059

해가 지지 않는 제국의 황제
카를 5세

지역 유럽 생몰 1500~1558 재위 1519~1556(신성 로마 제국)

유럽을 지배한 황제

합스부르크 가문 출신인 카를 5세는 신성 로마 제국의 황제이자 스페인 국왕이었어. 스페인 국왕이 된 카를 5세는 카를로스 1세로 불렸고, 스페인의 첫 단독 통치자로 기록됐어. 1519년에는 할아버지 막시밀리안 1세의 뒤를 이어 신성 로마 제국 황제 자리도 차지했지.

그는 친가 합스부르크와 외가 스페인에서 엄청난 영토를 물려받아 유럽 전역에 영향력을 행사했어.

해가 지지 않는 제국과 종교 갈등

카를 5세의 제국은 신성 로마 제국과 스페인은 물론 네덜란드, 벨기에, 프랑스 일부, 아메리카 대륙까지 포함했어. 영토가 세계 곳곳에 펼쳐져 있어 해가 지지 않는 제국으로 불렸지. 하지만 너무 넓은 영토는 다스리기 힘들었고, 카를 5세는 점점 지쳐갔어.

이 무렵 종교 개혁이 일어나며 가톨릭(구교)과 신교 간의 갈등이 심해졌어. 카를 5세는 갈등

해결을 위해 1555년에 아우크스부르크 화의를 체결해 각 지역의 제후들이 구교와 신교 중 하나를 선택할 수 있도록 했지. 다음 해 그는 광대한 영토를 둘로 쪼개 동생과 아들에게 나눠 주고 은퇴했어.

131

유럽을 지배한 합스부르크가

합스부르크는 한때 유럽을 지배했던 가장 강력한 가문 중 하나야. 처음엔 스위스 북부의 작은 영지에서 시작했지만, 정략결혼과 영토 확장을 통해 유럽 중심 세력으로 성장했지. 합스부르크는 한때 유럽 땅 절반 이상을 차지하며 거대한 제국을 이루었어.

합스부르크의 첫 왕, 루돌프 1세

13세기, 신성 로마 제국은 황제를 뽑지 못해 혼란에 빠졌어. 제후들은 상대적으로 세력이 약한 귀족인 루돌프 1세를 독일 왕으로 선출했지만, 그는 기대와 달리 오스트리아와 보헤미아를 차지하며 세력을 키웠지. 이에 위기감을 느낀 제후들은 루돌프 1세 사후 다른 가문에서 왕을 뽑았는데, 루돌프 1세의 아들 알브레히트 1세가 반란을 일으켜 왕위를 되찾았어. 그러나 알브레히트가 암살당하며 한동안 왕위를 잃었고, 가문은 독일 남동부와 오스트리아 지역에서 세력을 다시 쌓아갔어. 1438년, 알브레히트 2세가 130년 만에 독일 왕이 되며 왕위를 되찾았고, 이후 독일 왕은 대부분 합스부르크 가문에서 나왔어.

신성 로마 제국 황제가 된 프리드리히 3세

알브레히트 2세를 이어 프리드리히 3세가 왕이 됐어. 그는 교황과 좋은 관계를 맺으며 신성 로마 제국 황제로 즉위했고, 로마에서 대관식을 치른 마지막 황제가 됐지. 그 뒤로는 황제가 대관 없이 직접 황제의 칭호를 쓰면서, 로마에서 대관식을 하지 않게 되었거든. 프리드리히 3세는 53년 동안 제위를 지키며 가문의 권위를 높였지.

정략결혼의 달인 막시밀리안 1세

프리드리히 3세의 아들 막시밀리안 1세는 정략결혼을 통해 영토를 크게 넓혔어. 자녀들의 정략결혼을 활용해 네덜란드, 벨기에, 스페인까지 손에 넣으며 합스부르크 가문을 유럽 최강으로 만들었지.

전성기를 이끈 카를 5세

앞에서 소개한 카를 5세는 막시밀리안 1세의 손자로, 합스부르크 가문의 절정기를 대표하는 인물이야. 1519년, 신성 로마 제국 황제와 스페인 국왕 자리를 모두 차지하며 가문을 유럽 최강으로 만들었지. 그의 제국은 유럽 대부분과 아메리카 대륙까지 퍼져 있었고, '해가 지지 않는 제국'으로 불렸어.

하지만 종교 갈등과 전쟁으로 어려움을 겪은 끝에, 카를 5세는 1556년 퇴위하며 합스부르크 가문의 영토를 둘로 나누었지.

합스부르크-오스트리아
· 신성 로마 제국의 중심.
· 나폴레옹 전쟁 이후 해체.
· 이후 오스트리아-헝가리 제국으로 전환.
  ➡ 제1차 세계 대전 패배로 사라짐.

합스부르크-스페인
· 근친혼의 반복으로 유전병 확산.
· 스페인 왕위 계승 전쟁 이후 단절.
  ➡ 이후 프랑스 부르봉 왕가로 넘어감.

합스부르크 제국의 영토 분할

르네상스 예술의 후원자
로렌초 데 메디치

지역 유럽 생몰 1449~1492 재위 1469~1492

메디치 가문의 전성기

피렌체 공화국은 중세 이탈리아에서 금융업과 상업으로 번영한 도시 국가였어. 14세기, 메디치 가문은 피렌체에 메디치 은행을 세우고 런던, 파리 등 유럽 여러 지역에 지점을 열며 성장했지.

15세기에는 막강한 경제력을 바탕으로 피렌체의 실질적인 지배자가 되었고, 4명의 교황을 배출하며 명문 가문으로 자리 잡았어.

그중 로렌초 데 메디치는 피렌체 공국의 지배자이자 메디치 가문의 전성기를 이끈 인물이야. 피렌체 사람들은 그를 '위대한 자'라고 불렀지.

르네상스 후원 가문의 몰락

로렌초는 예술과 학문의 후원자로도 유명해. 그는 당대 최고의 예술가인 레오나르도 다빈치, 미켈란젤로, 보티첼리를 후원하며 피렌체를 르네상스 운동의 중심지로 이끌었어. 또한 고전 문헌을 널리 수집하고 보급하며, 고대 그리스·로마 문화를 되살리는 데도 앞장섰지. 로렌초 자신도 시를 남겨 예술적 감각을 발휘하기도 했어.

하지만 그는 사업가로서는 성공하지 못했어. 메디치 은행 몇몇 지점이 문을 닫으면서 가문의 경제력도 점점 흔들렸고, 로렌초가 세상을 떠난 뒤에는 정치적 기반도 약해졌지. 아들 피에로는 권력을 유지하지 못했어.

1494년에 프랑스 왕이 피렌체를 침공해 오자 메디치 가문은 한때의 영광을 뒤로하고 몰락했어.

피렌체에 들어온 프랑스군

인쇄 혁명을 이끈 개척자
구텐베르크

지역 유럽 생몰 1398?~1468

활판 인쇄 혁명

구텐베르크는 독일 마인츠 출신의 인쇄 기술자로, 기존의 목판 인쇄 대신 금속 활자를 활용한 인쇄 기술을 개발하며 인류 역사를 크게 변화시켰어.

15세기 중반, 그는 인쇄 공장을 세우고 본격적으로 인쇄 사업을 시작했어. 이전에는 책을 손으로 베껴 만들었지만, 구텐베르크가 발명한 대량 활판 인쇄기 덕분에 수십 권의 책을 단기간에 만들 수 있게 됐지.

구텐베르크 성서와 지식의 대중화

구텐베르크는 의뢰를 받아 면벌부를 처음으로 대량 인쇄했어. 당시 교회는 면벌부를 팔면서 이를 사면 죄를 용서받을 수 있다고 선전했는데, 인기가 폭발적이었지.

이후 구텐베르크는 성서 인쇄에도 도전해 두 권짜리 구텐베르크 성서를 완성했어. 이 성서는 약 천 쪽에 이르는 대작이었고, 180부가 인쇄되었지.

구텐베르크의 인쇄술 덕분에 책값이 낮아지며 서민들도 책을 접할 수 있게 되었고, 지식이 널리 퍼지기 시작했어. 특히 종교 개혁 시기에 교회를 비판하는 문서들이 대량 인쇄되며 유럽 곳곳으로 빠르게 퍼져 나갔어.

르네상스 문학의 거장들

르네상스는 15세기 중반 이탈리아에서 시작된 문예 부흥 운동이야. 르네상스는 '부활' 혹은 '재생'이란 뜻으로, 옛 그리스·로마 문학과 예술 정신을 되살리자는 흐름이었지. 모든 게 신 중심이던 중세 문화와 달리, 그리스·로마 문화의 인간 중심적인 면에 주목하여, 인간성을 중시하는 새로운 문화를 꽃피었어.

프란체스코 페트라르카는 이탈리아의 시인이자 인문주의자로, 르네상스를 대표하는 문학가야. 이탈리아로 쓴 《칸초니에레》라는 시집에서 신이 아닌 인간의 사랑과 감정을 서정적으로 표현했지.

사랑을 노래하는 페트라르카

조반니 보카치오는 페트라르카의 제자로, 단편 소설 《데카메론》을 썼어. 유럽에 창궐한 흑사병을 피해 피렌체 교외 별장으로 피신한 열 명의 남녀 이야기를 묶은 작품이지. 이 책은 당시 교회를 신랄하게 풍자해

교회에 모인 열 명의 남녀 삽화

큰 인기를 얻었어. 또 근대 소설의 선구자적 역할을 한 작품으로 평가받고 있지.

에라스뮈스는 네덜란드의 인문학자로, 《우신예찬》에서 교회와 성직자가 얼마나 위선적인지, 철학자들은 얼마나 허세를 떠는지 등을 신랄하게 풍자했어.

토머스 모어는 영국의 인문학자로, 《유토피아》라는 공상 소설을 통해 이상적인 사회를 묘사하여 영국을 우회적으로 비판했지. 그는 에라스뮈스와 절친한 사이였는데, 에라스뮈스는 《우신예찬》을 모어의 집에서 집필했다고 해.

토마스 모어(왼쪽)와 에라스뮈스(오른쪽)

미겔 데 세르반테스는 스페인 르네상스를 대표하는 소설가야. 대표작 《돈키호테》의 주인공은 기사에 대한 소설을 많이 읽어 스스로를 기사라 칭하며 하인 판초와 모험을 떠나게 돼. 낡은 기사도 정신을 풍자하는 소설이지.

니콜로 마키아벨리는 이탈리아의 정치가이자 역사학자로, 대표작 《군주론》을 남겼어. 이 책에서 그는 권력을 잡기 위해 정치인과 군주는 어떻게 해야 하는지 설명했어. 이 책은 훗날 근대 정치 철학의 기초가 되었지.

《돈키호테》의 주인공

마키아벨리와 《군주론》

르네상스 미술의 거장들

르네상스는 시대 미술은 원근법과 인체 해부학을 활용해 사물을 더 사실적이고 과학적으로 표현했어. 이전에는 종교화가 주를 이뤘지만, 르네상스 시대에는 인간과 자연을 주제로 한 작품이 많아졌지. 이탈리아에서 시작된 르네상스 미술 양식은 유럽 전역으로 퍼져 나갔어.

르네상스를 개척한 예술가들

도나텔로는 피렌체 출신의 조각가로, 중세 고딕 양식에서 벗어나 자연스럽고 생생한 조각을 만들었어. 그는 초기 르네상스 조각의 거장으로 평가받아. 대표작으로는 〈성 조르조상〉, 〈청동 다비드상〉 등이 있어.

보티첼리는 시적이고 상징적인 그림을 그렸어. 〈비너스의 탄생〉, 〈수태고지〉 같은 대표작에 이상적인 아름다움과 상상력을 담았어.

〈청동 다비드상〉

〈비너스의 탄생〉

이탈리아 르네상스를 이끈 3대 거장

레오나르도 다빈치는 예술가이면서 과학자였어. 명암과 입체감을 활용해 〈모나리자〉, 〈최후의 만찬〉 같은 사실적인 명화를 남겼지.

미켈란젤로는 조각과 회화 모두 뛰어났어. 〈피에타〉, 〈다비드〉 조각뿐 아니라 로마 시스티나 성당 천장에 〈천지창조〉 벽화를 남겼지.

라파엘로는 고전적 조화를 중시했어. 고대 그리스 철학자들을 그린 〈아테네 학당〉이 대표작이야.

〈최후의 만찬〉

〈천지창조〉

북유럽 르네상스

얀 반 에이크는 네덜란드 출신 화가로, 사실화는 정교하게, 종교화는 신비롭게 그렸어. 대표작 〈아르놀피니 부부의 초상〉이 유명하지. 그는 물감을 기름에 개어 그리는 유화 기법으로 그림을 그린 최초의 인물이야.

얀 브뤼헐은 네덜란드의 화가로, 초기엔 꽃과 과일 같은 정물화를 그렸고, 나중에는 풍경화로도 유명해졌어. 자연의 아름다움을 섬세하게 표현했지.

〈아르놀피니 부부의 초상〉

중세
No.062

종교 개혁의 신호탄을 쏜 신학자
마르틴 루터

지역 유럽 생몰 1483~1546

인물 한마디
"내일 지구의 종말이 온다 해도, 나는 오늘 한 그루의 사과나무를 심겠다."

면벌부 판매에 맞선 루터의 외침

독일 아우구스티누스 수도회 출신의 신학자 마르틴 루터는 교황청의 면벌부 판매에 강하게 반발했어. 면벌부는 사람이 죄를 지었을 때, 살아 있는 동안과 *연옥에서 받을 처벌을 일부 혹은 전부 면제해 준다는 증서야. 당시 로마 교황청은 베드로 대성당 공사 자금을 마련하기 위해 유럽 곳곳에서 면벌부를 팔았고, 이는 교회의 큰 수입원이 되었지.

하지만 루터는 죄의 용서는 돈이 아닌 하느님의 은총과 참된 믿음으로 이루어져야 한다고 주장했어. 신자들의 믿음을 이용해 돈벌이에 몰두하는 교회를 강하게 비판했지.

타오르는 종교 개혁의 불씨

1517년, 루터는 행동에 나섰어. 면벌부 판매와 교회의 부패를 비판하는 95개 조항의 반박문을 작성해 발표했지. 그는 독일 교회가 로마 교황청의 간섭에서 벗어나고, 오직 성서의 가르침만 따르는 신앙을 되찾아야 한다고 외쳤어. 이에 로마 교황청은 루터를 파문했고, 신성 로마 제국의 황제는 그를 추방했어.

하지만 루터는 굴하지 않았어. 작센 지방으로 피신한 뒤에도 개혁 운동을 이어갔고, 그의 사상을 따르는 이들과 함께 루터파 교회를 세웠지. 기존 교회는 구교, 루터의 새 교회는 신교라고 해. 신교는 유럽 전역으로 퍼져 나갔어.

＊ **연옥** : 죽은 자의 영혼이 천국에 들어가기 전, 남은 죄를 씻기 위해 불로써 단련 받는 곳.

성서 지상주의와 구원 예정설

프랑스 출신의 종교 개혁가 장 칼뱅은 초기 크리스트교로 돌아가야 한다고 주장했어. 그는 자신의 사상을 《크리스트교 강요》라는 책에 정리했는데, 이 사상을 칼뱅주의라 불러.

칼뱅주의의 핵심은 크게 두 가지야. 하나는 성서 지상주의, 다른 하나는 구원 예정설이지. 성서 지상주의는 성서의 가르침이 교회보다 더 중요하다는 뜻이야. 아무리 훌륭한 설교나 교회의 명령이라도, 성서에서 벗어나면 안 된다고 본 거지. 그리고 구원 예정설은 인간이 구원받을 수 있는지 여부가 신의 선택에 달려 있다는 거야. 착한 일을 많이 하거나 면벌부를 산다고 해서 구원받는 게 아니라, 모든 것은 이미 신이 정해 놓았다고 주장했어. 그래서 칼뱅은 신 앞에서 성실하고 근면한 삶을 사는 것이 중요하다고 강조했어. 신의 선택은 인간이 알 수 없지만, 그런 삶이 구원의 증표가 될 수 있다고 본 거야.

제네바에서 신권 정치 실시

칼뱅은 종교와 정치가 하나 되는 신권 정치를 꿈꿨어. 하지만 이런 생각 때문에 프랑스에서 쫓겨나게 되었고, 우여곡절 끝에 스위스 제네바로 가게 되었지. 제네바에서 칼뱅은 신앙 공동체를 만들고, 성서의 가르침을 바탕으로 엄격하게 도시를 다스렸어. 술집이나 도박, 사치 같은 것들을 금지하고, 모두가 신 앞에서 바른 생활을 하도록 이끌었지.

그의 통치 아래 제네바는 점점 유럽 종교 개혁의 중심지로 떠올랐고, 칼뱅주의는 이후 네덜란드, 영국, 미국 등 여러 나라로 퍼져 나가게 돼.

종교 개혁의 선구자들

존 위클리프는 14세기 영국에서 성서만이 신앙의 중심이 되어야 한다고 주장했어. 성서를 라틴어가 아닌 영어로 번역해 평민들도 읽을 수 있도록 했지. 하지만 그는 사후 이단으로 몰려 유해까지 불태워졌어.

얀 후스는 교회의 부패와 면벌부 판매를 강하게 비판하며 성서 중심 신앙을 강조했어. 후스 역시 이단으로 몰려 화형당했고, 그의 죽음은 체코에서 대규모 반란이 일어나는 계기가 되었지. 후스의 개혁 정신은 이후 유럽 종교 개혁의 밑바탕이 되었어.

토마스 뮌처는 참된 신앙은 평등한 사회에서 가능하다고 주장하며 농민들과 함께 봉건 영주들에게 저항했어. 이는 독일 농민 전쟁으로 이어졌지만, 결국 패배하며 뮌처도 처형당했어.

울리히 츠빙글리는 스위스 취리히에서 종교 개혁을 주도했어. 마르틴 루터의 영향을 많이 받았지. 하지만 구교 세력과의 전투 중에 전사하며 개혁은 중단됐고, 이후 장 칼뱅이 그의 뒤를 이어갔지.

구교	· 로마 가톨릭교회를 의미 · 교황 중심의 중앙 집권적 체제
신교(프로테스탄트)	· 종교 개혁 이후 로마 가톨릭교회에서 분리된 여러 기독교 종파 · 성서의 가르침을 최우선시하고, 교황의 권위를 부정

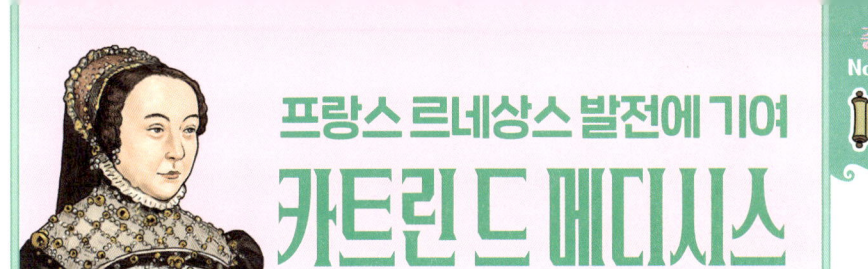

프랑스 르네상스 발전에 기여
카트린 드 메디시스

지역 유럽 생몰 1519~1589

메디치 가문의 마지막 계승자

카트린 드 메디시스는 이탈리아 피렌체를 지배했던 메디치 가문의 계승자야. 태어난 지 한 달도 되지 않아 부모를 잃고, 남자 형제 없이 가문의 유일한 후손으로 자랐지. 우여곡절을 겪으며 자란 그녀는 프랑스 왕자 앙리와 정략결혼해 프랑스로 오게 되었어. 하지만 시집올 때 신분 차이로 큰 비난을 받았어. 메디치 가문이 왕실과 어울리지 않는 평민 출신 집안이라는 이유였지. 앙리도 그녀를 냉대했어. 그가 프랑스 왕 앙리 2세로 즉위한 후에도 마찬가지였지.

왕실에서 소외당하는 처지였지만, 카트린은 이탈리아의 화려한 르네상스 문화를 프랑스로 전파했어. 이탈리아의 예술가들을 프랑스로 초청해 궁정을 화려하게 바꾸고, 세련된 문화와 궁중 예절을 소개했지.

피로 물든 프랑스

그런데 1559년, 남편 앙리 2세가 갑자기 세상을 떠났어. 카트린은 어린 아들들을 내세워 정치를 직접 이끌게 되었지. 소외당하던 왕비 카트린이 프랑스의 권력 중심에 서게 된 거야.

당시 프랑스는 구교와 신교(위그노) 간의 갈등으로 혼란스러웠어. 카트린은 양쪽을 화해시키려 노력했고, 자신의 딸인 마고 공주와 위그노 지도자 앙리의 결혼식을 통해 종교 화합을 시도했어. 하지만 결혼식 자리에서 수천 명의 위그노가 학살되는 '성 바르톨로메오 축일의 학살'이 벌어지고 말았어. 이 사건 이후 프랑스는 큰 종교 전쟁에 휘말렸고, 카트린은 끔찍한 학살의 배후라는 의심을 받으며 쓸쓸히 정계를 은퇴하게 돼. 정치적으로 혼란한 시대 속에서 파란만장한 삶을 살았던 왕비로 유명하지.

프랑스 부르봉 왕조를 창시
앙리 4세

지역 유럽 **생몰** 1553~1610 **재위** 1589~1610(프랑스)

> **인물 한마디** "파리는 가톨릭 미사를 드릴 만한 가치가 있다."

프랑스에 열린 새 왕조

앙리 4세는 원래 프랑스 왕가의 먼 친척이자 힘이 센 귀족이었어. 또한 당시 프랑스 위그노 세력을 대표하는 인물이기도 했지. 앙리는 카트린 왕비의 제안에 따라 프랑스의 공주 마고와 결혼을 약속하게 돼. 프랑스 왕실은 가톨릭의 수호자이기 때문에, 둘의 결혼은 가톨릭과 위그노 세력의 화합을 의미했거든. 하지만 결혼식 당일, 파리에 모였던 위그노 하객 수천 명이 학살당하는 '성 바르톨로메오 축일의 학살' 사건이 벌어졌지. 앙리 4세는 파리에 갇혔다가 가까스로 탈출했고, 위그노를 이끌고 전쟁을 시작했어.

전쟁이 한창이던 1589년, 프랑스 국왕이 암살당했어. 그런데 마침 왕위를 이어받을 후계자가 아무도 없었던 거야. 그래서 왕가의 먼 친척인 앙리 4세가 즉위했지. 이렇게 시작된 게 바로 부르봉 왕조야.

낭트 칙령과 프랑스의 발전

위그노의 대장이었던 앙리가 프랑스의 왕이 되자 모두의 반발이 거셌어. 그는 반발을 잠재우기 위해 공식적으로 가톨릭으로 개종했고, 1598년엔 낭트 칙령을 발표해 위그노에게 종교의 자유를 보장했지. 이렇게 수십 년간 이어진 프랑스 종교 전쟁이 마침내 끝났어.

앙리 4세는 경제 재건과 해외 식민지 개척도 추진했어. 오늘날 캐나다 퀘벡 지역에 프랑스의 첫 식민지도 세웠지. 오늘날 앙리 4세는 프랑스인들이 세종대왕처럼 존경하는 왕이야.

종교 전쟁

독일과 프랑스의 종교 전쟁

1546년, 신성 로마 제국에서 구교와 신교 간 무력 충돌이 벌어졌어. 전쟁은 1555년 아우크스부르크 화의를 통해 각 지역 통치자가 구교나 신교(루터교) 중 하나를 선택할 수 있도록 합의함으로써 일단락되었어.

성 바르톨로메오 축일의 학살

한편, 프랑스에서는 1562년부터 위그노 전쟁이라는 이름으로 신교와 구교 간 내전이 벌어졌어. 1572년에는 성 바르톨로메오 축일의 학살로 수많은 위그노가 희생되며 갈등이 더욱 격화됐지.

유럽을 휩쓴 30년 전쟁과 베스트팔렌 조약

1618년, 신성 로마 제국 보헤미아에서 구교와 신교 귀족 간 충돌이 일어나며 30년 전쟁이 시작됐어. 이 전쟁은 곧 스페인, 덴마크, 네덜란드, 영국, 스웨덴, 프랑스 등 유럽 열강이 가담하며 국제전으로 번졌지.

30년간 이어진 이 전쟁은 1648년 베스트팔렌 조약으로 마무리되었어. 이 조약은 국가 간 이익과 주권을 중시하는 국제 질서를 만든 첫 근대 조약으로 평가받아.

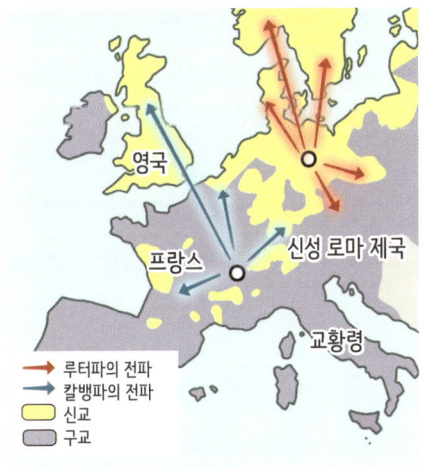

종교 개혁 시기 신교의 전파

이혼으로 종교 개혁 이끈 왕
헨리 8세

지역 유럽 생몰 1491~1547 재위 1509~1547

튜더 왕조의 시작

헨리 8세는 영국 튜더 왕조 출신으로, 영국의 종교 개혁을 이끈 왕이야. 튜더 왕조는 15세기 후반, 흰 장미를 상징하는 요크 가문과 붉은 장미를 상징하는 랭커스터 가문이 왕위를 두고 벌인 장미 전쟁 이후 탄생했어.

1485년, 랭커스터 가문의 헨리 튜더(헨리 7세)가 전쟁에서 승리해 왕위에 올랐어. 그리고 요크 가문과 정략결혼을 맺어 두 가문의 갈등을 끝냈지. 이렇게 두 가문의 화해로 탄생한 왕조가 바로 튜더 왕조야. 헨리 7세의 뒤를 이어 아들 헨리 8세가 왕위에 올랐지.

흰 색과 붉은 색이 합쳐진 튜더 장미

영국 국교회의 탄생

헨리 8세의 종교 개혁은 신학적 이유보다 왕의 이혼 문제에서 비롯됐어. 첫 번째 왕비 캐서린과의 사이에서 왕위를 물려줄 왕자를 얻지 못하자, 헨리 8세는 캐서린과 이혼을 원했어. 하지만 당시 영국은 가톨릭 국가였고, 로마 교황은 왕실의 결혼은 신성하니 이혼을 허락할 수 없다며 거부했지.

결국 헨리 8세는 교황의 권위에 도전했어. 1534년 수장령을 발표해 영국 교회의 최고 수장은 교황이 아닌, 왕 자신이라고 선언했지. 이렇게 영국은 로마 가톨릭과 결별하고 영국 국교회(성공회)가 만들어졌어. 다른 유럽 국가들과 달리 종교 전쟁 없이 비교적 평화롭게 종교 개혁을 이뤘지. 이 개혁을 계기로 헨리 8세는 교황의 권위에서 벗어나 왕의 권력을 크게 강화했고, 귀족의 권한도 줄이며 중앙 집권 체제를 더욱 굳건히 했어.

여성 편력의 왕

헨리 8세는 여섯 번 결혼한 것으로도 유명해. 첫째 왕비 캐서린과는 왕자를 얻지 못해 이혼했어. 이후 캐서린의 시녀였던 앤 불린과 재혼해 훗날 영국의 위대한 여왕이 되는 딸 엘리자베스 1세를 얻었지. 하지만 앤 불린도 아들을 낳지 못해 처형당했어.

셋째 왕비 제인 시모어는 헨리가 그토록 바라던 아들 에드워드 6세를 낳았지만, 출산 직후 세상을 떠났어. 넷째 왕비는 외모가 마음에 들지 않는다는 이유로 이혼, 다섯째 왕비는 부정 혐의로 처형당했지.

마지막 왕비 캐서린 파만이 헨리 8세의 말년까지 함께 했어. 왕비들은 헨리 8세의 단순한 개인사가 아니라, 영국 정치와 종교를 뒤흔든 역사적 존재들이었지.

헨리 8세의 여섯 부인들

영국 역사상 가장 짧게 재위한 여왕

에드워드 6세가 어린 나이에 세상을 뜨자, 귀족들은 캐서린 왕비의 딸이자 가톨릭 신자 메리 1세 대신 제인 그레이를 여왕으로 세웠어. 그러나 메리 1세가 군대를 동원해 왕위를 되찾으며 제인은 9일 만에 폐위되고 처형당했지.

가톨릭 개혁을 이끈 사제
이그나티우스 데 로욜라

지역 유럽 생몰 1491~1556

군인 출신의 종교 사제

로욜라는 스페인 출신의 용맹한 군인이었어. 젊은 시절 전쟁터에서 활약했지만, 프랑스군과의 전투 중 포탄이 양발에 떨어져 큰 부상을 입고 말았지. 병상에서 오랜 시간 회복하던 그는 심심함을 달래려 읽은 《그리스도의 생애》에 깊은 감명을 받아, 군인의 삶을 버리고 사제가 되기로 결심했어.

이후 로욜라는 철저한 고행과 자기반성을 실천했고, 예루살렘을 순례하며 신앙심을 다졌어. 사제가 되기 위해 라틴어와 신학 공부에도 힘썼지. 긴 노력 끝에 로욜라는 마침내 사제가 되었고, 파리에서 뜻을 함께하는 동료들과 같이 1534년에 가톨릭 수도회인 '예수회'를 창립했어.

예수회는 철저한 규율과 교육 중심의 수도회로, 설립 초기부터 신교의 확산을 막고 가톨릭을 수호하는 것을 중요한 목표로 삼았지.

반종교 개혁 선봉에 선 예수회

로욜라가 예수회를 창립하던 시기 유럽은 마르틴 루터 등 개혁가들의 영향으로 종교 개혁 열풍이 불었어. 로마 교회 내부에서도 위기의식이 커져 개혁하려는 움직임이 일어났지.

이때 등장한 예수회는 반종교 개혁의 핵심 세력이 되었어. 이들은 성직자 교육을 강화하고, 전 세계에 선교사를 파견해 가톨릭의 영향력을 넓혔어. 또 교회를 감독하기 위한 종교 재판소를 운영하였지.

로욜라와 예수회의 활동 덕분에 종교 개혁이란 거센 바람 속에서도 가톨릭은 체제가 재정비되며 힘을 되찾을 수 있었어.

크리스트교의 공인과 분화

크리스트교의 두 갈래

313년, 로마 황제 콘스탄티누스 대제의 밀라노 칙령 선포로 크리스트교가 공인되었어. 하지만 이후 로마 제국이 동서로 분리되면서 교회도 두 지역에 따라 서로 다른 방식으로 발전했지.

서유럽의 로마 교회는 교황 중심의 독립 체제였고, 성상 숭배도 인정했어. 반면 동유럽의 콘스탄티노폴리스 교회는 황제 중심 체제였고, 성상 사용에 신중했으며 조각상은 금지했지. 이런 차이는 결국 1054년 동서 교회의 대분열로 이어졌고, 로마 교회는 가톨릭(천주교), 콘스탄티노폴리스 교회는 정교회(동방 정교회)로 불리게 돼.

두 개로 쪼개진 크리스트교

종교 개혁 시기 개신교의 등장

16세기엔 가톨릭 내부에서도 변화가 일어났어. 마르틴 루터가 교황청의 면벌부 판매를 비판하며 종교 개혁을 시작한 거야. 이 운동으로 루터파, 칼뱅파 같은 개신교(신교) 종파들이 등장했지.

가톨릭은 전통과 교황의 권위를 중시했지만, 개신교는 개인의 신앙을 중시하고, 성서 중심의 삶과 간소한 예배를 강조했어.

시대를 초월한 위대한 극작가
셰익스피어

지역 유럽 생몰 1564~1616

대학 교육 없이 빛난 천재 작가

셰익스피어는 영국의 극작가이자 시인이야. 인간의 감정을 예리하게 꿰뚫어 본 천재 작가로 평가받지. 그는 어린 시절 비교적 평범한 교육을 받았어. 10대 중반에 집안 형편이 어려워지며 학교를 그만두었고, 대학도 가지 못했어. 대신 수많은 고전과 시문학을 독학으로 익히며 글쓰기 실력을 키웠지.

1590년 무렵 셰익스피어는 런던에 정착해 극작가로 활동을 시작했어. 대도시로 성장하던 런던은 문화와 예술의 중심지였고, 셰익스피어는 빠르게 주목을 받았지.

1594년부터 그는 런던에서 가장 유명한 궁내부장관 극단의 전속 극작가로 활약했어. 이 극단은 나중에 국왕 극단으로 바뀌며 왕실의 후원도 받게 돼. 셰익스피어는 왕의 후원을 받으며 최고의 극작가로 자리 잡았어.

셰익스피어의 생가

희극과 비극을 넘나드는 작품

셰익스피어는 사극, 희극, 비극을 넘나들며 38편의 희곡과 150편이 넘는 시를 남겼어. 초기엔 유쾌하고 풍자적인 희극을 많이 썼지.

대표적으로 《말괄량이 길들이기》에서는 당찬 여주인공의 밀고 당기는 사랑 이야기를, 《한여름 밤의 꿈》에서는 요정과 인간의 엉뚱하고 유쾌한 사랑 소동을 다뤘지. 《베니스의 상인》에선 목숨을 담보로 돈을 빌린 인간을 향한 복수와 권선징악에 대해 다뤘어.

하지만 1600년 이후로는 주로 비극을 중심으로 썼어. 《햄릿》에선 고뇌하는 덴마크 왕자의 복잡한 내면을, 《오셀로》에선 질투에 사로잡혀 비극을 자초한 장군의 이야기를 썼어. 《리어왕》은 권력을 자식들에게 나눠 준 뒤 몰락하는 왕의 비극을, 《맥베스》에선 왕이 되기 위해 범죄를 저지르는 스코틀랜드 장군의 이야기를 썼지. 그리고 가장 널리 알려진 《로미오와 줄리엣》에선 원수 집안 자녀들의 비극적인 사랑 이야기를 다뤘어. 이 작품은 오늘날까지 가장 유명한 사랑 이야기로 남아 있어.

영원히 사랑받는 영국의 자랑

셰익스피어는 라틴어가 아닌 영어로 글을 써서 많은 사람이 그의 작품을 즐길 수 있었어. 그는 '성공적인(successful)', '외로운(lonely)' 같은 단어를 새롭게 만들어 내기도 했고, "사랑은 눈이 멀었다." 같은 인상적인 표현도 남겼지. 한 역사학자는 "영국이 언젠가 인도를 잃어

도 셰익스피어는 영원히 남을 것이다."고 말했어. 당시 인도는 영국의 식민지였는데, 셰익스피어가 영국이 가진 땅보다도 더 가치 있는 문화유산이라는 뜻이야. 오늘까지도 셰익스피어의 작품은 전 세계에서 끊임없이 공연되고, 영화나 책으로 재탄생해. 그는 세계 문학사에서 가장 위대한 작가 중 한 명이야.

 **글로브 극장**

1599년 런던에 세워진 글로브 극장은 셰익스피어의 작품이 공연된 야외극장이야. 화재로 소실됐다가 지금은 복원되었어.

요나라의 초대 황제
야율아보기

지역 동아시아　**생몰** 872~926　**재위** 916~926

거란족을 통일

야율아보기는 거란족을 통일해 거란국을 세운 인물이야. 거란족은 오늘날 중국 네이멍구 자치구 일대에서 유목 생활을 하던 민족이었지. 이전까지는 여러 부족으로 나뉘어 있었고, 제대로 된 통일 왕국을 세우지 못했어.

그런데 916년에 야율아보기가 등장해 거란족을 하나로 통합하고 황제에 올라 거란국을 세웠어. 이후 그의 아들이 나라 이름을 요나라로 바꾸면서, 야율아보기는 요나라의 초대 황제인 태조가 되었지.

동서로 뻗어간 제국과 거란 문자

야율아보기는 당시 중국이 혼란한 틈을 타 적극적으로 세력을 넓혔어. 서쪽으로는 중앙아시아 투르키스탄 지역부터 동쪽으로는 만주의 여진족을 굴복시키고, 926년에는 발해를 공격해 무너뜨렸어.

야율아보기 말년에 거란국은 동쪽 만주 지방에서 서쪽 투르키스탄까지 뻗는 광대한 제국으로 성장했어. 또한 그는 유목민의 전통을 넘어 거란 문명을 발전시키려 했어. 중국 한족의 농업과 문화를 수용해 농경을 장려했고, 거란족 고유의 문자인 거란 문자도 만들었지. 중국 한자를 참고해 새로 만든 문자였어. 하지만 요나라 멸망 후 거란 문자는 점차 사라졌고, 오늘날까지도 완전히 해독되지 않은 수수께끼의 문자로 남아 있어.

거란 문자가 새겨진 청동 거울

송나라 문치주의 창시자
조광윤

지역 동아시아　생몰 927~976　재위 960~976

혼란을 끝내고 송나라를 건국

조광윤은 송나라를 세운 황제야. 그가 등장하기 전, 중국은 당나라 멸망 이후 5대 10국 시대라는 긴 혼란 속에 있었어. 북쪽에서는 다섯 왕조가 차례로 흥망했고, 남쪽에는 열 개의 지방 정권이 서로 대립했지. 이 틈을 타 북쪽에서는 요나라가 강대국으로 떠올랐어.

960년, 5대 10국 시대 마지막 나라 후주에서 조광윤이 반란을 일으켜 송나라를 세웠지.

문치주의 개혁과 사대부의 등장

조광윤은 당나라가 멸망한 원인을 군대를 거느린 지방 세력가인 절도사 때문이라고 생각했어. 그래서 절도사의 군사력과 권한을 약화시키고, 황제 명령만 따르는 문관 관리들을 지방에 파견했어. 또 황제 직속 중앙군을 강화해 지방 병력을 줄였고, 문관과 학문을 우대하는 문치주의 개혁을 펼쳤지. 덕분에 중앙 집권 체제가 확립됐어.

조광윤은 과거 제도도 강화해 능력 있는 인재를 시험으로 뽑았어. 황제가 직접 시험을 감독하기도 했지. 이렇게 뽑힌 관료를 사대부라 불렀어. 사대부는 학문과 정치에 능한 엘리트로, 이후 중국 사회를 이끄는 핵심 세력이 되었어.

중세 No.071

북송을 개혁하려 했던 정치가
왕안석

지역 동아시아 생몰 1021~1086

> 인물 한마디
> "가난한 사람은 독서로 부자가 되고, 부자는 독서로 귀하게 된다."

당송팔대가로 이름을 알린 정치인

왕안석은 송나라(북송) 시기의 정치인이자, 뛰어난 문장가야. 그는 산문과 시에 능해 당나라와 송나라를 대표하는 8명의 작가를 뜻하는 '당송팔대가' 중 한 명으로 꼽혀. 하지만 그의 가장 큰 업적은 문학보다 정치에서 나타났어.

서민을 위한 신법 개혁 추진

왕안석이 중앙 정부의 핵심 요직에 있을 때, 송나라는 군사력도 약하고 재정도 궁핍했어. 귀족과 대지주, 대상인은 부유했지만, 농민과 소상공인의 삶은 고달팠지. 왕안석은 이런 현실을 바꾸기 위해 사회·경제 전반을 개선하는 종합적인 신법 개혁을 추진했어.

가장 대표적인 건 농민과 상인에게 싼 이자로 돈을 빌려주는 청묘법이야. 또 실업자에게 공사일을 맡겨 생계를 돕는 정책, 지역 간 물가를 조절하기 위한 법, 병사를 양성하고 전쟁용 말을 확보하는 군사 개혁도 추진했지. 하지만 보수파의 거센 반발로 왕안석의 개혁은 폐지되며 관리들 다툼만 늘었어.

토막사전 반으로 줄어든 송나라

북송은 조광윤이 송나라를 세우고 수도를 카이펑에 둔 시기를 말해. 이후 금나라의 침입으로 북송이 멸망하자, 수도를 남쪽으로 새롭게 옮긴 시기를 남송이라고 부르지.

여진족 통일, 금나라 창건자

아구다

지역 동아시아 생몰 1068~1123 재위 1115~1123(금나라)

중세 No.072

금나라를 건국

아구다는 금나라를 세운 태조로, 원래 여진족의 일파인 완옌부라는 강한 부족의 족장이었어. 당시 여진족 대부분은 요나라(거란족)의 지배를 받았지만, 아구다는 이를 벗어나기 위해 1113년, 부족을 이끌고 여진족 내부를 통합했지. 그리고 2년 뒤인 1115년에 오늘날 하얼빈 일대에서 아구다는 스스로 황제에 올라 금나라를 건국했어.

요나라와 송나라를 제압

처음엔 요나라가 금나라를 얕봤지만, 아구다는 예상 밖으로 요나라 군대를 잇달아 물리쳤어. 1120년에는 북송과 손잡고 요나라를 공격했지. 그리고 함께 요나라의 주요 도시를 차례로 점령해 1122년엔 베이징까지 함락시켰어. 요나라 황제는 멀리 도망쳤고, 나라는 거의 멸망한 거나 다름없었지.

금나라는 북송에게 요나라 일부 영토를 넘겨주는 대신, 막대한 양의 은과 비단을 공물로 받으며 급속히 강대국으로 성장했어. 하지만 금나라가 본격적으로 성장하기 시작할 무렵에 아구다는 병으로 세상을 떠났고, 동생이 즉위해 금 태종이 되었지.

태종은 형의 뜻을 이어받아 1125년, 마침내 요나라 황제를 사로잡으며 요나라를 완전히 멸망시켰어. 이듬해에는 북송의 수도 카이펑까지 공격했어. 금나라의 세력은 이제 북방 전체로 넓어졌지.

북송의 황제와 왕족은 포로로 잡히고, 살아남은 송 황실은 간신히 남쪽 항저우로 도망가 나라의 명맥을 이어갔어. 이렇게 해서 중국 북쪽 지역은 금나라가 차지하게 되고, 송나라는 남쪽에서 다시 시작(남송)해야 했어.

중세
No.073

정치 싸움에 희생된 영웅
악비

지역 동아시아 생몰 1103~1142

> **인물 한마디**
> "문신이 재물을 좋아하지 않고
> 무신이 죽음을 아끼지 않으면 천하가 태평할 것이다."

금나라 군대를 격파한 영웅

악비는 북송 말과 남송 초에 활약한 중국의 명장이야. 가난한 농민 집안에서 태어났지만, 어려서부터 학문, 무예, 서예에 모두 실력이 뛰어났지. 애국심도 깊은 인물이었어.

1126년, 금나라가 북송을 침략해 수도 카이펑이 함락되자, 악비는 곧바로 의용군으로 자원해 맞서 싸웠어. 그는 뛰어난 전략으로 금나라 군대를 여러 차례 격파하며 영웅으로 떠올랐지. 북송의 멸망에도 포기하지 않았어. 남쪽 후베이 지방에서 군벌로 활동하며 금나라와 싸움을 이어갔지. 군벌은 스스로 군대를 거느리며 지방에서 독립적인 권력을 행사하는 존재를 말해.

억울한 죽음, 영원한 명장

악비의 활약은 백성들의 사랑을 받았지만, 남송 조정의 생각은 달랐어. 당시 실세였던 재상 진회는 금나라와 싸우기보다 화친을 맺고 안정을 추구하려 했거든. 그러니까 싸움을 멈추지 않고 계속 금나라를 압박하는 악비가 눈엣가시로 여겨졌지.

결국 진회는 악비의 군대를 해체하고, 중앙군에 흡수시켰어. 그래도 악비가 굴복하지 않자, 그에게 누명을 씌워 감옥에 가두고 처형했지. 악비의 나이 39세 때였어. 충성스럽고 유능한 애국자가 정치 싸움에 희생된 거야.

훗날 악비의 누명은 풀렸고, 항저우에 악비를 기리는 악왕묘가 세워졌어. 악비는 애국심과 정의의 상징으로 지금까지도 중국인들의 존경을 받고 있어.

성리학을 집대성

주희는 남송 시대를 대표하는 유학자야. 흔히 '주자'라고도 불리며, 유학을 체계적으로 정리해 성리학을 만든 인물이지. 어릴 때부터 학문에 관심이 많았고, 유학뿐 아니라 불교와 도가 사상에도 흥미를 가졌어. 그래서 주자의 유학에는 불교와 도가의 원리도 일부 녹아 있어.

주희는 우주의 만물이 '이(理)'와 '기(氣)'로 이루어졌다고 설명했어. '이'는 사물의 본질과 원칙, 도리를 뜻하고, '기'는 현실과 물질의 요소를 의미해. 인간이 올바르고 선하게 살기 위해선 사물의 이치를 깊이 연구하고 스스로 수양하는 것이 중요하다고 강조했어. 이게 바로 '격물치지'라는 주자의 핵심 사상이야.

동아시아에 퍼진 성리학

주희의 성리학은 처음에는 크게 주목받지 못했지만, 그의 사후에 점차 인정받기 시작했어. 성리학은 이후 중국뿐 아니라, 조선, 일본, 베트남 등 동아시아 전역으로 퍼졌고, 특히 조선에서는 국가 운영의 핵심 이념이 되었지. 조선의 사대부들은 성리학을 바탕으로 학문, 정치, 윤리를 실천했어.

주희는 유학서 이외에도 일상생활의 예법을 정리한 《주자가례》라는 책을 남겼어. 유교식 관혼상제 예법을 체계적으로 정리한 책으로, 고려와 조선에 큰 영향을 주었지. 조선 중기 이후에는 사대부뿐 아니라 서민들도 생활 속에서 《주자가례》를 따를 만큼 널리 퍼졌어.

또 주희는 어린이용 교재 《동몽수지》를 집필해, 도덕과 바른 생활 태도를 가르쳤어. 이처럼 주희는 학문적 성과뿐 아니라, 동아시아의 생활, 문화 전반에 큰 영향을 남긴 유학자야.

몽골 제국의 위대한 정복자 칭기즈 칸

지역 동아시아 생몰 1162~1227 재위 1206~1227

자무카와의 대결

칭기즈 칸은 몽골 제국을 세운 초대 황제야. 본명은 테무친이고, 몽골 초원의 작은 부족장 아들로 태어났어. 그는 어릴 때부터 평탄한 삶을 살지는 못했어. 아버지가 다른 부족에게 독살당하면서 권력을 잃었고, 가족은 부족에게 버림받고 말았지. 어린 테무친은 어머니, 형제들과 함께 가난과 굶주림 속에서 힘겹게 살아야 했어.

하지만 테무친은 절망하지 않았어. 강한 의지와 뛰어난 리더십으로 주변 부족을 하나씩 굴복시키거나 동맹을 맺어 세력을 키워 나갔지. 아버지를 죽인 부족과 적대적인 부족들까지 모두 굴복시켰어. 이 과정에서 가장 큰 적수는 어린 시절 의형제였던 전사 자무카였어. 자무카는 몽골 귀족층의 지지를 받았고, 몽골 서쪽의 강국인 나이만 왕국과 손잡고 테무친에 맞섰어.

자무카는 기존의 부족 질서를 유지하려 했고, 테무친은 새로운 질서로 몽골을 통합하려 했기에 둘의 대립은 불가피했지. 결국 테무친이 자무카 연합군과의 전투에서 결정적으로 승리했고, 자무카를 붙잡아 처형했어. 이후 테무친은 몽골 초원의 모든 부족을 통일하는 데 성공했지.

몽골을 통일한 위대한 칸

부족 통일에 성공한 테무친은 1189년, 몽골 유력 부족들의 지지를 받아 '칸'으로 추대되었어. '칸'은 몽골족이 지도자를 부르는 호칭이야. 이후 몽골 전역을 안정적으로 다스린 그는 1206년, 몽골 부족의 전체 회의인 쿠릴타이 회의에서 몽골 초원의 유일한 지도자로서 '칭기즈 칸'에 즉위했지. '칭기즈 칸'은 '위대한 칸'이라는 뜻이야.

끝없는 정복 전쟁

칭기즈 칸은 곧바로 외부 정복에 나섰어. 먼저 중국 서북부의 서하를 굴복시킨 뒤, 중국 북쪽에서 세력을 떨치던 여진족 금나라와 전쟁을 벌여 수도 베이징까지 함락시켰어. 이어 중앙아시아로 진격해 거란족의 서요를 멸망시키고, 호라즘 왕국의 도발을 계기로 사마르칸트, 부하라 등을 차례로 점령했지. 이후 러시아 초원으로까지 진출해 칼카강 전투에서 러시아 공국 연합군을 무찔렀어.
이렇게 몽골의 영토는 유럽 동부까지 확장되었지.

세계 최대 제국의 기틀 수립

칭기즈 칸은 혈연 대신 능력 위주로 사람을 뽑았어. 그리고 부족 체제를 해체해 10, 100, 1000 단위의 군사 조직으로 재편했어. 충성은 개인이 아닌 국가에 바쳐야 한다고 강조하며 강력한 중앙 집권 체제를 완성했지.

그는 죽기 전 넓은 영토를 네 아들에게 나눠 주었지만, 이후 제국은 분열되며 여러 칸국으로 나뉘게 돼. 칭기즈 칸은 오늘날까지도 세계사에서 가장 강력하고 넓은 제국을 이끈 지도자로 기억되고 있어.

 **칭기즈 칸 마상 동상**

몽골 울란바토르 외곽에 높이 40m의 칭기즈 칸 마상 동상이 있어. 그의 카리스마와 위대함을 기리기 위해 세워졌지. 세계에서 가장 큰 마상 동상으로 기네스북에 올랐어.

몽골의 평화를 이룬 황제
쿠빌라이 칸

지역 동아시아 생몰 1215~1294 재위 1271~1294(원나라)

끝나지 않은 정복 전쟁

쿠빌라이 칸은 칭기즈 칸의 손자로, 훗날 원나라를 세운 인물이기도 해. 쿠빌라이의 형 뭉케 칸이 제국을 다스리던 시절, 영토를 더 크게 확장하기 위해 동생들에게 각자 중요한 임무를 맡겼어. 쿠빌라이에게는 중국 북부 총독직을 주었고, 훌라구에게는 서아시아의 이슬람 세계 정복을, 아리크부카에게는 몽골 본국의 수비를 맡겼지.

쿠빌라이는 티베트를 먼저 정복하고, 베트남까지 원정을 나갔어. 뭉케는 남송을 치러 나섰고, 훌라구는 바그다드를 공격해 이슬람 세계를 정복했지. 하지만 1259년, 남송 정벌 도중 뭉케가 갑작스럽게 세상을 떠나면서 제국의 후계자 자리를 두고 갈등이 시작됐어.

칸의 자리를 둘러싼 형제의 싸움

뭉케가 죽자, 막내 아리크부카가 본국에서 먼저 쿠릴타이를 열고 칸에 올랐어. 하지만 쿠빌라이도 중국에서 따로 쿠릴타이를 열고 자신이 칸이라고 선언했지. 훌라구는 바그다드에 머물며 칸 쟁탈전에 참여하지 않았어. 결국 싸움은 두 형제 간의 대결이 되었지.

4년간 이어진 치열한 내전 끝에 1264년, 쿠빌라이가 승리하면서 몽골 제국의 제5대 칸이 되었어. 그는 수도를 몽골의 카라코룸에서 중국의 베이징으로 옮기고, 몽골식 통치에 중국식 행정 제도를 더해 새로운 체제를 세웠지.

행차하는 쿠빌라이 칸

원나라를 건국

쿠빌라이는 몽골 제국의 칸이 되기 전부터 고려를 공격했어. 그리고 아리크 부카와 내전을 벌이기 직전인 1259년에 고려의 항복을 받아 냈지. 내전 승리 이후인 1271년에 쿠빌라이는 몽골 제국의 이름에 중국식 명칭인 '원'도 추가하여 원나라의 황제가 되었어. 그래서 중국식으로는 '원 세조'라고 불러. 그는 1279년에 남송을 완전히 무너뜨리고 중국 전역을 통일했지.

이후 쿠빌라이는 동남아시아와 일본까지 원정을 나갔어. 특히 일본 원정 중 큰 태풍을 만나 일본 정복에는 실패했지만, 원나라는 유라시아 전역에서 막강한 영향력을 지닌 나라가 되었지.

몽골 원정군 화살에 맞는 일본의 사무라이

하나로 이어진 유라시아

쿠빌라이는 무려 35년간 중국을 다스렸어. 몽골족이 세운 친척 왕국들과도 좋은 관계를 유지했지. 덕분에 서유럽을 제외한 유라시아 대부분이 몽골족의 영향에 놓이게 됐어. 그러니 평화롭게 교역이 이뤄졌지. 이를 '몽골에 의한 평화'라고 해.

원나라 수도 베이징은 국제도시로 성장했고, 전 세계 물자가 베이징으로 들어왔어. 전 세계에서 찾아온 무역상들로 도시가 북적거렸지. 하지만 쿠빌라이 사후 중앙 통제가 약해지고, 원나라는 점차 쇠퇴하게 돼.

마르코 폴로와 이븐 바투타

마르코 폴로

마르코 폴로는 13세기 후반 이탈리아 베네치아 출신의 상인이자 여행가야. 1271년, 그는 무역상이었던 아버지를 따라 동방으로 여행을 떠났어. 그리고 파미르고원과 타클라마칸 사막을 지나 3년 만에 원나라 수도에 도착했지.

쿠빌라이 칸은 마르코 폴로를 신뢰해 나라 구석구석을 돌아보게 했어. 그는 17년 넘게 원나라에서 머물며 다양한 지역과 문화를 경험했지.

마르코 폴로는 고향을 그리워하던 중, 원나라 공주가 서쪽의 일 칸국의 왕에게 시집간다는 소식을 들었어. 마르코 폴로는 공주의 길 안내자로 나서며 베네치아로 귀국할 기회를 얻었지. 자바, 스리랑카 등을 거쳐 결국 24년 만에 귀국했어.

하지만 귀국 후 얼마 지나지 않아 베네치아와 제노바 사이에 전쟁이 터졌어. 마르코 폴로는 베네치아 군인으로 참전했다가 포로로 잡혀 감옥에 갇혔어. 그는 감옥에서 만난 프랑스 작가 루스티켈로에게 원나라 여행담을 들려주었지. 이후 그의 여행담은 《동방견문록》이란 이름으로 출간되어 베스트셀러가 됐어.

마르코 폴로

이븐 바투타

이븐 바투타는 14세기 아프리카 북부 모로코 출신의 이슬람 여행가로, 21세에 메카 순례길에 오른 것을 시작으로 30여 년간 약 12만 km를 여행했어. 그는 북아프리카에서 이집트, 아라비아반도를 지나 인도에 이르렀고, 델리 술탄국에서 법관으로 활동하기도 했어. 중국 베이징까지 갔다는 기록도 있지만, 일부 학자들은 경로의 정확성에 대해 논쟁 중이야. 이후 바투타는 서아프리카 말리 왕국과 사하라 사막 일대까지 여행하며 광범위한 이슬람 세계를 관찰했지.

귀국 후 그는 모로코 술탄의 요청으로 30년간의 여행 경험을 《리흘라》(정식 명칭: 도시들의 진기함과 여행의 경이 등에 대하여 보는 사람들에게 주는 선물)로 정리했어. 이 책은 14세기 이슬람 세계의 풍속, 문화, 사회상을 보여 주는 귀중한 역사 자료야.

이븐 바투타

마르코 폴로와 이븐 바투타의 여행로

한족 왕조를 부활시킨 명 황제
주원장

지역 동아시아 생몰 1328~1398 재위 1368~1398

고아에서 황제가 된 주원장

주원장은 명나라의 초대 황제야. 그는 귀족도 왕족도 아니었어. 가난한 농부의 아들로 태어나, 어린 시절부터 배고픔에 시달렸지. 17세가 되던 해, 가뭄과 전염병으로 가족 모두를 잃고 고아가 되었어.

먹고살 길이 막막하던 주원장은 절에 들어가 탁발승이 되어 전국을 떠돌며 동냥했어. 이때 그는 백성들이 겪는 고통을 온몸으로 느꼈고, 이 경험은 훗날 나라를 세우는 데 큰 밑거름이 되었지.

붉은 두건의 반란, 홍건적의 난

이 무렵 중국은 몽골족이 세운 원나라가 지배하고 있었어. 중국 사람들은 몽골 사람들에게 차별받고, 높은 세금과 고된 노동에 시달렸지. 이때, 언젠가 미륵불이 나타나 세상을 구원한다는 백련교라는 민간 종교가 퍼졌고, 1351년엔 마침내 백련교도들이 머리에 붉은 두건을 두르고 반란을 일으켰어. 이게 바로 '홍건적의 난'이야.

홍건적은 원나라의 부패한 통치에 맞서 중국 전역에서 봉기했어. 주원장도 그 무렵 탁발승 생활을 접고 홍건적에 들어갔지. 그는 처음에 평범한 병사로 시작했지만, 뛰어난 리더십을 바탕으로 빠르게 세력을 키워 수만 명의 군대를 거느리는 장수로 성장했지.

명나라를 건국

홍건적은 중국 곳곳에서 원나라군과 싸웠지만, 점점 내부 갈등이 심해졌어. 지도자들끼리 다투고, 세력이 분열되면서 약해졌지. 이 틈을 타 주원장은 중국 남부의 도시 난징에서 세력을 굳히고, 다른 홍건적 지도자들과 싸워 마침내 홍건적 내에서 가장 강력한 사람이 되었어. 그리고 명나라를 세워 스스로 홍무제라는 이름으로 황제에 올랐지.

중국을 다시 통일하다

명나라 정부는 난징에 자리 잡았지만, 북쪽 베이징엔 여전히 원나라 세력이 남아 있었어. 중국에 두 나라가 공존하는 상황이었지. 홍무제는 1368년, 원나라 수도인 베이징으로 군대를 보내 원나라 잔존 세력을 몰아냈어. 이로써 중국은 다시 하나로 통일되었어.

홍무제는 나라를 안정시키기 위해 한족 중심의 질서를 회복하고, 몽골식 제도와 풍습을 없앴어. 전쟁으로 고통받은 백성들에겐 세금을 줄여 주거나 면제해 주었지. 또 황제가 직접 모든 기관을 통제하는 중앙 집권 체제도 만들었어.

하지만 그는 황제 자리에 집착하여, 개국 공신들마저도 황제 자리를 노린다고 의심하여 대규모로 숙청하였어. 수만 명이 희생되었다는 기록도 남아 있지. 그의 통치는 나라를 안정시켰지만, 강압과 폭력으로 얼룩진 면도 있었어.

 **난징 고궁**

난징 고궁은 주원장이 지은 명나라 황궁으로, 훗날 베이징 자금성의 모델이 되었어. 명나라 멸망 이후 청나라 때 심하게 훼손되어 현재는 터만 남아 공원으로 조성되었지. 유네스코 세계 문화유산으로 지정되었어.

명 전성기를 이끈 황제
영락제

지역 동아시아　생몰 1360~1424　재위 1402~1424

조카를 제거하고 황제로 즉위

명나라 황제 영락제의 본명은 주체야. 아버지 주원장이 세상을 떠나자, 조카가 황제 자리를 이어받았어. 하지만 주체는 조카의 개혁에 반발했고, 그래서 1399년에 조카 주변의 간신들을 제거한다는 명분으로 군사를 일으켰어.
3년간 내전을 벌인 끝에 주체는 수도 난징을 장악했고, 조카는 어디론가 사라져 다시는 나타나지 않았다고 해. 황궁을 장악한 주체는 스스로 황제에 오르고 연호를 '영락'이라고 정했지. 이후 명나라는 그의 통치 아래 전성기를 맞이했어.

정복 전쟁과 바닷길 개척

영락제는 22년간 명나라를 통치하며 중앙 집권과 영토 확장에 힘썼어. 군사를 일으켜 오늘날 베트남과 티베트, 수마트라까지 정복했고, 수도도 난징에서 베이징으로 옮겼지. 몽골족도 다섯 차례에 걸쳐 토벌해 그들을 고비 사막까지 몰아냈어.
영락제는 바닷길 개척도 추진했어. 명나라의 위엄을 널리 알리고, 해상 교류와 무역을 확대하기 위해서였지. 1405년, 그는 정화에게 대규모 함대를 맡겨 남해 원정을 명령했어. 정화의 항해는 명나라의 국제적 위세를 널리 알렸어.

 **자금성**

영락제는 수도를 난징에서 베이징으로 옮기고 14년에 걸쳐 자금성을 완성했어. 붉은색 벽과 황금 지붕으로 꾸민 화려한 궁전이지.

유럽보다 앞선 바다 탐험가
정화

지역 동아시아 생몰 1371~1434

영락제의 오른팔

정화는 어린 시절 전쟁 포로가 되어 거세당한 뒤, 당시 명나라 왕자였던 영락제에게 넘겨졌어. 영락제는 정화를 곁에 두고 신임했지. 영락제가 반란을 일으켜 황제가 되는 과정에서도 정화가 큰 공을 세웠어. 이후 그는 환관 최고 지위인 태감에 임명되었어.

남해 원정과 화교의 시작

영락제는 정화에게 명나라의 위엄을 알리고 무역을 확대하라며 남해 원정을 맡겼어. 정화는 60여 척의 배와 2만 명이 넘는 병력을 이끌고 수마트라, 말라카, 스리랑카, 실론, 콜카타를 차례대로 항해했어. 이후 페르시아 인근 호르무즈 해협과 동아프리카 해안, 그리고 이슬람의 성지 메카까지 원정을 이어갔지.

정화는 해외에 중국의 비단과 도자기를 소개했고, 귀국할 땐 사자, 기린, 같은 동물과 진귀한 보석들을 가져왔어.

이 원정은 훗날 동남아시아 화교 사회 형성에 영향을 주었지. 비록 남해 원정은 영락제 사후 비용 문제로 도중에 중단되었지만, 유럽 국가들보다 수십 년 앞선 해상 항해로 역사적 의미가 매우 커.

중세 No.080

양명학을 창시한 유학자
왕양명

지역 동아시아 생몰 1472~1529

> **인물 한마디** "이 마음이 환히 밝은데, 무슨 말을 더 하겠는가."

성리학에 맞서 양명학을 창시

왕양명은 명나라 시대를 대표하는 유학자이자 철학자, 정치가야. 본명은 왕수인이지. 그가 활동하던 시기엔 남송의 주희가 만든 성리학이 유교의 주류로 자리 잡고 있었어. 학교에선 성리학을 가르쳤고, 과거 시험도 성리학을 중심으로 치러졌지.

왕양명도 성리학을 공부해 과거에 급제했지만, 성리학만으로는 현실의 문제를 해결하기 어렵다는 한계를 느꼈어. 특히 성리학이 시험용 학문으로 점점 변질된 점을 비판했지. 그래서 그는 실천을 중시한 양명학을 만들었어.

성리학은 '사물의 이치를 탐구해 앎을 얻고 수양하라(격물치지).'고 했어. 양명학은 '누구나 마음속에 선한 본성(양지)을 지니며, 이를 깨닫고 실천해야 한다.'고 강조했지. 특히 앎과 행함은 하나라는 '지행합일'을 주장했어. 예를 들어, 효도의 의미를 배우지 않아도 부모를 공경하는 마음만 있다면, 자연스레 효도로 이어진다고 본 거야.

군대 지휘관으로도 활약

왕양명은 학자이면서도 직접 군을 이끌고 반란을 진압한 지휘관이었어. 그는 여러 지역을 안정시키며 명나라에 큰 공을 세웠지.

1528년, 그는 대규모 반란을 진압한 뒤 과로와 병으로 세상을 떠났어. 그가 창시한 양명학은 일본과 조선에도 전해져 큰 영향을 주었지.

세금 개혁에 실패한 명 재상
장거정

지역 동아시아 생물 1525~1582

중세 No.081

황제의 스승

장거정은 명나라 13대 황제인 만력제 시절에 활약한 대표적인 재상이야. 어린 만력제에게 글과 정치 이론을 가르친 스승이기도 했지.
그래서 만력제는 황제가 된 뒤에도 장거정을 매우 어려워했고, 장거정은 황제의 깊은 신임을 바탕으로 권력을 단단히 잡았어. 그는 명나라를 자신의 뜻에 따라 효율적으로 운영했어.

세금 개혁, 일조편법

16세기 무렵, 세계 무역이 활발해지면서 중국에서도 은이 돈처럼 쓰이기 시작했어. 백성은 세금을 은으로 내고, 관리들도 은으로 월급을 받는 체제가 자리 잡았지. 하지만 세금 내는 방식이 간편해지자, 세금의 종류가 많아지고 복잡해졌어. 부패한 관리도 생겼지. 부자는 덜 내고 가난한 사람이 더 내는 경우도 생겼어.
장거정은 이런 불공평을 해결하고 나라 재정을 바로잡기 위해 '일조편법'이라는 세금 개혁을 실시했어. 복잡히게 나눠진 세금을 하나로 합치고, 땅 넓이와 가족 수에 따라 세금을 공평하게 내게 했지. 이 제도 덕분에 명나라의 재정 상황은 크게 좋아졌고, 백성들의 세금 부담도 다소 가벼워졌어. 하지만 부패한 지주와 관리들은 그의 개혁에 크게 반발했지.
그러던 어느 날, 장거정이 돌연 병으로 사망하자 반대 세력은 기다렸다는 듯 장거정이 권력을 혼자 휘둘렀다며 비난했어. 만력제도 반대파에 동조했지. 한때 스승이었던 장거정의 무덤을 파헤치고 시신을 훼손하는 가혹한 형벌을 내렸어. 장거정의 아들도 고문을 당하다가 목숨을 끊었어. 결국 장거정의 개혁은 그의 죽음과 함께 끝났고, 명나라는 다시 혼란에 빠졌지.

중세
No.082

중국의 첫 서양 선교사
마테오 리치

지역 유럽 생물 1552~1610

중국에 간 최초의 서양 선교사

마테오 리치는 이탈리아 출신의 예수회 신부로, 중국에 가톨릭(천주교)을 처음으로 전한 최초의 서양 선교사야. 중국에서는 '이마두'라 불렸어. 그는 천주교를 동양에 알리고 싶어서 인도를 거쳐 명나라 광둥성에 도착했어. 이후 여러 지역을 돌아다니며 선교했지. 그러다 1601년에 황제 만력제의 허락을 받아 수도 베이징에 들어가게 돼. 그는 베이징에 쭉 머물며 선교 활동을 이어가다가 그곳에서 생을 마쳤어.

서양 학문 전파와 세계 지도 제작

마테오 리치는 지식인들의 마음을 움직여야 선교가 쉬울 거라 생각했어. 그래서 중국어를 익히고, 서양 학문과 과학을 한문으로 번역해 소개했지. 그중에는 유클리드의 기하학 책 《기하학 원본》과 세계 지도 《곤여 만국 전도》가 있어. 그는 동양 최초의 세계 지도인 《산해여지전도》를 만들었지만, 아쉽게도 지금은 남아 있지 않아.

마테오 리치는 천주교 교리를 한문으로 정리한 《천주실의》도 펴냈어. 이 책은 나중에 조선에도 전해져 한국 천주교 발전에 큰 역할을 했지. 그는 단순히 종교만 전파한 게 아니라, 동서양이 서로의 문화를 이해하도록 다리를 놓아 준 인물이야.

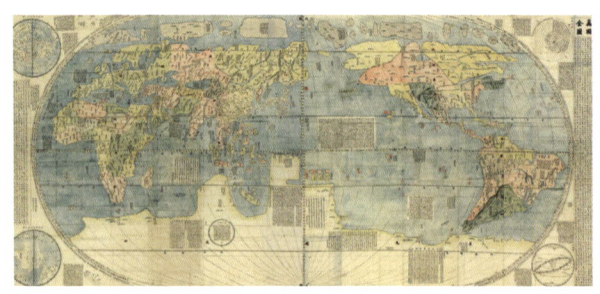

《곤여 만국 전도》

중세 No.083

명나라를 무너뜨린 반란군
이자성

지역 동아시아 생물 1606~1645

농민 반란을 이끈 지도자

이자성은 명나라 말기 농민 반란군의 지도자야. 시골 병사로 일하다 월급이 끊기자, 부패한 상관을 죽이고, 1631년 반란에 뛰어들었지. 당시 명나라의 농민들은 정치인의 부패와 만주족이 세운 청나라의 위협, 그리고 가혹한 세금에 시달렸어. 이자성은 리더십을 발휘해 농민 반란군의 우두머리가 되었지.

반짝 황제

초기엔 이자성의 반란군이 명나라에 밀렸지만, 청나라가 쳐들어오자 명나라는 병력을 돌렸어. 이 틈을 타 이자성은 세력을 키웠지. 그는 귀족의 땅을 농민에게 돌려주고 세금을 낮추겠다고 약속해 농민들의 지지를 얻었어.

1644년, 이자성은 대순이라는 나라를 세우고 황제가 되었어. 이어 수도 베이징까지 점령하자, 명나라 황제는 스스로 목숨을 끊었지. 이자성은 자금성까지 점령하는 데 성공했어.

하지만 명나라 장수 오삼계가 청나라에 투항

하면서 상황이 달라졌어. 오삼계가 청나라군과 함께 베이징을 공격한 거야. 이자성은 크게 패배하고 스스로 목숨을 끊었지. 대순은 곧 멸망하고 청나라가 중국을 다스리는 시대가 시작됐어.

중세
No.084

여진족 통일 후 후금 건국한 황제
누르하치

지역 동아시아 생물 1559~1626 재위 1616~1626

여진족을 통일

누르하치는 청나라를 세운 태조로, 천명제라고도 불려. 원래는 여진족 한 부족의 족장이었지만, 여진족 전체를 통일하겠다는 꿈을 품고 군대를 일으켰어. 그 뒤로 약 30여 년 동안 부족들을 하나씩 정복해 나갔지. 1616년, 누르하치는 마침내 나라를 세워 '후금'이라는 이름을 붙였어. 옛 금나라의 영광을 잇겠다는 뜻이야.

팔기군 조직과 명나라 정복

누르하치는 나라를 안정시키기 위해 여진 문자를 만들어 독자적인 문화를 만들었어. 또 '팔기제'라는 제도도 도입했지. 팔기제는 여진족의 여러 부족을 여덟 개의 각각 다른 깃발로 구분하며 시작됐는데, 군대와 행정 조직을 매우 효율적으로 움직일 수 있는 제도였어.

명나라는 처음엔 누르하치를 크게 경계하지 않았어. 누르하치는 부패한 명나라 관리들에게 뇌물을 주고 벼슬도 받고 있었거든. 하지만 후금을 세운 뒤 누르하치는 태도를 바꿔 명나라 정복 전쟁에 나섰어. 팔기군은 여러 차례 전투에서 승리하며 영토를 넓혔지. 그러나 그는 전쟁 중 병으로 숨졌고, 그가 쌓아 올린 기반은 후대에 청나라로 이어져.

정묘호란과 청나라 건국

홍타이지는 후금의 두 번째 황제로, 숭덕제라고도 불려. 그는 누르하치의 여덟째 아들이었어. 아버지가 세상을 떠나자 형제들 사이에 치열한 왕위 다툼이 벌어졌지만, 결국 홍타이지가 승리해 황제가 되었지.

그 무렵 조선은 명나라와 가까운 관계를 유지하면서 후금을 멀리했어. 이에 홍타이지는 명나라를 공격하기 전에 조선을 먼저 침공하기로 결심했지. 1627년, 그는 3만 명의 군사를 이끌고 조선을 쳐들어가 항복을 받아 냈어. 이 전쟁을 정묘호란이라고 해.

전쟁 중에도 홍타이지는 나라 정비를 게을리하지 않았어. 유목 민족의 나쁜 풍습은 없애고, 명나라의 과거 시험처럼 좋은 제도를 받아들였지. 또, '여진족'이라는 이름 대신 '만주족'이라는 새 이름을 쓰게 했어. 여러 갈래로 흩어져 서로 갈등하던 여진족의 과거를 버리고, 완전히 새로운 민족으로 거듭나려 했던 거야. 1635년, 홍타이지는 오늘날의 네이멍구 지역을 정복했고, 이듬해에는 국명을 '청'으로 바꾸었어.

병자호란과 조선의 굴복

나라 이름을 청으로 바꾼 다음 해, 홍타이지는 다시 조선을 침략했어. 이번에는 더 많은 군사를 이끌고 쳐들어갔지. 조선은 속수무책으로 당하고 또다시 항복할 수밖에 없었어. 이 전쟁을 병자호란이라고 해.

조선은 명나라와의 관계를 모두 끊고, 청나라를 섬기기로 약속했어. 청나라 군대는 물러났지만, 그 뒤로 조선은 한동안 청나라의 간섭을 받으며 조공을 바쳐야 했지. 식민지가 된 건 아니었지만, 외교적으로 청나라 영향 아래에 놓인 거야.

청나라 번영을 마련한 황제
강희제

지역 동아시아 생몰 1654~1722 재위 1661~1722

강희제는 청나라 4대 황제로, 8세에 왕위에 올랐어. 61년 동안 청나라를 다스리며 역사상 가장 오래 산 황제야. 그는 명나라 마지막 세력인 남명과 타이완을 정복해 중국을 완전히 통일했어. 러시아와 조약을 맺어 국경도 정했지. 이후 몽골과 티베트까지 차례로 정복하며 영토를 크게 넓혔어. 뒤를 이은 옹정제와 건륭제 때 청나라는 최고의 전성기를 누리게 돼.

청나라 안정을 마련한 황제
옹정제

지역 동아시아 생몰 1678~1735 재위 1722~1735

옹정제는 아버지 강희제의 정책을 대부분 이어받았어. 그러나 정복보다 나라 안정을 더 중요하게 생각했지. 그는 빠르게 정책을 결정하기 위해 측근들로 구성된 군기처라는 기구를 만들었어. 황태자들의 권력 다툼을 막기 위해 태자밀건법도 만들었지. 차기 황제가 될 후계자의 이름을 종이에 적어 몰래 보관했다가 황제가 죽은 뒤 공개하는 방식이야. 1727년에는 러시아와 조약을 맺어 국경을 다시 정했어. 이는 지금의 몽골과 러시아 국경과 거의 비슷해.

정복 전쟁에 참전

건륭제는 옹정제의 넷째 아들이자 청나라 6대 황제야. 할아버지 강희제처럼 60년 넘게 나라를 다스렸지. 그는 아버지 옹정제의 정책을 이어받았고, 정복 전쟁에 나섰어. 그 결과 오늘날의 몽골 지역과 신장 위구르 자치구까지 정복했지. 타이완, 버마(미얀마), 베트남, 네팔로도 원정을 나갔어. 모든 지역을 완전히 차지하지는 못했지만, 막대한 공물을 받아 내는 데는 성공했어.

건륭제는 원정에서 군대를 이끌고 열 번의 전투에 직접 참여했는데, 이를 '십전무공'이라 불렀어. 열 번 싸워 모두 승리했다는 뜻이야. 그는 자신을 '십전노인'이라고 부르며 자랑하기도 했지.

청나라 전성기에서 쇠퇴기로

강희제, 옹정제, 건륭제 세 황제 시절 청나라는 크게 번영했어. 하지만 그 무렵 서양 세력의 영향도 점점 커졌고, 아편 문제가 심각해졌지. 서양 상인들이 마약인 아편을 대량으로 들여오면서 중국에 아편 중독자가 늘어났거든.

영국을 비롯한 서양 나라들은 중국에서 차, 도자기 같은 상품을 많이 사 갔지만, 이를 지불할 은이 부족했어. 그래서 인도에서 아편을 싸게 구매해 중국에 몰래 팔고, 그 돈으로 다시 중국 상품을 사 가며 무역 적자를 줄이려 했지. 아편 때문에 중국에선 노동력이 줄고 사회도 혼란스러워졌어.

옹정제는 아편을 막기 위해 금지령을 내렸고, 건륭제는 서양 상인이 무역할 수 있는 곳을 광저우의 한 항구로만 제한했어. 하지만 이런 조치로는 문제를 해결하지 못했지. 게다가 전쟁 비용과 종교 갈등까지 겹치면서 청나라는 조금씩 흔들리기 시작했어.

일본 고대부터 막부 시대까지

일본 고대 왕국의 시작

4세기 초, 일본에 최초의 국가인 야마토 왕국이 세워졌어. 이때 한반도에서 건너온 도래인들이 철기와 농업 기술을 전해 주며 큰 영향을 줬지. 6세기에는 백제로부터 불교가 전해졌고, 이는 일본 문화와 종교에 큰 변화를 가져왔어.

나라 시대에는 수도가 나라로 정해졌고, '일본'이라는 국호가 이때 처음 사용됐어. 이후 수도를 헤이안(교토)으로 옮기며 헤이안 시대가 열렸지. 귀족 문화와 문학, 예술이 크게 발전했어. 《겐지 이야기》같은 명작이 탄생했고, 화려한 의복과 가나 이때 문자도 만들어졌지.

무사 정권, 막부의 시대

12세기부터 19세기까지 일본은 쇼군이 나라를 다스리는 무사 정권, 즉 막부 시대를 맞았어. 가마쿠라 막부는 1185년 미나모토노 요리토모가 세운 첫 막부야. 이 시기에 몽골과 고려 연합군이 일본을 침공했지만, 태풍이 적들을 막아내면서 가미카제, 즉 '신의 바람'이라는 말이 생겨났지. 그러나 전쟁으로 인해 재정이 약해져 가마쿠라 막부는 결국 무너졌어.

다음 무로마치 막부는 아시카가 다카우지가 세웠어. 그러나 시간이 지나면서 막부의 힘은

일본의 봉건 제도

약해졌고, 지방 영주(다이묘)들이 독자적으로 세력을 키우며 서로 싸우는 전국 시대가 열렸지. '센고쿠 시대'라고도 불러. 이때 오다 노부나가가 세력을 키워 일본 통일의 초석을 마련했고, 그의 부하 도요토미 히데요시가 1590년에 일본을 통일했지.

마지막 막부

에도 막부는 1603년 도쿠가와 이에야스가 세운 막부야. 에도(도쿄)를 중심으로 평화가 유지됐고, 문화와 산업도 발달했어. 이 평화의 바탕에는 '참근교대'라는 제도가 있었어. 다이묘들은 1년마다 교대로 영지와 에도를 오가고, 가족은 항상 에도에 머무르게 한 제도지. 막부는 이를 통해 다이묘들을 감시하고, 반란을 막을 수 있었어.

하지만 시간이 지나면서 무사의 권력은 약해졌어. 1867년, 결국 쇼군이 천황에게 권력을 넘기며 막부 시대는 끝났어. 이후 일본은 메이지 유신을 통해 근대화의 길을 걷게 됐지.

일본 각 시대 주요 중심지

일본 무사 정치 시작한 쇼군
미나모토노 요리토모

지역 동아시아 생몰 1147~1199 재위 1192~1199

사무라이의 등장과 가문의 대립

10세기 무렵 일본에선 천황의 중앙 권력이 급격히 약해졌어. 지방 곳곳에서 무법자와 강도가 판치고, 힘센 귀족이나 지주들의 세력 다툼이 심해졌지. 그러자 전쟁에 나서는 무사들이 천황과 귀족들을 모시는 경호원으로 활약했는데, 이들을 사무라이라고 불러.

12세기엔 미나모토와 다이라 가문의 사무라이 집단이 대립했어. 한때 다이라 가문이 우세해 미나모토 가문은 거의 몰락했지만, 장남 미나모토노 요리토모가 간신히 살아남았지.

가마쿠라 막부와 무사 정권

요리토모는 유배 중 묵묵히 힘을 키웠어. 다이라 가문이 천황의 권력을 넘보자, 천황은 요리토모에게 다이라 가문 토벌 명령을 내렸어. 다이라 가문을 무찌른 요리토모는 1185년 가마쿠라에 '막부'를 세웠어. 원래 막부는 사무라이의 군사 본부였지만, 요리토모는 이를 사실상 정부처럼 만들었지.

1192년, 요리토모는 천황으로부터 '쇼군'이라는 칭호를 받아 일본 최고 권력자가 되었어. 이렇게 해서 일본 최초의 무사 정권인 가마쿠라 막부가 시작됐고, 이후 약 700년 동안 무사가 나라를 다스리는 시대가 이어졌어.

무로마치 막부의 탄생

가마쿠라 막부가 약 200년 정도 일본을 지배했어. 그동안 뒤로 밀려난 천황은 호시탐탐 권력을 되찾을 기회를 노렸지. 14세기 초, 막부 내부가 혼란스러워지자 천황은 자신에게 충성하는 무사들을 내세워 막부를 무너뜨렸어. 아시카가 다카우지는 이때 천황 편에 서서 결정적인 역할을 한 무사였어.

그러나 천황은 다카우지와 갈등을 빚게 돼. 천황은 새로운 막부를 세우는 대신 천황 위주의 정권을 복원하려 했기 때문이지. 다카우지는 또다시 전쟁을 벌인 끝에 천황을 쫓아내고, 새로운 천황과 함께 1338년 새 막부를 열었어. 이것이 두 번째 막부인 무로마치 막부야. 그러나 쫓겨난 천황도 지지 않고 남쪽의 나라 지역에 새 정부를 만들었지. 이렇게 해서 일본은 남쪽과 북쪽에 두 천황이 있는 시대로 접어들었어. 이 시대를 '남북조 시대'라고 불러.

남북조 시대의 끝

남북조 시대는 약 60년 동안 이어졌어. 다카우지는 남북조 시대를 끝내지 못하고 1358년에 세상을 떠났지. 이 시대를 끝낸 인물은 그의 손자인 아시카가 요시미쓰였어.

요시미쓰가 쇼군이 되었을 때는 무로마치 막부가 있는 북조가 남조의 천황보다 월등히 세력이 강해졌어. 요시미쓰는 대외적으로도 명나라의 황제에게 '일본의 왕'으로 인정받을 정도였지. 결국, 남조의 천황이 북조에 스스로 무릎을 꿇으면서 남북조 시대는 막을 내렸어. 이때부터 천황은 실권을 잃은 채 완전히 형식적인 존재로 전락했어. 대신 막부를 통솔하는 쇼군이 일본의 실질적 군주로서 일본을 지배하게 되었지.

통일을 앞두고 사망한 영웅
오다 노부나가

지역 동아시아 **생몰** 1534~1582

전국 시대를 빛낸 다이묘

15세기 후반, 무로마치 막부의 힘이 약해지자 일본 각지의 강력한 무사들이 서로 싸우는 시대가 시작됐어. 일본에서는 이 시기를 센고쿠 시대라고 불러. 센고쿠 시대에 각지에서 활약한 강력한 무사들을 다이묘라 하는데, 강한 다이묘가 약한 다이묘를 공격하며 온 나라가 전쟁터가 되었지.

오다 노부나가는 처음엔 작은 영지를 가진 다이묘였어. 하지만 1560년의 오케하자마 전투에서 수만 명의 적을 소수 병력으로 기습해 큰 승리를 거뒀지. 이 전투로 노부나가는 일본 전역에 이름을 알리게 됐어.

교토 장악과 뜻밖의 최후

세력을 키운 노부나가는 천황과 쇼군이 있는 교토를 차지하려 했어. 마침 쇼군의 동생 아시카가 요시아키가 노부나가에게 도움을 요청했지. 노부나가는 그를 지원해 군사를 이끌고 교토로 향했어. 경쟁자들을 모두 물리친 그는 1573년, 요시아키까지 추방시키고 무로마치 막부를 무너뜨렸지.

하지만 일본 통일은 아직 멀었어. 서쪽의 모리 가문이 완강하게 저항하자, 노부나가는 부하 도요토미 히데요시를 보내 싸우게 했고, 직접 지원군도 준비했어. 그런데 1582년, 노부나가가 혼노지라는 절에 머무르던 중 부하 아케치 미쓰히데의 배신으로 급습을 당했지. 노부나가는 절을 빠져나오지 못하고 자결하며 생을 마쳤어.

습격당하는 오다 노부나가 (혼노지의 변)

오다 노부나가의 부하가 일본을 통일

도요토미 히데요시는 가난한 농민의 아들로 태어나, 젊은 시절에 떠돌이 생활을 했어. 18세에 오다 노부나가의 군대에 들어가 잡일부터 시작해 변소 청소까지 했지. 나중에 성실함과 총명함으로 노부나가에게 인정받았어.

노부나가가 혼노지에서 죽었다는 소식에, 히데요시는 곧바로 배신자 아케치 미쓰히데를 처단하고 교토로 진격했어. 이후 교토와 가까운 오사카에 성을 짓고 전국의 적들을 하나씩 물리쳤지.

1588년엔 농민들의 무기를 몰수해 내전을 막고, 토지와 신분 제도도 정비했어. 히데요시는 비록 막부를 세우진 않았지만, 전국의 다이묘들이 그에게 충성을 맹세했어. 1590년에 사실상 일본을 통일했지. 약 120년간 이어진 센고쿠 시대가 끝난 거야.

조선 침략과 임진왜란

내전은 끝났지만 많은 무사와 농민이 몰락했고, 경제도 불안했어. 해외 무역도 명나라가 조공 무역만 허용해 쉽지 않았지. 히데요시는 내부의 불만을 외부로 돌리기 위해 전쟁을 선택했어. 그는 이웃 나라 조선에 "명나라를 치려고 하니 한반도 길을 빌려 달라."고 했어. 하지만 조선이 이를 거절하자 히데요시는 1592년에 조선을 침략했어. 이 사건이 임진왜란이야.

처음엔 일본이 우세했어. 그러나 조선의 명장, 이순신의 반격과 명나라의 조선 지원으로 전세가 뒤집혔어. 조선 의병도 활약했지. 결국 1596년에 히데요시는 전쟁을 끝내기 위해 조선에 평화 협상을 제안했지만, 무리한 조건을 내세운 탓에 결렬됐고, 1597년 정유재란(2차 조선 침략)이 일어났어. 그러나 1598년, 히데요시가 사망하며 7년간의 임진왜란은 끝이 났지.

중세
No.093

에도 막부를 세운 쇼군
도쿠가와 이에야스

지역 동아시아 **생몰** 1543~1616 **재위** 1603~1605

인물 한마디

"인생은 무거운 짐을 지고 먼 길을 가는 것과 같다. 서두르지 마라."

세키가하라 전투와 에도 막부 수립

도쿠가와 이에야스는 오다 노부나가와 도요토미 히데요시 밑에서 조용히 힘을 키우며 때를 기다렸어. 히데요시는 죽기 전, 이에야스에게 아들을 잘 부탁한다고 유언을 남겼고, 이는 이에야스의 명분이 되었지.

결국 1600년, 도쿠가와 세력과 도요토미 세력이 세키가하라 전투에서 맞붙었어. 승리한 이에야스는 1603년, 에도에 막부를 세워 쇼군이 되었지.

오사카성 전투와 대외 정책

하지만 오사카엔 여전히 도요토미 일가가 남아 있었고, 이에야스는 후환을 없애기 위해 1615년 오사카성을 무너뜨렸어. 도요토미 가문은 완전히 사라졌지.

이에야스는 대외 관계에 신경 썼어. 임진왜란으로 끊긴 조선과의 국교를 회복하기 위해 국서를 보내고, 조선 통신사를 맞이했어. 또 중국과 서양과의 무역도 재개했지만, 천주교는 강하게 탄압했어.

티무르 제국의 건설자
티무르

지역 서아시아 생몰 1336~1405 재위 1370~1405

인물 한마디

"힘은 공평에서 나온다."

티무르 제국 건설

1360년대 후반, 원나라가 무너지고 몽골족의 힘이 약해졌어. 이 틈을 타 중앙아시아에서는 티무르가 왕위에 올라 티무르 제국을 세웠지. 그는 수도를 사마르칸트로 정하고 제국의 기틀을 다졌어. 칭기즈 칸의 후손과 결혼해 스스로 칭기즈 칸의 후손이라고 자처했지.

정복 전쟁과 명나라 원정

티무르는 중앙아시아의 호라즘 왕국을 시작으로, 이란 등 서아시아 여러 지역을 점령했어. 러시아로도 진격했고, 인도 델리 지역까지 공격해 많은 재물을 얻었지. 1402년에는 오스만 제국과 앙카라 전투를 벌여 술탄을 포로로 잡아 사망에 이르게 했고, 영국과 프랑스에 사절을 파견하기도 했지.

1405년에는 몽골족의 원나라를 무너뜨린 명나라에 복수하기 위해 출정했지만, 티무르가 원정 도중 병으로 사망하면서 계획은 중단됐어. 이후 티무르 제국은 점점 약해져 약 100년 뒤 멸망했지.

중세
No.095

천년의 요새를 무너뜨린 술탄
메흐메트 2세

지역 서아시아 생몰 1432~1481 재위 1451~1481(2차)

비잔티움 제국의 멸망

오스만 제국은 13세기 말, 오스만 1세가 아나톨리아 지역에 세운 나라야. 셀주크 튀르크가 약해지자, 유력한 부족장이었던 오스만 1세가 주변을 통합하며 힘을 키웠지.

술탄 메흐메트 2세는 어려서부터 정복을 꿈꿨어. 특히 동서 교통의 중심지이자 비잔티움 제국의 수도인 콘스탄티노폴리스 정복이 목표였지. 1453년, 그는 8만 명의 군대와 거대한 대포로 도시를 포위했고, 50일간의 치열한 공방 끝에 함락시켰어. 천 년 넘게 이어진 비잔티움 제국은 이렇게 사라졌고, 유럽의 역사는 중세를 끝내고 근대로 나아갔지.

이스탄불 건설과 로마 계승

메흐메트 2세는 콘스탄티노폴리스를 파괴하지 않고 수도로 삼았어. 이 도시는 이스탄불이라 불리며 무역과 문화의 중심지로 다시 태어났지. 그는 새로운 시대를 열었다는 의미의 '술탄 파티흐'라는 칭호로 잘 알려졌어.

메흐메트 2세는 유스티니아누스 황제 때 지은 성 소피아 성당을 이슬람 사원으로 바꿔 오스만 제국의 위엄을 보여 줬어. 이후 발칸반도와 흑해 일대를 정복하며 오스만 제국을 강대국으로 키웠지.

이란 제국을 부활시킨 왕
이스마일 1세

지역 서아시아 **생몰** 1487~1524 **재위** 1501~1524

시아파를 따르는 사파비 왕조

아케메네스 왕조 페르시아가 멸망한 뒤, 사산 왕조가 페르시아를 다시 강국으로 만들었지만, 이슬람 세력에 의해 무너지고 말았어. 이후 이란 지역에는 오랫동안 통일된 나라가 없었지. 그러다 1501년, 아제르바이잔 출신의 이스마일 1세가 등장해 주변의 작은 왕조들을 잇달아 정복하며 사파비 왕조를 세웠어. 이듬해 강력한 경쟁자였던 우즈베크족까지 물리치고, 이란, 아프가니스탄, 유프라테스강 지역까지 아우르는 대제국을 만들었지.

이 무렵 서아시아의 이슬람 제국인 오스만 제국과 티무르 제국은 수니파를 따르며 왕을 '술탄'이라 불렀지만, 사파비 왕조는 시아파를 국교로 삼고 왕을 '샤'라 불렀어. 이스마일 1세는 시아파의 첫 지도자였던 알리 이븐 아비 탈리브의 혈통을 이었다고 주장하며 종교적 정당성도 확보했어. 이 영향으로 이란은 지금까지도 이슬람 시아파의 중심 국가로 남아 있지.

찰디란 전투와 압바스 1세

사파비 왕조가 시아파를 앞세워 세력을 넓히자, 수니파를 따르던 오스만 제국과 충돌하게 됐어. 이스마일 1세가 오스만 제국 내 시아파를 도우며 반란을 부추기자, 두 나라는 전쟁을 벌였지. 1514년 찰디란 전투에서 이스마일 1세는 화약과 대포로 무장한 오스만 제국에 크게 패배했어.

이후 사파비 왕조는 한동안 약해졌지만, 1588년 압바스 1세가 왕이 되며 다시 강해졌어. 그는 수도를 이스파한으로 옮기고, 군사와 제도를 정비해 강력한 중앙 집권 체제를 만들었어. 오스만 제국과의 전쟁에서 승리해 잃었던 영토도 되찾았지. 하지만 압바스 1세 사후 사파비 왕조는 점차 약해졌고, 결국 18세기에 멸망했어.

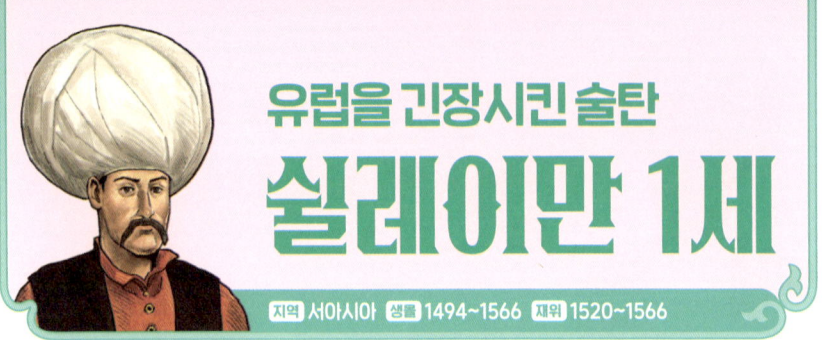

정복자 부자(父子), 아버지 셀림 1세

오스만 제국의 술탄, 쉴레이만 1세는 아버지 셀림 1세와 함께 이슬람 세계의 가장 위대한 정복자로 꼽혀. 셀림 1세는 1514년 찰디란 전투에서 사파비 왕조를 무찌르고 메소포타미아와 아르메니아를 정복했어. 이어 1517년에는 이집트 맘루크 왕조를 멸망시키고 메카와 메디나도 차지했지.

당시 이집트에 있던 칼리프가 셀림 1세에게 항복하면서, 오스만 제국의 술탄은 종교 지도자인 칼리프의 권한까지 가지게 돼. 원래 이슬람 세계에서 칼리프는 종교 지도자, 술탄은 정치·군사 지도자였어. 하지만 셀림 1세는 두 권력을 모두 손에 넣으며 종교와 정치를 함께 다스리는 존재가 된 거야.

아들 쉴레이만 1세가 이끈 오스만 제국 전성기

쉴레이만 1세는 1520년, 술탄이 되자마자 정복 전쟁에 나섰어. 먼저 베오그라드와 로도스섬, 헝가리를 정복했지. 그리고 두 차례에 걸쳐 합스부르크 오스트리아의 수도 빈까지 진격했지만, 점령에는 실패했어. 그래도 그는 오스만 제국의 영향력을 유럽 중심부까지 넓혀 유럽을 긴장시켰어.

쉴레이만 1세는 바다로도 눈을 돌렸어. 그리스 북서쪽 바다에서 유럽 연합 함대를 격파해 지중해를 장악했지. 육지에서는 사파비 왕조를 공격해 바그다드도 정복했어. 쉴레이만 1세 때 오스만 제국은 아시아, 유럽, 아프리카 세 대륙에 걸친 초강대국으로 성장했지.

쉴레이만 1세는 정복자일 뿐 아니라 '입법자'라는 별명도 가졌어. 법전을 정비하고 제도를 체계화해 제국을 안정시켰거든. 하지만 그의 사후 오스만 제국은 조금씩 쇠퇴하게 돼.

중세
No.098

황금을 뿌리고 다닌 황제
만사 무사

지역 아프리카　생몰 1312?~1337?

황금으로 번영한 말리 제국

만사 무사는 서아프리카 말리 제국의 9대 황제야. 이름에 붙은 '만사'는 황제를 뜻하지. 말리 제국은 13세기 초에 세워졌지만, 만사 무사가 다스리던 14세기에 가장 번성했어. 그때 말리 제국은 오늘날의 가나, 세네갈, 코트디부아르, 부르키나파소에 이르는 광활한 영토를 다스렸어.

이 넓은 땅에서 나온 건 바로 황금과 소금이었어. 말리 제국은 세계 황금 생산량의 절반 이상을 차지해 '황금의 제국'이라고 불렸지. 소금도 세계 공급량의 절반 이상을 차지했어. 덕분에 말리 제국은 엄청난 부자 나라가 되었지.

황금을 뿌리며 다녀온 메카 순례

이슬람교도는 평생에 한 번, 성지 메카를 순례하는 것을 소원이자 의무로 여겨. 독실한 이슬람 신자였던 만사 무사도 그렇게 여겼지. 1324년, 그는 무려 6만 명 규모의 순례단을 이끌고 메카로 출발했어. 낙타 500마리가 11톤의 황금을 실어 날랐지.

순례길에서 만사 무사는 가는 곳마다 황금을 아낌없이 나눠 줬어. 가난한 사람에겐 식량을 사라고, 종교 지도자에겐 사원을 지으라고 펑펑 뿌렸지. 그런데 너무 많이 뿌렸던 걸까? 황금이 너무 많이 풀리는 바람에 아프리카, 서아시아, 유럽까지 금값이 떨어지고 말았어.

순례를 마치고 돌아올 때 만사 무사는 학자와 건축가들을 데려와 수도 팀북투에 웅장한 이슬람 사원과 대학교, 도서관을 세웠지. 그 덕분에 팀북투는 문화와 학문의 도시로 발전했어. 만사 무사는 말리 제국의 전성기를 이끈 뒤 세상을 떠났지.

몽골계 무굴 제국의 창건자
바부르

지역 남아시아 생몰 1483~1530 재위 1526~1530

인도의 델리 술탄 시대

굽타 왕조가 무너진 뒤 인도는 여러 나라로 나뉘어 혼란스러웠어. 그러다 13세기, 아프가니스탄 출신의 아이바크가 인도 델리에 이슬람 왕국을 세우면서 변화가 시작됐지. 이렇게 인도에 이슬람 정권이 들어서게 되는데, 이를 '델리 술탄국'이라 불러.

이후 델리에는 다섯 개의 이슬람 왕조가 차례로 등장했고, 모두 수도를 델리에 두었어. 약 300년 동안 이어진 델리 술탄국 시대는 16세기 무굴 제국의 등장으로 막을 내리게 돼.

무굴 제국 건설

무굴 제국의 초대 황제 바부르는 티무르의 후손이야. 외가 쪽으로는 칭기즈 칸과도 이어져 있어. 그는 중앙아시아 티무르 제국의 유일한 왕자였지만, 권력 투쟁에 밀려 남쪽으로 전쟁을 벌이며 자신의 영토를 확보해 갔지. 카불을 점령하고, 인도 북부까지 밀고 내려왔어. 당시 인도에서는 델리 술탄국 시대의 마지막 왕조인 로디 왕조가 쇠약해지고 있었거든. 바부르는 이 기회를 틈타 1526년에 델리를 공격했고, 로디 왕조를 무너뜨려 무굴 제국을 세웠어. 티무르의 제국의 마지막 왕자가 무굴 제국의 창시자가 된 거야.

하지만 무굴 제국이 처음부터 완벽하게 북인도를 지배한 건 아니었어. 주변 민족의 반란이 끊이지 않았거든. 바부르는 이를 하나씩 진압하며 무굴 제국의 기틀을 다졌고, 이후 원정을 끝내고 카불로 돌아가던 중 47세에 세상을 떠났어. 그가 죽은 이후 무굴 제국은 더욱 강하게 성장했어.

무굴 제국 황금기 이끈 황제
아크바르

지역 남아시아 생몰 1542~1605 재위 1556~1605

무굴 제국의 대제

아크바르는 무굴 제국의 3대 황제야. 아버지 후마윤이 사고로 사망하면서 14세의 어린 나이에 황제가 되었지. 처음엔 아버지의 친구가 섭정을 맡았지만, 아크바르는 성인이 된 후 권력을 직접 장악했어. 그는 약 50년 동안 제국을 다스리며 제도를 정비하고 영토를 넓혀 '아크바르 대제'라고 불리게 되었지.

관용과 포용의 정치

아크바르는 수많은 정복 전쟁을 통해 인도 대부분 지역을 무굴 제국에 편입했어. 델리 서부의 라자스탄과 구자라트, 동쪽의 벵골을 정복했고, 북서쪽 카불 지역의 반란도 진압했지. 또 인도 남부로도 진출하며, 아크바르는 선대 바부르보다 더 뛰어난 정복자라는 평가를 받기도 해.

무굴 제국은 이슬람 국가였지만, 인도인 대다수는 힌두교를 믿었어. 아크바르는 종교 갈등을 막기 위해 관용 정책을 펼쳤지. 개종을 강요하지 않았고, 서로 다른 두 종교가 공존할 수 있도록 제도를 마련했어. 이 과정에서 시크교 같은 새로운 종교도 자리 잡았지. 덕분에 무굴 제국은 오랫동안 평화롭게 번영할 수 있었어.

중세
No.101

왕비를 너무 사랑한 황제
샤 자한

지역 남아시아 **생몰** 1592~1666 **재위** 1627~1658

왕비에 대한 지극한 사랑

무굴 제국의 황제 샤 자한은 세 번째 왕비 뭄타즈 마할을 깊이 사랑했어. 두 사람은 전쟁터에도 함께 다닐 만큼 서로를 의지했지. 하지만 그녀는 아이를 낳다가 세상을 떠났어. 큰 충격에 빠진 샤 자한은 아내를 위해 세상에서 가장 아름다운 무덤을 짓기로 했어. 그게 바로 세계적인 문화유산으로 꼽히는 타지마할이야.

타지마할과 샤 자한의 최후

타지마할은 2만 명이 넘는 인부가 22년에 걸쳐 지었어. 바닥에는 최고급 대리석을 깔고, 전 세계에서 들여온 보석으로 벽을 장식했지. 유럽 건축가까지 불러올 정도로 공들였어. 건축 양식도 독특해. 이슬람의 둥근 돔과 팔각형 기둥, 힌두교의 연꽃무늬 장식이 어우러졌고, 사방 어디서 봐도 완벽한 대칭을 이루지. 하지만 엄청난 공사 비용 때문에 백성들의 불만이 커졌어.

샤 자한과 아들 아우랑제브의 사이도 틀어졌어. 결국 아우랑제브가 반란을 일으켜 샤 자한을 가뒀지. 샤 자한은 타지마할이 보이는 방에서 9년을 쓸쓸히 지내다 세상을 떠났어. 죽은 뒤에는 사랑하는 왕비 곁에 함께 묻혔지.

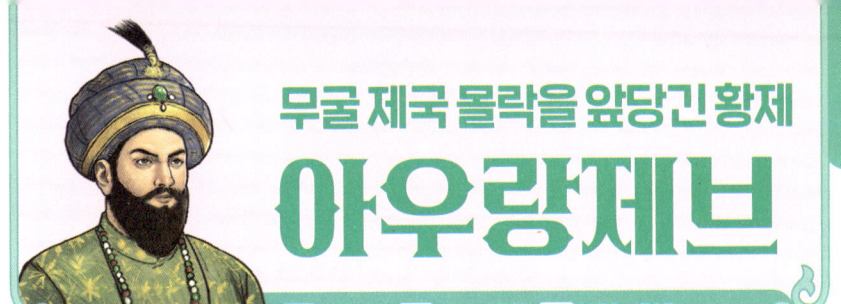

무굴 제국 몰락을 앞당긴 황제
아우랑제브

지역 남아시아 생몰 1618~1707 재위 1658~1707

형제와 아버지 꺾고 황제 즉위

아우랑제브는 샤 자한의 셋째 아들이었어. 황제 자리를 놓고 형들과 치열하게 다퉜고, 1658년, 내전 끝에 두 형을 모두 제거했지. 아우랑제브는 아버지 샤 자한까지 감금한 뒤 마침내 황제가 되었어.

영토 최대 확장, 좁아진 관용

아우랑제브는 정복 전쟁을 통해 인도 남부의 타밀 지방을 제외한 인도 대부분의 땅을 차지하면서 무굴 제국의 영토를 최대로 확장했어. 하지만 종교적 관용을 중시했던 아크바르 황제와 달리, 아우랑제브는 이슬람교 중심의 강경한 정책을 펼쳤지.

힌두교 사원과 학교를 폐지하고, 이슬람 외 종교인들에게는 인두세라는 세금을 부과했어. 이 때문에 곳곳에서 반란이 일어났지. 특히 힌두교도인 마라타족은 남부에 독립 왕국을 세웠고, 인도는 점점 분열되기 시작했지.

1700년, 아우랑제브는 마라타족을 정벌하려고 출정했지만, 6년간의 전쟁 끝에 실패하고 말았어. 그 뒤 얼마 지나지 않아 아우랑제브는 세상을 떠났고, 무굴 제국은 큰 혼란에 빠졌어.

대항해 시대를 연 개척자들

엔히크는 포르투갈의 왕자로, '항해왕'이라 불렸어. 직접 항해하진 않았지만, 탐험대를 후원해 아프리카 서해안을 탐사하게 했지. 그 덕분에 유럽의 바다 진출이 시작됐고, 신항로 개척 시대가 열렸어.

바르톨로메우 디아스는 1487년, 인도로 가는 항로를 찾기 위해 항해에 나섰어. 이듬해 아프리카 남단의 곶, 즉 '희망봉'에 도달했지만, 선원의 반대로 더 가지 못하고 귀환했어. 그래도 인도 항로 개척의 길을 연 중요한 항해였지.

바스쿠 다가마는 1497년, 탐험대를 이끌고 포르투갈을 출발해 희망봉을 돌아 아프리카 동해안을 따라 항해했어. 다음 해 마침내 인도 코지코드에 도착하여 유럽과 인도를 잇는 바닷길을 처음 열었어.

→ 바르톨로메우 디아스, 희망봉 발견(1488)　　→ 바스쿠 다가마, 인도 항로(1497)
→ 콜롬버스, 서인도 제도 도착(1492)　　→ 마젤란 일행, 세계 일주(1519~1522)

크리스토퍼 콜롬버스는 이탈리아 출신 항해사로, 1492년 인도에 가기 위해 스페인의 지원을 받아 대서양을 건너던 도중 아메리카에 도착했어. 그는 그곳을 인도라 착각하고 항해에 성공한 줄 알았지만, 자신이 신대륙을 발견했다는 건 생전에 깨닫지 못했어. 그의 항해는 유럽과 아메리카를 잇는 새로운 시대를 열었어.

페르디난드 마젤란은 1519년, 스페인에서 출발해 남아메리카 남단의 마젤란 해협을 지나 태평양에 진입했어. 그는 필리핀에서 전사했지만, 탐험대는 끝까지 항해해 인류 최초로 세계 일주를 완성했지.

오스만 제국　　명　　무굴 제국　　코지코드　　필리핀　　인도양　　희망봉

아메리고 베스푸치는 콜롬버스가 도착한 대륙이 인도가 아닌 신대륙이라고 주장했어. 그의 주장은 유럽에 큰 반향을 일으켰고, 1507년 신대륙은 그의 이름을 따 '아메리카 대륙'이라 불리게 됐지.

아메리카 문명의 학살자들

아스테카 문명

아스테카 문명은 14~16세기 멕시코 고원 일대를 지배한 강력한 제국이야. 1325년, 아스텍족이 멕시코 중앙 고원에 수도 테노치티틀란을 세우고, 주변을 정복하며 제국을 확장했어. 1500년경에는 멕시코 대부분을 지배했지. 하지만 1519년, 스페인의 에르난 코르테스가 황금을 찾아 아메리카에 도착하면서 운명이 달라졌어. 1521년, 아스테카는 수도가 함락되며 스페인 식민지로 전락했고, 화려한 문명은 역사 속으로 사라졌지.

아스테카 문명(현재의 멕시코시티 일대)

에르난 코르테스

에르난 코르테스는 스페인 출신의 군인으로, 1519년 황금을 찾기 위해 멕시코 유카탄반도에 상륙했어. 아스테카 왕 몬테수마 2세는 말을 탄 코르테스를 신으로 착각해 쉽게 수도를 내주었지.
그러나 코르테스는 이후 군대를 동원해 학살과 약탈을 자행했고, 몬테수마 2세는 죽고 말

앉어. 뒤이어 즉위한 왕들도 천연두와 전쟁으로 무너졌고, 코르테스는 1521년에 테노치티틀란을 완전히 점령했어. 불과 600명도 안 되는 병사들이 수백만 명이 사는 제국을 멸망시킨 거야.

잉카 문명

잉카 문명은 13세기 페루 쿠스코 지역에서 시작된 문명이야. 처음엔 작은 나라였지만, 15세기에는 에콰도르, 페루, 볼리비아, 칠레까지 넓어졌지. 정교한 도로망과 농업 기술, 중앙 집권적인 통치로 유명했어. 하지만 16세기 초, 왕위를 놓고 형제간 내전이 일어나 혼란에 빠졌어. 이때 스페인의 정복자 프란시스코 피사로가 침입했지.

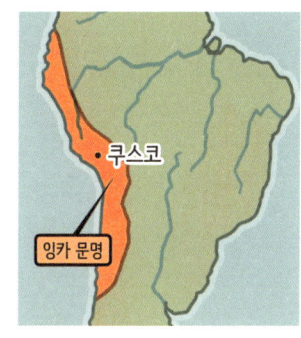
잉카 문명

프란시스코 피사로

프란시스코 피사로는 코르테스와 비슷한 시기에 활동한 스페인 출신 군인이야. 그는 스페인의 식민 도시였던 파나마의 관리가 됐고, 1531년, 탐험대를 이끌고 남아메리카로 원정을 떠났지.

그는 혼란에 빠진 잉카 왕국을 노렸어. 1532년에 잉카 왕국의 왕 아타우알파를 붙잡았지. 왕을 풀어 주는 조건으로 막대한 양의 금괴 은을 받았지만, 피사로는 약속을 어기고 왕을 처형했어. 그는 전투도 치르지 않고 수도 쿠스코를 점령했지. 이후 새로운 수도 리마를 세우고, 잉카 왕국을 스페인 식민지로 만들었어.

합스부르크 스페인 왕조의 시작

펠리페 2세는 신성 로마 제국의 황제이자 스페인의 왕이었던 카를 5세의 장남으로 태어났어. 카를 5세는 유럽을 지배한 합스부르크 왕조 출신으로 유럽 전역에 걸친 광대한 영토를 지배했지. 1556년, 카를 5세는 정계에서 물러나면서 오스트리아와 신성 로마 제국은 동생 페르디난트 1세에게, 스페인과 아메리카 식민지, 이탈리아 일부는 아들 펠리페 2세에게 물려주었지. 이때부터 합스부르크 스페인 왕조가 시작되었어.

해가 지지 않는 제국과 가톨릭 수호자

펠리페 2세는 1554년에 영국의 메리 1세와 결혼해 잠시 영국의 공동 군주가 된 적이 있어. 1580년엔 포르투갈 왕위까지 계승했지. 그의 제국은 스페인, 포르투갈, 이탈리아 일부 지역, 아메리카 식민지 심지어 동남아시아의 필리핀까지 이어져 늘 해가 지지 않았지.
펠리페 2세는 각 식민지에 총독을 파견하고, 왕권 중심의 절대 왕정을 강화했어. 또 독실한 가톨릭 신앙을 바탕으로 나라를 통치하며 유럽 가톨릭 세계의 수호자를 자처했지.

레판토 해전과 무적함대

당시 유럽은 이슬람 세계의 강국, 오스만 제국의 위협에 시달렸어. 오스만 제국은 지중해를 장악하며 호시탐탐 유럽 진출을 노리고 있었지. 펠리페 2세는 1571년 교황과 함께 유럽 가톨릭 연합 함대를 꾸려 그리스 레판토 앞바다에서 오스만 제국과 맞서 싸웠어.
그 결과 유럽 가톨릭 연합군이 승리했고, 오스만 제국은 지중해 패권을 잃었어. 이 승리를 계기로 펠리페 2세는 '무적함대'라 불리는 강력한 해군을 조직했고, 이는 스페인의 자부심 그 자체가 되었지.

네덜란드 독립 전쟁

하지만 펠리페 2세의 강압적 종교 정책이 문제가 됐어. 1568년, 신교도가 많았던 당시 스페인의 식민지 네덜란드의 북부 7개 주에서 네덜란드 독립전쟁이 시작됐어. 스페인은 무적함대를 보내 진압하려 했지만 실패했지.

1581년, 결국 네덜란드 북부는 네덜란드 연방 공화국을 세웠어. 전쟁은 계속되다 1648년 베스트팔렌 조약으로 네덜란드의 독립이 공식 인정받았어. 남부는 여전히 스페인의 식민지로 남았고, 훗날 벨기에가 되었지.

칼레 해전과 무적함대의 몰락

네덜란드 독립 전쟁이 한창인 1588년에 펠리페 2세는 영국을 공격하기 위해 무적함대를 보냈어. 영국이 네덜란드 독립 전쟁을 지원하고, 스페인의 무역을 방해했기 때문이야.

하지만 칼레 앞바다에서 벌어진 해전에서 무직힘대는 크게 패배했어. 천하무적이라 불리던 함대가 무너졌고, 재정난까지 겹치며 스페인은 쇠퇴하기 시작했지. 이어 영국과 네덜란드가 새 강국으로 떠오르게 돼.

파괴된 스페인의 무적함대를 묘사한 그림

중세
No.104

영국을 번영시킨 여왕
엘리자베스 1세

지역 유럽 **생몰** 1533~1603 **재위** 1558~1603

인물 한마디 "짐은 국가와 결혼했다."

힘겨웠던 어린 시절과 즉위

엘리자베스 1세는 헨리 8세와 그의 두 번째 부인인 앤 불린 사이에서 태어났어. 하지만 어머니가 아들을 낳지 못한다는 이유로 처형당하며, 엘리자베스는 어릴 때부터 외면받았지. 왕위 계승권도 잃고, 쓸쓸한 어린 시절을 보냈어. 그러다 아버지와 왕위 계승자인 이복 남동생이 잇달아 세상을 떠났어. 새롭게 여왕이 된 이복 언니 메리 1세마저 사망하면서 1558년, 결국 엘리자베스 1세가 영국 여왕 자리에 앉게 되었지.

영국을 안정시킨 여왕

엘리자베스 1세 즉위 당시 영국은 가톨릭과 신교(개신교)의 갈등이 심했어. 아버지 헨리 8세가 생전에 영국 국교회를 설립했는데, 이복 언니 메리 1세가 왕이 되자 국교를 가톨릭으로 돌려 놨거든. 엘리자베스 1세는 영국 국교회를 다시 영국의 국교로 선언하면서 종교 문제를 말끔히 해결했어.
또 화폐를 통일하고, 서민을 위한 개혁 정책도 펼쳤어. 덕분에 영국은 정치적으로, 경제적으로 점차 안정되었고, 빠르게 성장하기 시작했어.

식민지 개척과 해적 후원

엘리자베스 1세는 해외 식민지 개척에도 힘을 쏟았어. 1583년, 영국은 캐나다 세인트존스에 식민지를 세웠고, 이듬해 미국 동부의 노스캐롤라이나 지역에도 '버지니아'라는 식민지를 세웠어. '버지니아'라는 이름은 평생 결혼하지 않은 여왕인 엘리자베스 1세를 기리기 위해 붙인 거였지. 그녀는 나라를 다스리는 데만 몰두했거든.

또 엘리자베스 1세는 스페인의 무역을 방해하고, 부족한 국고를 보충하기 위해 해적을 적극 후원했어. 특히 프랜시스 드레이크라는 해적이 스페인의 무역선을 습격하고, 스페인의 아메리카 식민지를 약탈해 엄청난 보물을 가져왔지. 드레이크가 탈취한 금은보화 중 일부는 엘리자베스 여왕이 국고에 넣었어. 이로써 잉글랜드는 큰 이익을 얻었지. 페루와 칠레에서 가져온 금은보화만 해도 배가 한가득 찰 정도였으니까.

드레이크는 스페인 함선과 식민지를 공격하며 태평양과 인도양을 돌아 영국으로 돌아왔고, 세계 일주에 성공한 첫 영국인이 되었어. 여왕은 드레이크에게 기사 작위를 하사하며 '해적왕'으로 만들었지.

칼레 해전과 동인도 회사 건설

영국 해군은 1588년, 칼레 앞바다에 쳐들어온 스페인의 무적함대를 격파했고, 드레이크는 이 전투에서 큰 공을 세웠어. 칼레 해전의 승리로 영국이 새로운 해상 강국으로 떠올랐지.

엘리자베스 1세는 아시아 무역에도 관심이 많았어. 1600년, 그녀는 인도 무역을 진행하는 동인도 회사의 설립을 허가하고, 여기에 후추와 차 같은 귀한 물품을 독점 유통할 권한을 주었지.

프랜시스 드레이크

절대 왕정의 상징, 태양왕
루이 14세

지역 유럽 생몰 1638~1715 재위 1643~1715

인물 한마디

"짐이 곧 국가다."

프랑스 절대 왕정의 상징

루이 14세는 프랑스 부르봉 왕조의 3대 왕이자 절대 왕정을 상징하는 인물이야. 그는 '태양왕'이라는 별명처럼, 왕의 권력이 태양처럼 밝게 빛나야 한다고 믿었지. 다섯 살에 왕위에 올랐는데, 어려서 재상이 정치를 대신했어. 성인이 된 후 직접 정치를 시작한 루이 14세는 재상 제도를 없애고 모든 권력을 자기 손에 집중시켰지. 지방 관리도 직접 임명해 왕의 뜻을 철저히 따르게 했고, 종교의 자유를 보장했던 낭트 칙령을 없애며 가톨릭만 인정한다고 폭탄 선언을 했어.

베르사유 궁전 건립과 귀족 통제

루이 14세는 절대 권력을 가진 자신에게 어울리는 궁전을 새로 짓기 시작했어. 바로 화려하고 거대한 베르사유 궁전이야. 1682년에 완공된 이 궁전은 황금 장식과 아름다운 정원, 거울의 방 등으로 유명했어. 궁전 면적보다 정원 면적이 더 넓다고 해. 루이 14세는 궁전으로 귀족들을 불러 모아 성대한 파티를 열었는데, 이건 치밀한 정치 전략이었어. 귀족들을 가까이서 쉽게 감시할 수 있고, 그들은 왕의 총애를 얻기 위해 끝없는 충성 경쟁을 벌이니까 말이야.

반면 백성들은 가난에 허덕였고, 이런 갈등은 나중에 프랑스 혁명의 원인이 돼.

베르사유 궁전 내부 거울의 방

온 유럽을 상대로 전쟁

루이 14세는 땅 욕심이 커서 전쟁을 자주 일으켰어. 그래서 유럽의 여러 나라들이 프랑스의 팽창을 막기 위해 동맹을 맺고 맞서 싸우게 됐지.

1667년, 프랑스는 스페인령 플랑드르(오늘날 벨기에)를 침공했지만, 영국과 스웨덴의 견제로 1년 만에 철수했어. 1672년에 프랑스는 네덜란드를 직접 공격했지. 이번에는 독일, 스페인, 영국과 맞서 6년간 싸웠는데 성과 없이 끝났어. 그런데도 루이 14세는 멈추지 않았어. 1688년, 독일 팔츠 공국의 계승자가 끊겼다는 소식에 그는 또 전쟁을 일으켰지만, 이번에도 많은 피해만 입은 채 끝났어.

1701년에는 합스부르크 스페인 왕이 후계자 없이 죽자, 루이 14세가 자신의 손자를 왕으로 세우려 했어. 그러나 프랑스가 스페인과 스페인의 막대한 식민지를 차지하도록 다른 유럽 나라들이 내버려 둘 리가 없지. 유럽은 다시 전쟁에 휘말렸어. 13년 동안 이어진 스페인 왕위 계승 전쟁은 프랑스에 엄청난 전쟁 비용을 남겼고, 심각한 재정 위기를 초래했어.

북아메리카까지 번진 전쟁

루이 14세의 전쟁은 유럽에서만 끝나지 않았어. 북아메리카 식민지에서는 영국과 충돌이 이어졌지. 프랑스가 유럽에서 싸우는 동안, 식민지에서 두 나라 군대가 부딪혔어.

프랑스는 유럽 전쟁 비용도 부담하기 벅찬데, 북아메리카 전선까지 생기며 나라 살림이 더 어려워졌지. 이렇게 이어진 전쟁들로 인한 재정난도 훗날 프랑스 혁명의 원인 중 하나가 돼. 루이 14세는 사치스러운 궁정 생활과 수많은 전쟁으로 프랑스를 여러모로 힘들게 만든 채 세상을 뜨고 말아.

 **패션 아이템, 하이힐**

하이힐은 원래 남성들의 패션 아이템이었어. 17세기 유럽 귀족들은 키를 커 보이게 하고, 권위를 드러내기 위해 신었지. 루이 14세는 빨간 밑창 하이힐을 왕권의 상징으로 삼았고, 사냥복이나 군복에도 매치했어.

절대 왕정과 중상주의

절대 왕정

절대 왕정은 왕의 권력이 절대적으로 강한 정치 형태야. 16~18세기 유럽에서 나타났어. 왕은 자신의 명령만 따르는 상비군을 만들었고, 귀족들이 군대를 거느리는 걸 금지했어.

이 시기에 무역과 산업으로 부를 쌓은 상업 자본가가 새로 등장했어. 이들은 왕에게 충성했고, 왕은 이들을 보호하며 새로운 경제 질서를 만들었지.

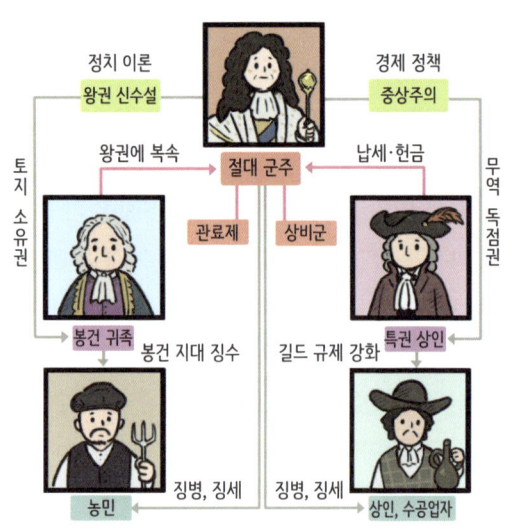

절대 왕정과 중상주의

대표적인 군주들

스페인의 펠리페 2세는 무적함대를 만들어 유럽 최강국이 되었지만, 1588년 영국과의 칼레 해전에서 패하며 쇠퇴했어.

영국의 엘리자베스 1세는 강력한 해군으로 스페인을 꺾고, 북아메리카와 아시아에 식민지를 세우며 새로운 해양 강대국으로 떠올랐지.

루이 14세

프랑스에서는 루이 14세가 절대 왕정을 절정으로 이끌었어. 그는 강력한 왕권을 행사했고, 화려한 베르사유 궁전을 지어 왕실의 위엄을 뽐냈어.

중상주의와 해외 무역 전쟁

절대 왕정 시대의 유럽 군주들은 중상주의라는 경제 정책을 추진했어. 중상주의는 금과 은을 많이 보유할수록 나라가 부강하다고 보고, 나라의 금고를 가득 채우는 것을 목표로 삼는 경제 정책이야.

그래서 유럽 각국은 식민지를 개척하고 무역을 장려했어. 영국은 1651년, 항해 조례를 발표해 영국 선박만 자국 무역에 참여하도록 했고, 이 법 때문에 당시 해상 무역 강국이었던 네덜란드는 큰 타격을 입었지.

프랑스에선 루이 14세 때 재무 장관 콜베르가 중상주의를 추진했어. 수입품에 높은 관세를 매기고, 국내 제조업을 보호하며 고급 제품을 유럽 전역에 수출했지.

이런 정책들로 유럽 국가들은 해외 무역과 식민지 확보를 두고 경쟁하게 되었고, 결국 여러 차례 전쟁으로까지 이어졌어. 절대 왕정과 중상주의는 유럽을 성장시켰지만, 지나친 전쟁과 과도한 지출 때문에 결국 쇠퇴하고 말았어.

중상주의 구조

중세
No.106

프로이센을 이끈 계몽 군주
프리드리히 2세

지역 유럽 **생물** 1712~1786 **재위** 1740~1786

국민을 위해 봉사한 왕

프리드리히 2세는 '프리드리히 대왕'으로도 불리는 프로이센의 왕이야. 그는 자신을 '국가 제1의 머슴'이라 부르며 국민을 위해 봉사하는 왕이 되겠다고 선언했어. 프로이센은 원래 작은 공국이었지만, 프리드리히 2세 때 유럽의 강대국으로 성장했지.

그는 철학자 볼테르와 토론을 즐길 만큼 학식이 뛰어났고, 경제와 행정 개혁도 추진했어. 한편으로는 강한 군대를 키워 전쟁으로 나라를 넓히는 데도 힘썼지.

슐레지엔 전쟁과 7년 전쟁

1740년, 오스트리아에서 황제 계승 문제가 생기자 프리드리히 2세는 천연자원이 풍부한 슐레지엔 지역을 기습 공격해 차지했어. 1756년, 이에 반발한 오스트리아가 프랑스, 러시아와 동맹을 맺어 다시 슐레지엔을 빼앗으려 하면서 전쟁이 7년이나 이어졌지.

프로이센은 큰 위기에 몰렸지만, 친 프로이센

성향의 새 러시아 황제가 즉위하면서 분위기가 반전됐고, 결국 전쟁에서 이겨 슐레지엔을 확실히 차지하게 되었어. 이후에는 러시아, 오스트리아와 함께 폴란드 영토를 세 차례에 걸쳐 나눠 가지며 영토를 더 넓혔어.

중세
No.107

오스트리아 안정을 이끈 여왕
마리아 테레지아

지역 유럽 생몰 1717~1780 재위 1740~1780

오스트리아 왕위를 지켜 낸 여왕

18세기 합스부르크 오스트리아는 유럽 여러 나라를 다스리고 있었어. 1740년, 가문의 수장이자 신성 로마 제국의 황제 카를 6세가 후계자 없이 사망하자, 장녀 마리아 테레지아가 왕위를 이어받게 되었지. 하지만 주변 나라에서 여자가 왕이 되는 걸 반대하며 오스트리아 왕위 계승 전쟁이 벌어졌어. 이 전쟁에서 슐레지엔 지역을 프로이센에 빼앗겼지만, 테레지아는 헝가리 귀족들의 지지를 얻어 오스트리아 왕위를 지켜 냈지.

다만 신성 로마 제국의 황제 자리는 여성이 맡을 수 없어서, 남편 프란츠가 대신 즉위했어. 그러나 실제 권력은 테레지아가 쥐었지.

개혁을 추진

테레지아는 곧바로 개혁을 추진했어. 유럽 최초로 모든 국민이 초등 교육을 받도록 하고, 군대와 행정 제도를 정비했지. 세계 최초의 육군 사관 학교도 세웠고, 법과 세금 제도도 체

계적으로 바꾸었어. 그리고 주변 강대국들이 폴란드를 나눠 가질 때, 오스트리아도 참여하며 국익을 지켰지. 그녀의 노력 덕분에 오스트리아는 안정을 되찾았고, 유럽에서 중요한 나라로 자리 잡을 수 있었어.

중세
No.108

러시아를 강하게 만든 황제
표트르 대제

지역 유럽 생몰 1672~1725 재위 1721~1725(황제)

남쪽 바다로의 진출과 서구식 개혁

표트르 1세는 따뜻한 남쪽 바다로 진출하고 싶었어. 하지만 그 길목은 오스만 제국이 막고 있었지. 1696년, 그는 돈강 하구의 아조프 요새를 점령하며 오스만 제국을 밀어냈어. 비록 나중에 다시 빼앗기긴 했지만, 남쪽 진출의 발판은 마련한 셈이었지.

그는 러시아가 발전하려면 서유럽을 따라야 한다고 생각했어. 그래서 사절단과 함께 서유럽 여러 나라를 돌며 조선술과 군사 기술을 익혔지. 돌아와서는 귀족들의 긴 수염을 자르고 서양식 옷을 입히며 행정도 최신식으로 바꿔 러시아를 강력한 나라로 만들었어.

북방 전쟁과 상트페테르부르크 건설

표트르 1세는 북쪽 발트해로도 진출하고 싶었지만, 그 바다는 북유럽 강국 스웨덴이 차지하고 있었어. 1700년, 그는 폴란드, 프로이센과 함께 스웨덴에 맞서 북방 전쟁을 일으켰지.

전쟁 중엔 발트해 연안에 상트페테르부르크를

세우고 러시아의 새 수도로 삼았어. 1721년, 러시아가 승리하며 발트해 진출에 성공했고, 유럽의 신흥 강대국으로 떠올랐지. 이 업적을 기려 그는 '표트르 대제'라고도 불려.

러시아 황제가 된 독일 여성
예카테리나 2세

지역 유럽 생몰 1729~1796 재위 1762~1796

독일 공주, 러시아 황제로 즉위

예카테리나 2세는 독일에서 태어난 작은 나라의 공주였어. 러시아의 황태자 표트르 3세에게 시집오며 러시아 로마노프 왕조에 들어왔지. 하지만 남편은 무능했고, 러시아 귀족들에게 인기도 없었어. 게다가 러시아의 차기 황제가 될 사람이 적국인 프로이센을 더 좋아했지.

1762년, 예카테리나 2세는 남편이 황제가 된 지 1년도 안 돼 쿠데타를 일으켰어. 남편을 몰아내고 스스로 러시아 황제가 되었지. 그녀는 즉위 초반에 계몽 군주로서 개혁을 펼쳤어. 하지만 1789년에 프랑스 혁명이 일어나자 혁명 사상이 러시아로 퍼질까 봐 걱정하며 오히려 귀족들의 권한을 강화했지.

영토 확장과 폴란드의 비극

예카테리나 2세는 표트르 대제처럼 남쪽으로 진출하려 했어. 결국 1768년, 오스만 제국과 전쟁을 벌였지. 이 전쟁은 8년 동안 이어졌고, 러시아가 압승을 거두며 흑해 북동부와 크림반도를 차지했어. 러시아는 이후 19세기까지 오스만 제국을 계속 압박했지.

그녀는 폴란드에도 손을 뻗었어. 1772년, 예카테리나 2세가 자기 측근을 폴란드 왕에 앉히려 하자, 프로이센의 프리드리히 2세와 오스트리아의 마리아 테레지아가 나서서 폴란드를 함께 나눠 가졌지. 이게 제1차 폴란드 분할이야. 이후 폴란드에서도 혁명의 기운이 돌자, 예카테리나 2세는 다시 프로이센과 손잡아 폴란드의 영토를 추가로 빼앗았어. 결국 1795년 제3차 분할이 끝난 이후 폴란드는 지도에서 완전히 사라지고 말았지.

계몽 사상가들

17~18세기 유럽에선 인간의 이성과 합리를 중시하는 계몽사상이 퍼졌어. 신이 아닌 인간의 이성으로 세상을 이해하자는 사상이었지. 이 사상은 프랑스 혁명에 큰 영향을 줬어.

존 로크

영국의 철학자 존 로크는 계몽사상의 원조로 꼽혀. 그는 국가는 국민을 지킨다는 계약을 맺었을 뿐, 국민을 강제로 복종시켜선 안 된다고 봤지. 주권은 국민에게 있고, 법에 따라 통치해야 하며, 개인의 자유와 권리를 가장 중요하게 생각했어. 그의 사상은 미국 혁명에도 큰 영향을 줬어.

토머스 홉스

영국의 철학자 토머스 홉스는 조금 달랐어. 그는 인간은 본래 이기적이라 자기 이익 때문에 다른 사람과 싸우고, 이 싸움을 말리지 않으면 사회가 엉망이 된다고 봤지. 그래서 강력한 국가와 왕이 필요하다고 주장했어. 다만 무조건적인 왕의 권력에는 반대했어.

볼테르

프랑스의 철학자 볼테르는 영국의 시민 혁명에서 감명받아 《철학 서간》을 썼어. 낡은 체제에서 벗어나지 못하는 프랑스를 신랄하게 비판해서 프랑스에서 금서가 되었지만, 그의 사상은 온 유럽에 퍼졌고, 결국 혁명의 불씨가 되었지.

샤를 몽테스키외

몽테스키외는 프랑스 출신의 법관이야. 저서 《법의 정신》에서 삼권 분립을 주장했지. 국가 권력을 입법(의회), 행정(정부), 사법(법원)으로 나눠 서로 견제하게 해야 개인의 자유를 지킬 수 있다고 본 거야. 이 사상은 나중에 미국 헌법에 실현됐어.

장 자크 루소

루소는 프랑스 계몽사상의 정점을 찍은 철학자야. 저서 《사회 계약론》에서 국민이 국가의 주인이고, 왕은 국민의 자유와 평등을 지켜야 한다고 강조했어. 《에밀》에선 교육을 통해 자유로운 인간을 키워야 한다고 주장했지. 그의 사상은 프랑스 혁명에 가장 큰 영향을 줬어.

《백과전서》 출간

1772년, 볼테르, 몽테스키외, 루소 등 184명의 프랑스 계몽사상가들이 21년 동안 힘을 모아 《백과전서》를 완성했어. 이들은 '백과전서파'로 불려. 자유, 평등, 민주주의 같은 새로운 사상을 담았지. 이 책은 프랑스 혁명의 정신적 뿌리가 되었어.

자리에 모인 백과전서파

과학 혁명을 빛낸 인물들

17~18세기 유럽에서 과학 혁명이 일어났어. 사람들은 자연과 우주를 신의 뜻이 아니라, 이성과 실험을 통해 이해해야 한다고 생각했어. 과학 혁명은 이후 산업 혁명의 토대가 되었지.

코페르니쿠스

코페르니쿠스는 1543년 저서《천체의 회전에 관하여》에서 지구가 태양 주위를 돈다는 지동설을 주장했어. 지구가 우주의 중심이라는 천동설을 뒤집는 획기적인 발상이었지. 교황청은 그의 사상을 이단으로 보고 책을 금서로 지정했고, 이 책은 19세기 초가 되어서야 금서에서 해제됐어. 지동설은 이후 '코페르니쿠스적 전환'이라는 표현이 생겨났을 만큼 사고방식에 큰 변화를 준 이론이었지. 획기적으로 발상을 바꿀 때 이 말을 사용해.

갈릴레이

갈릴레이는 망원경을 개량해 천체를 직접 관측하며 코페르니쿠스의 지동설을 뒷받침한 이탈리아 출신의 과학자야. 그는 1632년, 저서《대화》에서 지동설을 주장했다가 교황청 종교 재판에 회부되어 무릎을 꿇고 주장을 철회해야 했지.
이때 갈릴레이가 "그래도 지구는 돈다."라고 중얼거렸다는 이야기도 있는데, 그가 무척 억울했던 건 사실이야.

케플러

독일의 천문학자 케플러는 코페르니쿠스의 지동설을 발전시켰어. 그는 지구도 행성 중 하나라는 전제 아래, 태양 주위를 도는 행성의 궤도가 원이 아닌 타원임을 밝혔지. 이를 포함한 행성 운동 법칙 3가지를 정리했어. 이 내용은 《신천문학》과 《우주의 조화》에 담겨 있어.

윌리엄 하비

영국의 의학자 윌리엄 하비는 심장에서 나온 혈액이 온몸을 돌고 다시 심장으로 돌아온다는 혈액 순환 이론을 입증했어. 또 모든 생명은 신이 창조하는 게 아닌 알에서 시작된다고 주장하면서 근대 생물학의 기초를 닦았지.

아이작 뉴턴

영국의 과학자 아이작 뉴턴은 물체와 물체 사이에는 끌어당기는 힘인 만유인력이 존재한다는 사실을 밝혔어. 이 힘 덕분에 사람이 땅 위에 서 있고, 사과가 나무에서 떨어진다고 과학적으로 설명할 수 있었지. 이 이론은 근대 물리학의 출발점이 되었어.

최초로 처형당한 영국 왕
찰스 1세

지역 유럽　**생몰** 1600~1649　**재위** 1625~1649

왕권신수설과 독재 정치

1603년, 엘리자베스 1세가 후계자 없이 사망했어. 영국 의회는 그녀와 혈통이 가까운 스코틀랜드의 왕 제임스 1세를 영국 왕으로 세웠지. 그는 "왕의 권력은 신에게서 받았다."는 왕권신수설을 주장하고, 의회를 무시하며 독단적인 통치를 했어.

그의 아들 찰스 1세도 마찬가지였지. 전쟁 자금이 필요했던 그는 의회의 동의 없이 세금을 강제로 거두려 했고, 이를 반대하는 의원들을 감옥에 가두기도 했어.

권리 청원과 청교도 혁명

1628년, 의회는 '의회 동의 없이 세금을 걷을 수 없다.'는 권리 청원을 발표했어. 찰스 1세는 마지못해 서명했지만, 곧 의회를 해산해 버렸지. 그러나 돈이 부족해지자 11년 만에 다시 의회를 소집했어. 이번엔 의회에서 왕권 제한 요구가 나왔고, 찰스 1세는 또 의원들을 탄압했지. 결국 의회와 왕실 사이에 내전이 벌어졌어. 패배한 찰스 1세는 스코틀랜드로 도망치려 했지만, 체포되어 1649년에 반역죄로 처형됐지. 영국 역사상 국왕이 공개 처형된 것은 찰스 1세가 처음이었고, 이 사건을 계기로 "왕도 법 위에 있지 않다."는 전통이 만들어졌어.

북아메리카로 간 청교도

청교도는 영국 국교회를 개혁하려 한 신교도 집단이야. 1620년, 제임스 1세의 탄압을 피해 일부 청교도들이 종교의 자유를 찾아 메이플라워호를 타고 아메리카로 건너갔지. 이들은 매사추세츠주에 정착해 자치 규범을 마련했어.

영국 왕정을 무너뜨린 지도자
올리버 크롬웰

지역 유럽 생몰 1599~1658

청교도 혁명의 영웅

올리버 크롬웰은 청교도 혁명 당시 의회파를 이끈 지도자야. 처음엔 왕실 쪽이 우세했지만, 크롬웰이 철기군을 만들어 전세를 뒤집었지. 철기군은 신앙심이 깊고 전투력도 뛰어났어. 특히 1645년 네이즈비 전투에서 큰 활약을 해 승기를 잡았지.

결국 찰스 1세는 반역죄로 처형됐고, 이후 크롬웰은 왕정을 폐지하고 영국 최초의 공화정을 세웠어.

독재자로 변한 개혁가

처음엔 청렴했던 크롬웰은 점점 독재자가 되어 갔어. 술, 연극, 스포츠까지 금지했고, 1653년에는 의회를 해산해 스스로 '호국경'이 되었지. 왕은 아니었지만 사실상 왕처럼 굴었어.

또 항해 조례를 내놓아 영국 배만 영국 항구에 들어오게 했고, 식민지의 주요 상품은 영국에만 팔 수 있게 했어. 이 때문에 무역 강국 네덜란드와 전쟁이 벌어졌지만, 영국이 이겨 해상 패권을 잡았어.

1660년, 크롬웰 사후 혼란을 끝내려던 의회는 찰스 1세의 아들 찰스 2세를 왕으로 불러들였어. 영국은 다시 왕정 시대로 돌아갔지.

왕권 제한한 명예혁명 부부
메리와 윌리엄

지역 유럽 재위 1689~1694(메리), 1689~1702(윌리엄)

왕정 복귀와 명예혁명의 서막

1685년, 찰스 2세의 뒤를 이어 동생 제임스 2세가 왕이 되었어. 그는 친가톨릭 정책을 펼치며 영국 의회와 갈등을 벌였지. 하지만 진짜 위기는 제임스 2세에게 후계자인 아들이 태어나면서 찾아왔어. 원래는 개신교로 자란 딸이 왕위를 이을 줄 알았는데, 왕위를 물려받을 아들이 가톨릭 신앙을 가지게 되면 가톨릭 왕조가 이어질지도 모른다는 불안감이 커졌던 거야. 결국 영국 의회는 새로운 개신교 왕을 세우기로 했지.

마침 네덜란드에 적임자가 있었어. 바로 제임스 2세의 딸, 메리였지. 개신교 신자 메리는 네덜란드의 빌럼 오라녜 공과 결혼해 네덜란드에 살고 있었어. 의회는 메리와 그녀의 남편에게 영국의 왕이 되어 달라고 요청했어.

권리 장전과 명예혁명

1688년, 메리와 빌럼은 네덜란드 군대를 이끌고 영국으로 진격했어. 영국 왕실 군대는 제대로 싸우지 못했고, 제임스 2세는 프랑스로 도망쳤지. 피를 거의 흘리지 않고 왕이 교체된 이 사건을 '명예혁명'이라 불러.

이제 영국의 왕좌는 메리와 빌럼 부부의 것이 되었어. 이들은 메리 2세와 윌리엄 3세가 되었지. 의회는 부부에게 왕권을 제한하는 권리 장전이라는 문서에 서명할 것을 요구했어. 부부는 여기에 서명한 후, 공동 왕위에 올랐지.

명예혁명 이후, 영국에서는 법을 만들고 세금을 부과하는 권한이 완전히 의회로 넘어갔어. 왕은 의회의 결정 없이 독단적으로 나라를 다스릴 수 없게 되었지. 이렇게 왕은 존재하지만, 법 위에 군림할 수 없는 정치 체제를 입헌 군주제라고 해.

영국의 의회 민주주의

왕의 권력을 제한한 첫 문서, 대헌장

1215년, 잦은 전쟁으로 세금을 늘린 영국의 존 왕에 맞서 귀족들이 반란을 일으켰어. 왕은 권력을 제한하는 대헌장(마그나카르타)에 서명해야 했지. 이 문서는 귀족의 권리를 지키기 위한 것이었지만, 왕의 권력을 법으로 제한한 첫 사례야. 이후 입헌 정치 발전에 큰 영향을 미쳤지.

왕의 독재를 막기 위한 권리 청원

1620년대, 찰스 1세는 의회의 동의 없이 세금을 걷고, 군대를 민가에 들이며 독재 정치를 했어. 이에 맞서 1628년, 의회는 권리 청원을 통해 왕의 권력을 제한했지. 왕이 마음대로 세금을 걷거나 국민을 체포하지 못하도록 한 거야.

절대 왕정을 끝낸 권리 장전

1689년, 영국 의회는 제임스 2세를 몰아내고 메리 2세와 윌리엄 3세를 공동 왕으로 세웠어. 이들은 왕이 되기 진 권리 장전에 서명했지. 이후 영국은 입헌 군주제로 바뀌었고, 왕은 법과 의회 아래에서만 통치할 수 있게 됐어. 이 변화는 훗날 미국의 독립 선언과 프랑스 혁명에 큰 영향을 주었지.

영국의 의회, 웨스트민스터 궁전

민주주의 미국의 첫 대통령
조지 워싱턴

지역 아메리카 생몰 1732~1799 임기 1789~1797

북아메리카에 식민지를 세운 유럽

1492년, 콜럼버스가 아메리카 항로를 개척한 뒤, 유럽 여러 나라가 북아메리카에 식민지를 세우기 시작했어. 스페인은 남아메리카와 멕시코를 차지했고, 프랑스는 캐나다와 루이지애나를 식민지로 삼았지. 영국은 1607년 버지니아를 시작으로 13개 식민지를 건설해 북아메리카 동부에서 가장 강한 영향력을 가졌어. 그리고 조지 워싱턴은 영국 식민지였던 버지니아에서 태어났지.

보스턴 차 사건과 미국 독립 혁명의 시작

조지 워싱턴은 어렸을 때부터 민병대로 활동했고, 정치에도 관심이 많았어. 당시 영국은 식민지에 마음대로 세금을 매기고 억압적인 정책을 펼쳤는데, 워싱턴은 영국에 맞서 세금 폐지 운동과 영국 상품 불매 운동을 벌였지.
그러던 1773년 어느 날, 식민지 주민들이 영국에 들고일어났어. 보스턴항의 영국 동인도 회사 선박 위에서 차 상자들을 바다에 던지는 '보스턴 차 사건'을 일으켰지. 영국은 보스턴항을 봉쇄했고, 가담자에게 강한 처벌을 내렸어. 13개 식민지 대표들은 제1차 대륙 회의를 열고 대책을 논의했지만, 갈등은 풀리지 않았지. 결국 1775년, 매사추세츠주 렉싱턴에서 영국을 상대로 최초의 전투가 벌어지면서 미국 독립 전쟁이 시작되었어. 1776년 제2차 대륙 회의가 열려 독립 혁명군이 조직됐고, 워싱턴이 총사령관으로 임명됐지.

미국 독립 선언과 전쟁의 승리

1775년 7월 4일, 제2차 대륙 회의에서 '미국 독립 선언'이 발표되었어. 하지만 독립은 선언만으로 끝나지 않았지.
이후 몇 년 동안 미국과 영국 사이에 치열한 전쟁이 벌어졌고, 초반에는 영국군이 우세했어. 그러다 1781년 워싱턴이 버지니아 요크타운에서 결정적인 승리를 거두었어.

워싱턴은 프랑스군과 힘을 합쳐 영국이 장악하고 있던 요크타운 요새를 포위했고, 한 달 동안 밀어붙였지. 결국 영국군은 항복했고, 1783년에 파리 조약이 체결되며 미국은 독립을 국제적으로 인정받았어.

헌법 제정 후 대통령 취임

전쟁이 끝난 뒤, 워싱턴은 훌훌 털고 고향으로 돌아갔지만, 새 정부를 수립하기 위해 다시 나서야 했어.

1787년, 헌법을 만들기 위해 제헌 의회가 열렸고, 워싱턴은 의장으로 참여했어. 이 회의에서 입법부, 행정부, 사법부로 권력을 나눈 삼권 분립 원칙이 포함된 미국 연방 헌법이 완성되었어.

1789년, 워싱턴은 국민들의 압도적인 지지로 미국의 초대 대통령이 되었어. 그는 4년의 임기를 마친 뒤에도 국민들의 요청으로 한 번 더 대통령직을 수행했지. 세 번째 임기도 부탁받았지만, 그는 민주주의 전통을 지키기 위해 명예롭게 은퇴했어. 이후 미국에서는 대통령이 두 번까지만 연임하는 전통이 자리 잡았어.

토막 상식 | 미국의 두 개 워싱턴

미국엔 '워싱턴'이란 이름의 두 지역이 있어. 수도 워싱턴 D.C.와 미국 서부의 워싱턴주야. 워싱턴 D.C.는 1790년 조지 워싱턴의 이름을 따 수도로 정해졌어. 워싱턴주는 수도와 멀리 떨어져 있지. 보통 '워싱턴'이라 하면 수도를 말해.

중세 No.114
독립 선언문 작성한 대통령
토머스 제퍼슨

지역 아메리카 생몰 1743~1826 임기 1801~1809

독립 선언문 초안을 작성한 대통령

토머스 제퍼슨은 미국의 3대 대통령이자 학자, 철학자였어. 버지니아 출신이고, 미국 독립 혁명을 이끈 인물 중 한 명이지.

1776년 7월 4일, 미국은 독립 선언문을 발표했어. 초안을 작성한 사람 중 한 명이 바로 제퍼슨이야. 독립 선언문에는 누구나 행복과 자유를 추구할 권리가 있으며, 정부는 국민의 동의 하에 존재한다는 내용이 담겨 있어. 이 문서는 역사상 최초로 인간의 기본권을 밝힌 선언문으로 평가받아. 이후 프랑스 인권 선언과 여러 나라의 민주주의 발전에 큰 영향을 끼쳤지.

미국 독립 선언문

미국 첫 국무 장관에서 대통령으로

독립 후 미국 정치권에는 두 의견이 팽팽했어. 연방 정부를 강화하자는 연방주의와 각 주의 권한을 중시하는 공화주의였지. 연방주의자의 대표는 알렉산더 해밀턴, 공화주의자의 대표는 제퍼슨이었어. 초대 대통령 워싱턴은 균형을 위해 해밀턴을 재무 장관, 제퍼슨을 국무 장관으로 임명했지만, 두 파벌의 갈등은 계속됐어. 결국 제퍼슨은 국무 장관을 그만두고, 공화주의 입장에서 민주 공화당을 만들었어. 이 정당은 훗날 미국의 민주당이 돼.

1796년, 제퍼슨은 부통령에 당선되었고, 1800년에 대통령에 당선되었어. 그는 프랑스로부터 루이지애나 지역을 사들이며 미국 영토를 크게 넓혔지. 대통령 연임 후에는 정계에서 물러나 고향에 버지니아 대학을 세웠어.

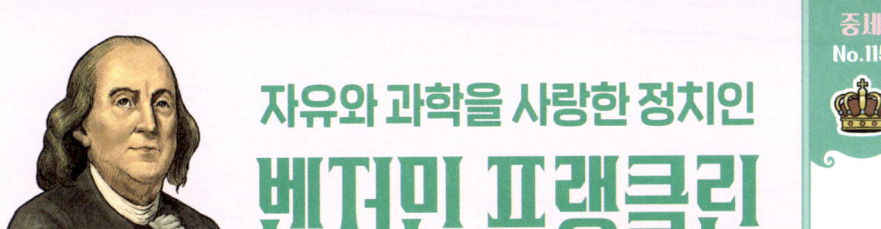

자유와 과학을 사랑한 정치인
벤저민 프랭클린

지역 아메리카 **생몰** 1706~1790

인물 한마디 "준비하지 않음은 실패를 준비하는 것이다."

다방면에서 활약한 천재

벤저민 프랭클린은 다양한 분야에서 활약한 인물이야. 1729년엔《펜실베이니아 가제트》라는 신문을 발행하며 언론인으로도 활동했어. 미국 철학 협회를 세우고, 대학 도서관 설립에도 힘썼지.《가난한 리처드의 달력》이라는 책을 써서 절약과 저축의 중요성도 알렸어.

그는 발명가이기도 해. 18세기에 더 밝고 쉽게 관리할 수 있는 가로등을 만들어 필라델피아 거리 곳곳에 설치했지. 개선된 가로등 덕분에 이후 공공 가로등이 퍼져 나갔고, 도시 조명 발전에 큰 영향을 주었어. 또 연을 날리는 실험으로 번개가 전기를 방전한다는 사실도 밝혔고, 전기 현상의 두 성질을 양과 음의 부호로 정리했지. 이 실험을 바탕으로 피뢰침을 발명해 번개로 인한 화재를 예방할 수 있게 했어.

미국 독립과 건국의 아버지

프랭클린은 미국 독립운동에도 참여했어. 영국이 무리하게 세금을 걷을 때 식민지 대표로 영국에 가서 세금 철회를 요구했고, 결국 성공했지. 1776년, 독립 선언서 초안을 만든 위원 중 한 명이기도 해.

이후 파리에서 열린 평화 협상에 미국 대표로 참가해, 미국 독립을 국제적으로 인정받는 데 큰 역할을 했어. 미국 '건국의 아버지'로 불리며, 100달러 지폐에 프랭클린의 얼굴이 담겨 있지.

미국 100달러 지폐

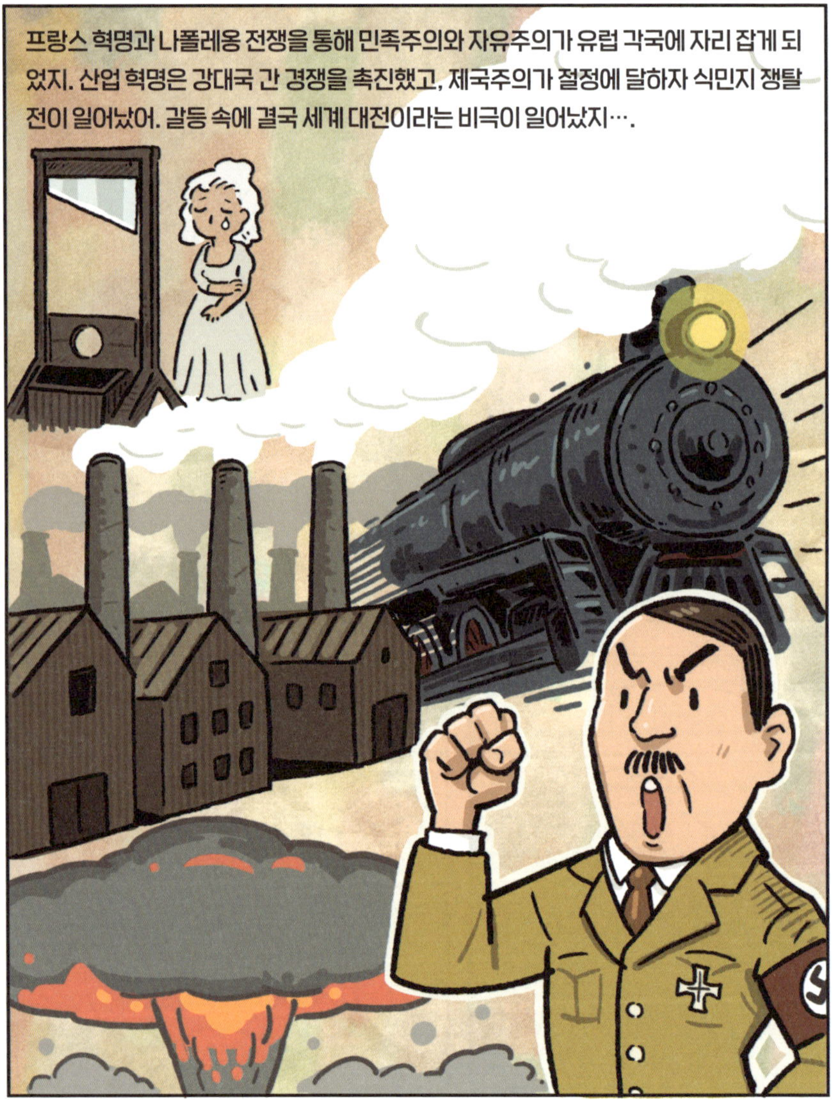

3장

근대

18세기부터 세계가 급변하기 시작했어. 정치 분야에서는 가장 먼저 프랑스 혁명이 일어나 왕이 처형되기도 했어. 경제 분야에서는 산업 혁명이 일어나 자본주의가 빠르게 발전했지. 그러자 유럽의 강대국들은 식민지를 차지하려고 나섰어. 제국주의 국가로 변신한 그들은 식민지에서 원료를 헐값에 사들이고, 만든 제품은 비싸게 내다 팔았어. 그렇게 아시아와 아프리카는 점점 서양 제국주의 열강의 식민지가 돼 버렸지.

제국주의 열강은 서로 세력을 넓히려고 전쟁도 자주 치렀어. 그러다 결국 전 세계가 전쟁의 소용돌이에 휩싸이고 말았지. 제1차 세계 대전이 터졌고, 전쟁이 끝난 지 얼마 지나지 않아 또다시 제2차 세계 대전이 일어났어. 숨이 찰 만큼 복잡하고 급박한 역사가 펼쳐진 거야. 이 시대에는 어떤 인물들이 활약했을까?

프랑스 혁명으로 참수된 국왕
루이 16세

지역 유럽 생몰 1754~1793 재위 1774~1792

재정 위기에 빠진 프랑스 왕

18세기 무렵 프랑스는 미국의 독립 전쟁을 도와 돈을 많이 썼고, 왕실의 사치로 재정이 바닥난 상태였어. 그리고 국왕 루이 16세는 결단력이 부족한 소심한 성격의 소유자였지.

그는 성직자와 귀족으로부터 새로운 세금을 걷으려 했지만, 강한 반발만 샀어. 귀족들은 삼부회 소집을 요구했고, 루이 16세는 이를 받아들일 수밖에 없었지.

프랑스 혁명과 국왕의 최후

1789년, 삼부회에 성직자(제1신분), 귀족(제2신분), 평민(제3신분)이 모두 모였어. 평민은 귀족과 성직자와 똑같이 투표할 수 있게 해 달라고 했지만, 거부당하자 따로 국민 의회를 결성했지.

당황한 루이 16세는 군대를 동원해 국민 의회를 막으려 했지만, 오히려 민중의 분노만 키웠어. 결국 시민들이 바스티유 감옥을 습격하면서 프랑스 혁명이 본격적으로 시작됐지.

결국 루이 16세는 모든 국민은 자유롭고 평등하다는 '인권 선언'을 받아들였어. 그는 가족과 함께 몰래 국외로 도망치려다 붙잡히고 말았지. 루이 16세는 국민을 배신했다는 이유로 재판을 받아 1793년 1월, 단두대에서 처형당했어.

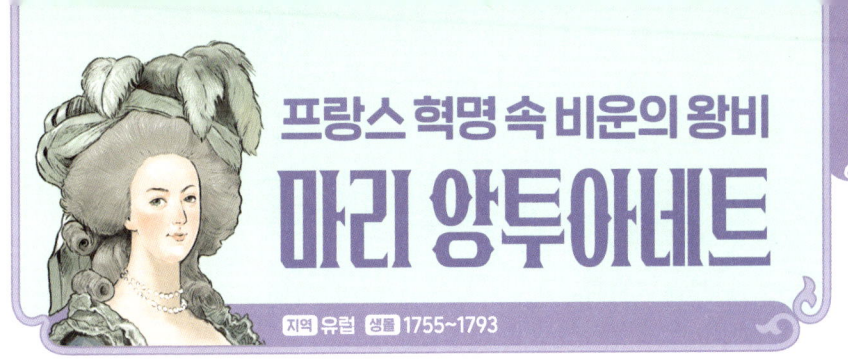

프랑스 혁명 속 비운의 왕비
마리 앙투아네트

지역 유럽 생몰 1755~1793

천진난만한 왕비, 불만의 표적

마리 앙투아네트는 오스트리아의 마리아 테레지아의 막내딸로, 15세에 프랑스 왕자 루이 16세와 결혼해 왕비가 되었어. 밝고 활발했던 그녀는 무도회와 패션을 즐기며 주목받았지만, 프랑스와 오스트리아의 오랜 적대 관계 탓에 '오스트리아 여자'라며 비난을 받았지. 남편과 사이가 멀었던 그녀는 때때로 정치에 관여해 귀족들의 반감을 샀어.

혁명 속 비극적인 최후

그러던 중 '목걸이 사건'이 터졌어. 한 추기경이 사기꾼에게 속아 앙투아네트의 이름으로 값비싼 다이아몬드 목걸이를 주문한 거야. 앙투아네트는 무관했지만, 프랑스 국민은 그녀가 재정난에도 사치를 부렸다고 믿었지.

프랑스 혁명이 일어나자, 앙투아네트는 붙잡혀 위험한 처지에 놓였어. 국민과 왕실 사이를 중재하던 사람도 죽으면서 의지할 사람도 사라졌지. 결국 그녀는 가족과 함께 국외로 도망치려다 국경에서 붙잡혔어. 1793년, 루이 16세가 처형된 지 얼마 지나지 않아 앙투아네트도 반역죄로 단두대에서 생을 마감했지. 그때 온 프랑스 사람들이 "공화국 만세!"를 외쳤다고 해.

급진파 지도자

로베스피에르는 프랑스 혁명에서 강경한 혁명 사상을 앞세운 급진파(자코뱅파)의 지도자였어. 그는 왕이 있는 한 진정한 혁명은 불가능하다고 생각했지. 입헌 군주제를 원했던 온건파(지롱드파)와 달리, 로베스피에르는 왕이 없는 공화정 수립을 강하게 주장했어.

마침 루이 16세가 가족과 함께 국외로 탈출을 시도하다 붙잡히는 사건이 터지자, 로베스피에르는 루이 16세를 단두대에 세우자고 외쳤어. 결국 루이 16세와 마리 앙투아네트가 차례로 처형당했지.

테르미도르의 반동

루이 16세를 처형한 뒤, 로베스피에르는 점점 독재자로 변해갔어. 그가 프랑스를 통치한 기간은 몇 달에 불과한데, 반대파는 물론, 같은 편이던 급진파 동지들까지 모조리 숙청하며 수천 명을 단두대로 보내는 공포 정치를 펼쳤지.

처형에 대한 두려움이 커지자 민심은 돌아섰고, 1794년 결국 로베스피에르는 반대파에게 체포되어 자신이 적극적으로 사용했던 단두대에서 최후를 맞이했어. 그의 몰락은 프랑스 혁명 달력 11월인 '테르미도르'에 일어난 일이라 '테르미도르의 반동'이라고 불러.

 **욕조에서 최후를 맞이한 혁명 급진파**

장 폴 마라는 프랑스 혁명기의 급진적 언론인이었어. 피부병으로 늘 욕조에 머물렀는데, 정보를 주겠다고 다가온 온건파 여성의 단검에 찔려 살해당했지. 이 사건으로 그는 혁명 순교자가 되었고, 이후 다비드의 그림으로 유명해졌어.

프랑스 혁명 ①

프랑스 혁명의 도화선, 앙시앵 레짐

프랑스 혁명 이전, 프랑스 사회는 크게 세 신분으로 나뉘었어. 성직자(제1신분), 귀족(제2신분), 평민(제3신분)이었지. 이를 '앙시앵 레짐'이라고 해. 성직자와 귀족은 인구의 3%에 불과했지만, 세금을 내지 않고 특권을 누렸어. 반면 인구의 97%를 차지한 평민은 막대한 세금을 짊어지며 고통받았지.

신분제 모순을 풍자한 그림

삼부회 소집과 국민 의회 선언

18세기 후반, 프랑스는 전쟁과 왕실의 사치로 재정난에 빠졌어. 루이 16세는 이를 해결하려고 175년 만에 삼부회를 열었지. 각 신분이 대표를 뽑아 의견을 내는 자리였지만, 신분별로 한 표씩 행사했기 때문에 성직자와 귀족이 손을 잡으면 2대 1로, 평민이 불리했어.

이에 분노한 평민 대표들은 자신들이 진짜 국민의 대표라며 국민 의회를 만들었어. 그리고 헌법이 제정될 때까지 절대 해산하지 않겠다고 테니스 코트에서 맹세했지. 이것이 바로 프랑스 혁명의 시작이야.

삼부회 소집

테니스 코트의 서약

프랑스 혁명 ❷

바스티유 감옥 습격

1789년 7월 14일, 프랑스 시민들이 바스티유 감옥을 습격했어. 루이 16세가 삼부회를 열고도 개혁을 거부한 채 군대를 파리에 배치하자, 시민들은 왕이 무력으로 자신들을 진압하려 한다고 생각했지. 마침 바스티유 감옥에 무기와 탄약이 있다는 소식을 듣고 남녀노소 가리지 않고 많은 시민이 직접 무장을 위해 몰려든 거야.

왕이 바스티유 감옥 습격 소식을 듣고 "폭동이냐?"고 묻자, 신하는 "아닙니다, 폐하. 혁명입니다."고 답하며 상황의 심각함을 전했다고 해.

바스티유 감옥 습격을 그린 그림

여성들의 베르사유 행진

1789년 10월 5일, 파리의 여성들이 "빵을 달라!"고 외치며 베르사유 궁전으로 행진했어. 식량 부족과 높은 빵값에 분노한 이들은 루이 16세에게 식량 문제 해결을 요구했고, 결국 왕과 왕비는 파리로 끌려가 국민의 감시 아래 놓이게 되었어. 이

바스티유 감옥 습격을 그린 그림

사건은 프랑스 왕권을 약화시켰고, 혁명이 실제로 사회를 바꾸는 데 큰 영향을 준 사건이었어.

인권 선언과 왕정 폐지

프랑스 시민들은 자유와 평등, 정의를 요구하며 새로운 사회를 꿈꿨어. 1789년 8월, 국민 의회는 〈인간과 시민의 권리 선언〉, 즉 오늘날 '프랑스 인권 선언'이라고도 불리는 선언문을 발표했지. "모든 인간은 자유롭고 평등하게 태어난다."는 이 선언은 신분제와 특권을 부정하고, 법 앞의 평등과 국민 주권을 강조했어.

루이 16세와 마리 앙투아네트는 1791년, 몰래 오스트리아로 도주하려다 붙잡혔어. 이 사건으로 국민들은 왕에 대한 신뢰를 완전히 잃었지. 1792년에 국민 공회가 출범하며 공화정을 선포했고, 군주제가 끝났어. 시민이 나라의 주인이 되는 새로운 정치 질서가 시작된 거야.

혁명의 확산을 두려워한 오스트리아와 프로이센이 프랑스를 압박했지만, 프랑스는 시민이 주도하는 의회 정치를 이어갔어.

1793년, 루이 16세와 마리 앙투아네트는 반역죄로 단두대에서 처형당했고, 프랑스 혁명은 국민이 권력을 가진다는 민주주의의 시작을 알렸지.

프랑스 인권 선언

《민중을 이끄는 자유의 여신》(1830)

혁명 후 유럽을 정복한 황제
나폴레옹

지역 유럽 생몰 1769~1821 재위 1804~1814

인물 한마디 "내 사전에 불가능이란 없다."

프랑스 혁명의 영웅

나폴레옹은 코르시카섬에서 태어나 프랑스 사관 학교를 졸업한 뒤 포병 장교가 되었어. 프랑스 혁명이 일어나자 혁명을 지지하며 군 경력을 쌓았지. 한때 로베스피에르 편에 섰다가 그가 처형되자 감옥에 갇히기도 했어.

1795년, 왕정을 되찾으려는 사람들의 폭동을 나폴레옹이 대포로 진압하면서 그는 '혁명의 영웅'으로 떠올랐고, 이 공로로 젊은 나이에 프랑스군 사령관으로 임명되었지. 이를 계기로 그의 군사적 재능이 빛나기 시작했어.

유럽 정복과 황제 등극

1796년, 나폴레옹은 오스트리아가 지배하는 이탈리아로 진격해 오스트리아군을 연이어 무너뜨리며 이름을 알렸어. 이 승리로 프랑스를 고립시키려 했던 유럽 주요 나라들의 동맹이 해체되었지. 1798년, 영국의 무역로를 끊기 위해 나선 이집트 원정에서는 영국 해군에 패배하고 말았어.

그 사이 프랑스가 혼란에 빠지자, 나폴레옹은 급히 귀국해 1799년, 쿠데타를 일으켰지. 그리고 통령 정부를 세워

나폴레옹의 황제 대관식 장면

스스로 '제1 통령'이 되었어. 프랑스 혁명의 종결도 선언했지.

1800년, 오스트리아가 재차 공격해 오자 나폴레옹은 알프스를 넘어가 오스트리아를 격파했어. 이 승리로 프랑스는 다시 유럽에서 우위를 차지했고, 그의 명성은 더욱 높아졌지.

4년 뒤, 나폴레옹은 스스로 황제에 오르며 프랑스 제1 제국을 세웠고, 1805년 아우스터리츠 전투에서는 오스트리아-러시아 연합군을 크게 이기며 유럽 대륙의 지배자로 떠올랐어.

대륙 봉쇄령과 몰락의 시작

그러나 나폴레옹은 끝내 영국만은 굴복시키지 못했어. 1806년, 그는 영국을 고립시키려고 유럽 국가들이 영국과 무역하지 못하게 대륙 봉쇄령을 내렸지만, 오히려 유럽 경제만 혼란에 빠졌지.

1812년에는 러시아 원정에 나섰다가 러시아군의 초토화 작전과 혹독한 추위로 60만 대군 대부분을 잃고 패배했어. 이후 유럽 연합군에 밀린 나폴레옹은 1814년, 엘바섬으로 유배되었지.

그는 이듬해 엘바섬을 탈출해 다시 권력을 잡았지만, 워털루 전투에서 결정적으로 패하며 몰락하고 말았어. 그는 다시 남대서양 세인트헬레나섬으로 보내져 그곳에서 생을 마쳤지.

 **로제타석**

1799년, 나폴레옹의 이집트 원정 중 로제타 지역에서 돌판이 발견됐어. 이집트 신성 문자, 민중 문자, 그리스 문자가 함께 새겨진 이 돌은 고대 이집트 문명의 비밀을 푸는 열쇠가 되었지. 지금은 영국이 가져가 대영 박물관에 있어.

17~18세기 음악가들

바로크 음악과 거장들

17세기 이탈리아와 독일에서 바로크 음악이 발전했어. 웅장하고 화려한 표현과 강약 대비, 복잡한 선율이 특징인 음악이지. 바로크 음악은 교회와 궁정에서 큰 인기를 끌며 유럽 전역으로 퍼졌어.

독일의 바흐는 후기 바로크 음악을 대표하는 작곡가야. '음악의 아버지'라 불릴 만큼 서양 음악에 큰 영향을 끼쳤지. 그는

바흐

부모를 일찍 여의고 형에게 음악을 배웠어. 이후 교회와 궁정에서 오르간 연주자로 명성을 얻었는데, 〈브란덴부르크 협주곡〉 같은 명곡을 남겼지. 바흐는 독일 오르간 음악과 이탈리아 협주 양식을 결합해 웅장하고 정교한 음악을 완성했어. 중세 음악 기법을 집대성해 고전 음악의 토대도 마련했지.

독일의 헨델도 후기 바로크 음악의 거장이야. 처음엔 법학을 공부했지만, 오페라 극장에서 일하며 음악가가 되었지. 이탈리아에서 오페라로 명성을 쌓고, 이후 영국에 정착했어. 그러나 영국 시민들이 화

헨델

려하고 귀족적인 오페라를 외면하자, 헨델은 더 많은 사람과 소통하기 위해 배우 없이 성악과 합창으로만 이야기하는 오라토리오에 집중했지.

고전파 음악과 거장들

18세기 후반부터 유럽에서 고전파 음악이 발전했어. 바로크 음악보다 간결하고 조화로운 선율이 특징이며, 교향곡, 협주곡, 실내악 같은 장르가 발달했지. 오스트리아의 모차르트는 다섯 살에 작곡을 시작하며 음악 신동으로 이름을 날렸어. 아버지와 함께 유럽을 돌며 연주했고, 황제와 교황 앞에서도 연주했지.

모차르트

그는 〈피가로의 결혼〉, 〈돈 조반니〉, 〈마적〉 같은 명작을 남겼지만, 생전에는 큰 호응을 얻지 못해 재정적인 어려움을 겪었어. 결국 질병에 시달리다가 서른 다섯의 나이로 세상을 떠났지.

독일의 베토벤은 고전파와 낭만파를 잇는 작곡가야. 어린 시절 혹독한 훈련을 받았고, 일곱 살에 피아노 연주회를 열며 신동으로 주목받았지. 모차르트를 존경하며 하이든에게 음악을 배웠어. 하지만 20대 후반부터 청력을 잃기 시작해 결국 귀가 들리지 않게 되었어. 그럼에도 불구하고 베토벤은 〈운명〉, 〈전원〉, 〈합창〉 같은 명곡을 남겼는데, 특히 〈영웅〉 교향곡이 유명해. 이 곡은 원래 나폴레옹에게 바치려 한 곡으로 제목은 〈보나파르트〉였는데, 그의 황제 즉위에 실망해 〈영웅〉이 되었고, 이상적인 인간상을 기리는 곡이 되었지.

베토벤

영국의 전설적인 해군 제독
호레이쇼 넬슨

지역 유럽　**생몰** 1758~1805

바다를 누빈 영국 제독

호레이쇼 넬슨은 영국 해군 역사상 가장 유명한 제독이야. 12세에 해군에 입대해 빠르게 승진한 넬슨은 1780년 미국 독립 전쟁에 참전하며 이름을 알리기 시작했어.

프랑스 혁명 이후, 영국과 프랑스는 치열한 해상 전쟁을 벌였어. 넬슨은 전함을 이끌고 지중해와 대서양을 누비며 프랑스 함대를 압박했지. 1798년, 이집트 나일강 해전에서 나폴레옹의 프랑스 함대를 격파하며 '나일강의 남작'이라는 별명을 얻었어. 전투 중 오른쪽 눈과 오른팔을 잃었지만, 그는 포기하지 않았지.

대한민국 서울, 광화문 광장에 이순신 동상이 있다면.

영국 런던, 트라팔가르 광장에는 넬슨 동상이 있지.

트라팔가르 해전의 영웅

1805년, 나폴레옹은 영국 정복을 노렸어. 넬슨은 27척의 함대로 스페인 남쪽 트라팔가르에서 프랑스-스페인 연합 함대 33척에 맞섰지. 수는 밀렸지만, 넬슨의 대담한 전략으로 영국이 대승리를 거뒀어. 하지만 전투 도중 그는 프랑스 저격병의 총에 맞아 쓰러졌고, 끝까지

두 사람 모셔 보았습니다~
당신이 영국의 '이순신'이라 들었소.
반가워요. 우리 둘 꽤 비슷하더군요.

전투를 지휘하며 "나는 내 의무를 다했다. 영국은 승리했다."는 말을 남기고 전사했지. 넬슨의 희생은 영국인들에게 깊은 감동을 주었어. 런던 트라팔가르 광장에 그를 기리는 동상이 세워졌지.

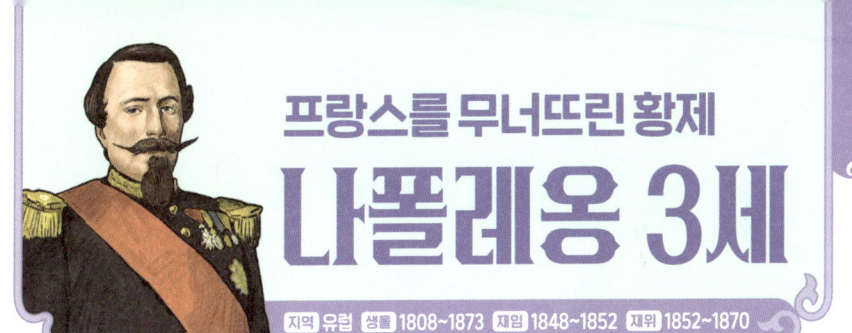

근대 No.121

프랑스를 무너뜨린 황제
나폴레옹 3세

지역 유럽 **생몰** 1808~1873 **재임** 1848~1852 **재위** 1852~1870

인물 한마디
"제국은 곧 평화다."

대통령과 황제가 된 나폴레옹의 조카

1814년, 나폴레옹이 엘바섬으로 쫓겨난 뒤 프랑스는 잠깐 왕정으로 돌아갔어. 그러나 루이 18세도, 1830년 7월 혁명으로 즉위한 새로운 왕도 인기가 없었지. 결국 1848년, 국민들의 불만이 폭발해 2월 혁명이 발발했고, 프랑스는 다시 왕이 없는 공화국으로 돌아갔어.

제2 공화국이 출범하며 대통령 선거가 열렸는데, 나폴레옹의 조카인 루이 나폴레옹이 주목을 받았어. 그는 삼촌의 명성을 등에 업고 무려 75%의 지지를 받아 대통령에 당선됐지. 하지만 그는 대통령 자리에 만족하지 않았어. 1851년, 쿠데타를 일으켜 의회를 해산하고, 다음 해 국민 투표를 통해 황제로 즉위하며 '나폴레옹 3세'가 되었지.

프로이센에 빼앗긴 파리

나폴레옹 3세는 프랑스를 다시 강대국으로 만들고 싶었지만, 당시 독일에서는 프로이센을 중심으로 빠르게 통일이 추진되고 있었어. 1870년, 긴장 끝에 두 나라는 전쟁을 벌였고, 프랑스가 패배했지. 나폴레옹 3세는 프로이센의 포로가 되어 황제 자리에서 쫓겨났고, 영국으로 망명해 그곳에서 쓸쓸히 생을 마감했어.

패배보다 더 큰 굴욕은, 승리한 프로이센이 프랑스의 심장과도 같은 베르사유 궁전에서 독일 제국의 탄생을 선포한 거야. 프랑스는 나라의 중심에서 치욕을 맛봐야 했어.

19세기 유럽 보수 정치의 상징
메테르니히

지역 유럽 **생몰** 1773~1859

유럽을 재편한 빈 회의 주도

메테르니히는 나폴레옹 전쟁이 끝난 뒤 열린 빈 회의를 주도한 오스트리아 외무 장관이었어. 그는 유럽의 질서를 다시 세우기 위해 프랑스 혁명 이전의 왕정 질서를 복구하고, 유럽의 평화를 지키는 것을 목표로 삼았지.

회의 결과, 프랑스에 부르봉 왕조가 복귀했고, 오스트리아는 이탈리아 북부와 체코를 차지했어. 독일 지역에는 39개 소국으로 구성된 독일 연방이 만들어졌고, 네덜란드와 벨기에는 하나의 왕국으로 합쳐졌지. 스위스는 영세 중립국으로 인정받았어. 하지만 회의 기간 내내 무도회와 연회가 이어져 '춤추는 빈 회의'라는 별명도 붙여졌지.

혁명에 무너진 빈 체제

메테르니히는 이후 오스트리아 총리가 되어 오스트리아·프로이센·러시아·영국 4국 동맹을 이끌며 유럽의 질서를 유지하려 했지만, 억눌린 민중의 불만은 점점 커졌어.

1830년, 프랑스를 시작으로 혁명의 불길이 다시 유럽 곳곳으로 번졌어. 1848년에는 오스트리아에서도 혁명이 터졌고, 시민들은 메테르니히의 퇴진을 외쳤어. 결국 그는 영국으로 망명하면서 긴 정치 인생을 마무리했지.

**자유주의 탄압한 러시아 황제
니콜라이 1세**

지역 유럽 생몰 1796~1855 재위 1825~1855

유럽의 헌병

니콜라이 1세는 19세기 러시아의 황제로, 강력한 보수주의 정책을 펼쳐 '유럽의 헌병'이라 불렸어. 그는 자유주의 세력과 혁명을 철저히 억누르려 했지.

니콜라이 1세가 즉위하던 때, 자유주의 성향의 귀족 장교들이 입헌 군주제를 요구하며 반란을 일으켰어. 나폴레옹 전쟁 중 서유럽을 경험한 이들은 러시아와 전혀 다른 정치 체제를 목격했거든. 이들은 '데카브리스트(12월의 사람들)'라 불렸지. 러시아에서 최초로 자유와 개혁을 요구한 사건이었지만, 니콜라이 1세는 반란을 잔혹하게 진압하고 주동자들을 처형했어.

이후에도 폴란드와 헝가리에서 혁명이 일어나자 군대를 보내 진압했고, 또 다른 보수주의 국가인 오스트리아와 손잡고 혁명 세력을 억눌렀어. 니콜라이 1세는 비밀경찰을 조직해 러시아 내 자유주의자들도 철저히 탄압했지.

크림 전쟁과 최후

니콜라이 1세는 범슬라브주의를 내세워 러시아의 영향력을 확대하려 했어. 슬라브족끼리 똘똘 뭉쳐 세력을 키우자는 거였지. 특히 16세기부터 대립해 온 오스만 제국을 몰아내고 발칸반도를 차지하려 했어.

1853년, 러시아는 오스만 제국을 침공했지만, 이번엔 상황이 달랐어. 영국·프랑스·사르데냐 왕국이 오스만 제국 편에 서면서 전쟁은 국제전으로 번졌지. 이 전쟁을 '크림 전쟁'이라고 해. 러시아는 강한 저항에 부딪혀 결국 패배했고, 니콜라이 1세는 전쟁이 끝나기도 전에 갑자기 사망했어.

그의 죽음 이후에도 러시아의 야심은 꺾이지 않았어. 아들 알렉산드르 2세가 뒤를 이어 범슬라브주의를 내세우며 전쟁을 이어갔지.

크림 전쟁

러시아와 오스만 제국의 충돌

러시아와 오스만 제국의 갈등은 16세기부터 시작됐어. 처음에는 아스트라한 지역을 두고 벌인 전쟁(1568~1570)에서 불이 붙었지. 이후 두 나라는 흑해와 발칸반도를 차지하려고 계속 다퉜어.

19세기 들어 러시아는 따뜻한 바닷길을 차지하고, 지중해까지 나아가려 했어. 처음엔 주변 유럽 나라들이 별 신경을 안 썼지만, 러시아가 흑해와 지중해로 영향력을 넓히자 위기감을 느꼈지. 러시아가 오스만 제국을 무너뜨리면, 발칸반도 전체가 흔들릴까 봐 걱정했거든. 발칸반도는 동서유럽을 잇는 중요한 통로이자 군사 요충지였어.

크림 전쟁과 러시아의 패배

1853년, 러시아는 그리스 정교회 보호를 명분 삼아 오스만 제국을 침공했어. 그러자 영국·프랑스·사르데냐 왕국이 오스만 제국 편에 서면서 크림 전쟁이 발발했어. 결국 러시아는 유럽 연합군에게 밀렸고, 1856년 파리 조약을 맺어야 했지. 조약에 따라 러시아는 오스만 제국에게 빼앗은 땅을 돌려주고, 흑해에서 세력을 줄여야 했어. 러시아는 한동안 꿈꿔 온 지중해 진출을 포기할 수밖에 없었지.

영국군과 싸우는 러시아군(회색 옷)

백의의 천사 나이팅게일

영국의 간호사 나이팅게일은 어릴 때부터 간호에 큰 관심을 가졌어. 간호사 교육을 받은 뒤 런던 숙녀 병원에서 간호부장으로 일했지.

1853년, 크림 전쟁이 터지자, 그녀는 38명의 간호사를 이끌고 콘스탄티노폴리스(이스탄불)로 달려갔어. 그런데 병원은 약도 부족하고, 사용하는 물도 더러웠어. 부상으로 죽는 병사보다 세균에 감염돼 죽는 병사가 더 많을 정도였지. 나이팅게일은 병실을 깨끗이 소독하고, 위생을 철저히 지켰어. 또 사망률 변화를 통계 자료로 정리해 영국 정부에 보고하며 개혁을 요구했지.

나이팅게일

밤마다 랜턴을 들고 병사들을 돌봤기 때문에 그녀는 '광명의 천사'라 불렸고, '백의의 천사'로도 알려졌어.

전쟁이 끝난 후 그녀는 영국으로 돌아와 빅토리아 여왕에게 병원 개혁을 건의했어. 자신의 이름을 딴 '나이팅게일 간호 학교'도 세웠지. 이때부터 간호사는 전문 직업으로 자리 잡았어. 오늘날 간호사들은 '나이팅게일 선서'를 하며 그 뜻을 이어가고 있어.

병사를 돌보는 나이팅게일

이탈리아 통일의 주역들

과거 이탈리아는 피렌체, 밀라노, 베네치아 같은 도시 국가들이 각자 독립되어 있었어. 지금처럼 하나로 통일될 수 있었던 19세기 후반, 세 사람의 활약 덕분이었지.

이상주의자, 마치니

마치니는 이탈리아를 자유로운 공화국으로 만들고 싶었던 열정적인 민족주의자였어. 1831년 청년 이탈리아당, 1834년 청년 유럽당을 조직해 오스트리아 제국과 절대 군주제에 맞서 무장 투쟁을 벌였지만, 대부분 실패해 감옥에 갇히는 일이 다반사였지.
1849년에는 로마에 들어가 로마 공화국을 선포했지만, 프랑스와 오스트리아 군대에 의해 곧 무너졌어. 이후 마치니는 망명해야 했지만, 그의 노력은 이탈리아 통일의 초석이 되었어.

마치니

전략가, 카부르

사르데냐 왕국의 총리 카부르는 이탈리아 통일의 설계자였어. 그는 사르데냐 왕국을 중심으로 이탈리아를 통일해야 한다고 주장했어. 공화국을 원했던 마치니와는 의견이 달랐지.

카부르

카부르는 외교에 뛰어났어. 1853년 크림 전쟁에 참전해 강대국들에 사르데냐 왕국의 존재를 알렸어. 이를 계기로 프랑스의 나폴레옹 3세의 지지를 얻어 1859년에 프랑스와 손잡고 오스트리아를 몰아냈지. 이로써 사르데냐 왕국은 롬바르디아와 토스카나 지방을 얻으면서 이탈리아 통일의 기반을 마련했어.

통일을 완성한 가리발디

가리발디는 '붉은 셔츠단'이라 불리는 의용군을 이끌고 남부 이탈리아를 통일한 인물이야. 1860년, 그는 시칠리아와 나폴리를 빠르게 점령했지만, 직접 왕이 되지 않고 사르데냐 왕국의 국왕에게 권력을 넘겼지. 덕분에 1861년 이탈리아 왕국이 세워졌고, 대부분의 지역이 통일되었어.

가리발디

가리발디의 붉은 셔츠단

이탈리아 통일 과정

독일 통일의 주역들

군사 개혁을 추진한 빌헬름 1세

1848년, 유럽 곳곳에서 혁명이 일어나자, 독일에서도 통일과 개혁을 요구하는 목소리가 커졌어. 베를린에서 시민들은 헌법 제정과 독일 통일을 외쳤지. 곧 프랑크푸르트 국민 의회가 열려 통일에 대한 논의가 이루어졌지만, 의견이 엇갈리면서 결국 국민 의회는 무산되고 말았어.

이후 프로이센은 군사력을 키우며 점점 강해졌고, 독일 통일의 중심으로 떠올랐어. 1861년, 프로이센 왕이 된 빌헬름 1세는 통일을 위해 군사력을 강화하려 했지만, 군비 확대 예산안이 의회에서 계속 거부당했어. 고민 끝에 그는 자신의 뜻을 밀어붙일 인물이 필요하다고 생각했고, 1862년, 오토 폰 비스마르크를 총리로 임명했어.

빌헬름 1세(좌)와 비스마르크(우)

철혈 정책으로 통일을 이끈 비스마르크

비스마르크는 1848년 베를린 혁명 때부터 왕권을 지지했던 보수파 정치인이었어. 그는 총리 취임 직후 "독일 통일은 언론이나 다수결이 아닌 철과 피로 이루어진다."고 선언하며 군사력을 앞세운 철혈 정책으로 프로이센을 빠르게 군사 강국으로 키웠어. 1866년, 비스마르크는 오스트리아의 영향력을 줄이기 위해 이탈리아와 손잡고 오스트리아를 공격해 단 7주 만에 승리했어. 이로 인해 독일 연방은 해체되었고, 대신 프로이센을 중심으로 북독일 연방이 새롭게 결성되었어.

다음 목표는 프랑스였어. 국경을 맞대고 있으니, 통일에 위협이 될 수 있다고 보았지. 1870년, 비스마르크는 철도망과 강한 군사력으로 프랑스를 꺾었어. 프랑스 황제 나폴레옹 3세까지 포로로 잡았지.

이듬해 프랑스의 베르사유 궁전에서 독일 제국 선포식이 열렸어. 빌헬름 1세는 독일 제국의 황제가 되고, 비스마르크는 초대 총리가 되었지. 이렇게 독일은 하나의 강력한 나라로 통일되었어.

포로가 된 나폴레옹 3세(좌)와 비스마르크(우)

독일 제국 선포식

독일 제국의 마지막 군주
빌헬름 2세

지역 유럽 생몰 1859~1941 재위 1888~1918

비스마르크를 내쫓은 황제

빌헬름 2세는 독일 제국의 세 번째 황제였어. 그는 독일의 힘을 더 키우고 싶어 했지만, 총리 비스마르크는 무리한 팽창은 위험하다며 신중한 외교를 강조했지. 주변 강대국들의 반발을 우려한 거야.

하지만 빌헬름 2세는 그의 충고를 듣지 않았어. 오히려 비스마르크를 내쫓고, 독일의 팽창 정책을 본격적으로 밀어붙였지.

독일의 팽창과 몰락

빌헬름 2세는 식민지를 늘리려고 애썼어. 특히 아프리카와 아시아 일대에서 아직 유럽 열강의 손이 닿지 않은 나라들을 식민지로 삼으면서 세력을 넓혀 나갔지. 오스만 제국과 손잡고 바그다드 철도 부설권을 따냈고, 동아시아에서도 영향력을 넓히려 했어. 하지만 이 과정에서 영국, 프랑스, 러시아와 갈등이 심해져 독일은 점점 외교적으로 고립되어 갔어. 비스마르크의 예상대로 된 거야.

1914년, 오스트리아 황태자 암살 사건으로 제1차 세계 대전이 발발했고, 독일은 오스트리아 편에 섰다가 연합국에 밀려 결국 패배했어. 1918년, 빌헬름 2세는 네덜란드로 망명하며 퇴위했고, 독일은 전쟁에서 항복했지.

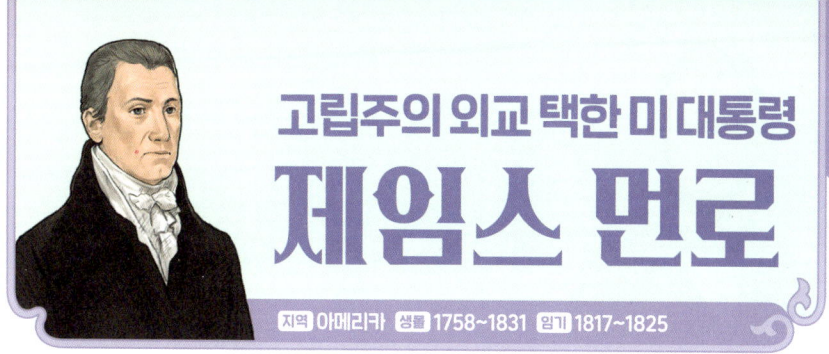

프랑스 특사에서 대통령 당선

제임스 먼로는 토머스 제퍼슨이 미국의 대통령이던 시절에 프랑스 특사로 활약했어. 1803년, 제퍼슨이 프랑스로부터 루이지애나 땅을 사들이기 위해 먼로를 협상 대표로 보냈지. 거래가 성사되며 미국은 오늘날 영토 3분의 1에 해당하는 큰 땅을 얻었어. 이 공로 덕분에 먼로는 이후 버지니아 주지사와 국무 장관을 거쳐 대통령에 당선되어 8년간 미국을 이끌었어.

라이베리아 건설과 먼로 독트린

먼로는 미국 사회에서 흑인들이 차별 없이 살기 어렵다고 보고, 일부 흑인들을 아프리카로 이주시키자는 정책을 제안했어. 그렇게 1822년 서아프리카 해안에 정착지가 건설되었고, 그의 이름을 따 '몬로비아'라고 불렀지. 이곳이 오늘날 라이베리아야.

1823년엔 '먼로 독트린'을 발표했어. '유럽은 아메리카 대륙에 간섭하지 말라.'는 거였지. 당시 중남미의 나라들이 스페인으로부터 독립하고 있었는데, 아메리카 문제는 스스로 해결할 테니, 유럽은 손 떼라고 선언한 거야. 대신 미국도 유럽 문제에 개입하지 않겠다고 했지. 이 원칙은 이후 미국 외교의 기본이 되었어.

 **프랑스가 루이지애나를 판 이유**

당시 프랑스는 영국 해군의 압박으로 북미 식민지를 지키기 어려웠고, 루이지애나는 제대로 탐사되지 않은 미개척지였어. 전쟁 자금이 급했던 나폴레옹은 결국 1803년, 이 땅을 미국에 1,500만 달러에 팔았지.

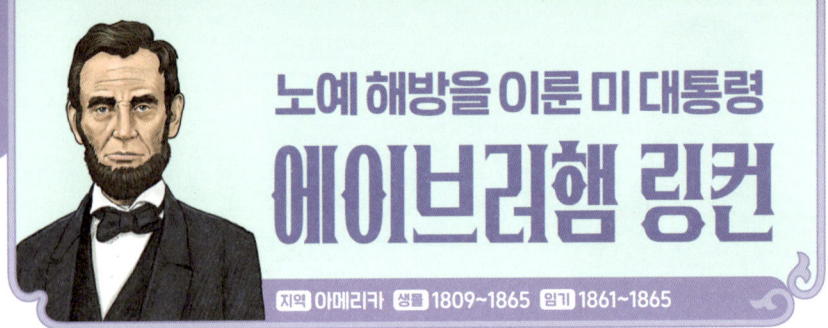

노예 해방을 이룬 미 대통령
에이브러햄 링컨

지역 아메리카 생몰 1809~1865 임기 1861~1865

인물 한마디

"국민의, 국민에 의한, 국민을 위한 정부는 영원히 사라지지 않을 것이다."

대통령 당선

에이브러햄 링컨은 가난한 농민 집안에서 태어나 정규 교육을 제대로 받지 못했지만, 독학으로 공부해 변호사가 되었고, 정치계에 뛰어들었어. 특히 노예 제도를 반대하는 강렬한 연설로 전국적인 주목을 받았어. 1860년, 링컨은 공화당 후보로 대통령 선거에 출마해 당선됐지.

따로 독립을 선언한 미국 남부

미국 남부 주들은 링컨을 반기지 않았어. 이들은 경제적으로 노예 제도에 크게 의존하고 있었거든. 미국 남부에는 목화, 담배, 사탕수수 등을 재배하는 대규모 플랜테이션 농장이 많았는데, 이곳에서는 값싼 노동력인 흑인 노예를 이용해 엄청난 이익을 냈지. 그러니까 링컨 대통령이 노예 제도를 폐지할 거라 생각하고 강하게 반발한 거야.

먼저 사우스캐롤라이나 주가 미국 연방에서 탈퇴했어. 이어 조지아, 플로리다, 앨라배마, 미시시피, 루이지애나, 텍사스의 6개 주가 연방을 탈퇴했지. 1861년 2월, 연방을 탈퇴한 주들은 남부 연합을 결성해 사실상 따로 독립을 선언했어.

1850년 목화를 따는 흑인 노예들

미국 남북 전쟁과 노예 해방 선언

같은 해 3월, 링컨은 미국 연방을 유지하는 게 가장 중요하다며 남부 연합에 복귀를 요청했어. 하지만 남부 연합은 이를 거부했고, 사우스캐롤라이나의 섬터 요새를 기습 공격하면서 남북 전쟁이 시작되었지. 초반엔 남군이 우세했지만, 북군도 반격하며 전세를 뒤집었어.

1863년, 링컨은 '노예 해방 선언'을 발표해 노예 제도를 정면 비판했어. 이로 인해 목화 수입을 위해 은근히 남부를 돕던 영국과 프랑스도 등을 돌렸지. 노예제 반대 여론이 너무 강했거든. 게티즈버그 전투에서 북군이 결정적으로 이기면서 전쟁의 승패가 북쪽으로 확실히 기울어졌어.

링컨은 전사자를 추모하며 그 유명한 게티즈버그 연설을 남겼어. "국민의, 국민에 의한, 국민을 위한 정부는 영원히 사라지지 않을 것이다."며 미국의 민주주의 정신을 강조했지.

북군의 승리와 링컨 암살

1865년, 북군은 남부 연합의 수도를 점령하며 드디어 전쟁을 끝냈어. 하지만 링컨은 승리의 기쁨을 오래 누리지 못했어. 얼마 후 워싱턴 D.C.의 극장에서 남부 연합 지지자에게 암살당했거든. 그는 노예제를 폐지하고 분열된 미국을 다시 하나로 묶은 대통령으로 기억돼.

 **토막 사전 미국의 흑인 노예**

16세기부터 유럽 상인은 아프리카에서 흑인 노예를 사들여 미국과 카리브해 농장에 팔았어. 미국 남부에서 목화와 담배 농장의 확대로 노예 수요는 급증했고, 19세기 초엔 흑인 노예가 400만 명을 넘었지.

근대 서구 작가들

유럽의 작가들

프랑스의 스탕달은 낭만주의와 사실주의를 잇는 작가로, 《적과 흑》에서 출세를 꿈꾸는 청년의 파멸을 현실적으로 그렸어. 오노레 드 발자크는 《인간 희극》을 통해 프랑스 사회의 모든 계층을 날카롭게 묘사했지. 빅토르 위고는 《노트르담 드 파리》, 《레 미제라블》을 통해 사랑과 정의, 사회적 약자의 삶을 감동적으로 그려 낸 낭만주의 대표 작가야.

스탕달

오노레 드 발자크

빅토르 위고

독일의 괴테는 《젊은 베르테르의 슬픔》과 《파우스트》에서 인간 심리와 운명을 깊이 있게 묘사했어. 그림 형제는 《백설공주》, 《헨젤과 그레텔》 등 독일 전역의 옛이야기를 모아 《그림 동화》를 펴내어, 독일인들에게 독일 민족의 정체성을 깨우치려고 했지.

덴마크의 안데르센은 《미운 오리 새끼》, 《인어공주》 등 130여 편이 넘는 동화를 남기며 아동 문학의 거장으로 불렸어.

괴테

그림 형제

안데르센

미국과 러시아의 작가들

너대니얼 호손은 《주홍 글씨》를 통해 청교도 사회의 위선과 인간 심리를 비판했어. 해리엇 스토는 《톰 아저씨의 오두막집》으로 노예 제도의 잔혹함을 고발하며 남북 전쟁 여론을 이끄는 데 큰 영향을 줬지.

마크 트웨인은 《톰 소여의 모험》, 《허클베리 핀의 모험》을 통해 개척 시대 미국의 자유와 모험, 인종 차별과 노예제의 모순을 생생하게 그렸지.

너대니얼 호손

해리엇 스토

마크 트웨인

러시아의 톨스토이는 《전쟁과 평화》, 《안나 카레니나》에서 러시아 역사와 철학을 깊이 있게 풀어냈어. 도스토옙스키는 《죄와 벌》, 《카라마조프의 형제들》에서 시대의 혼란 속 인간 내면의 갈등과 도덕, 신앙 문제를 심도 있게 그려냈지.

톨스토이

도스토옙스키

아이티 독립 투쟁의 영웅
투생 루베르튀르

지역 아메리카 **생몰** 1743~1830

노예에서 자유민으로

투생 루베르튀르는 아이티의 독립을 이끈 흑인 영웅이야. 아이티는 크리스토퍼 콜럼버스가 상륙한 뒤 스페인의 식민지가 되었어. 원주민들은 금을 캐거나 농장에서 혹사당했고, 유럽에서 온 전염병까지 퍼지며 인구가 급격히 줄어들었지. 그러자 스페인은 아프리카에서 많은 흑인을 강제로 끌고 와 노예로 삼았어. 이들이 오늘날 아이티인의 조상이 된 거야. 루베르튀르도 원래 노예였지만, 주인의 배려로 해방돼 자유를 얻어 공부하며 성장했지.

이후 아이티는 프랑스가 지배하게 되었고, 프랑스는 아이티에서 설탕과 커피 생산으로 큰돈을 벌었어. 수많은 노예의 피와 땀이 그 뒤에 있었지.

검은 나폴레옹과 최초의 흑인 공화국

1789년, 프랑스 혁명의 자유와 평등 정신은 아이티에도 전해졌어. 흑인 노예들이 봉기를 일으켰지. 루베르튀르는 혁명군을 이끌고 유럽군을 차례로 물리쳤어. 그는 흑인 노예 해방을 선언하고, 1801년에 자치 정부를 세워 총독이 되었어. 뛰어난 전략과 용맹함으로 그는 '검은 나폴레옹'이라 불렸지.

프랑스는 그를 잡기 위해 함정을 팠어. 1802년 협상을 핑계로 불러낸 루베르튀르를 체포해 프랑스로 끌고 갔지. 그는 감옥에서 쓸쓸히 생을 마감했어. 그러나 아이티인들은 끝까지 싸워 1804년, 마침내 중남미 최초의 독립국이자 세계 최초의 흑인 공화국을 세웠어.

지휘하는 투생 루베르튀르

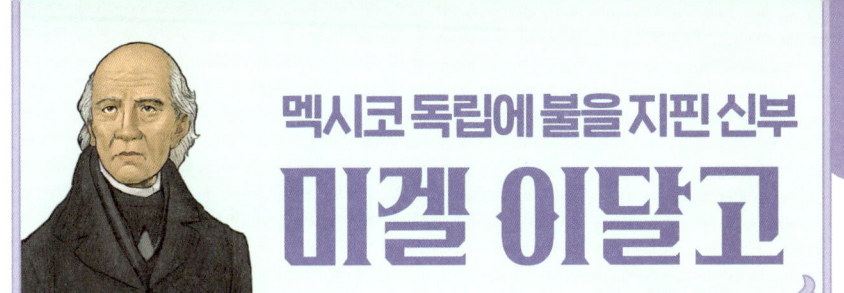

멕시코 독립에 불을 지핀 신부
미겔 이달고

지역 아메리카 생몰 1753~1811

크리오요 가톨릭 사제

미겔 이달고는 멕시코의 독립운동을 이끈 가톨릭 사제야. 그는 크리오요 출신이었어. 크리오요란 스페인에서 온 이주민의 자손으로, 중남미에서 태어난 스페인계 백인을 뜻해.

당시 크리오요들은 스페인 본국으로부터 차별을 받았고, 이달고는 이런 본국의 처사에 불만을 품었어. 그는 유럽을 휩쓴 계몽사상에 깊이 매료되어 멕시코가 스페인으로부터 독립해야 한다고 생각했지.

멕시코 독립 전쟁의 불꽃

1810년 9월 16일, 이달고는 돌로레스 교회에서 "모든 인종은 평등하다! 토지를 나누자! 노예제를 없애자!"고 외치며 봉기했어. 이 외침은 '돌로레스의 절규'로 불리며, 멕시코 독립운동의 출발점이 되었지. 이후 원주민과 혼혈인들이 대거 합류해 자발적으로 군대를 꾸렸어. 이달고는 과달루페 성모가 그려진 깃발을 들고 싸움에 나섰지. 과달루페 성모는 멕시코 독립운동의 상징이 되었고, 오늘날 멕시코인들에게 중요한 의미를 갖고 있어. 혁명군은 빠르게 도시들을 점령했지만, 전투 경험이 부족해 결국 스페인군에 패배했어. 이달고는 체포되어 1811년에 처형당했지.

이달고의 뜻은 제자 모렐로스가 이어받았고, 그는 군대를 재정비해 임시 정부까지 세웠어. 그러나 모렐로스 역시 스페인군에 패배했지. 수많은 희생 끝에 1821년, 수많은 희색 끝에 멕시코는 마침내 독립을 이루었어. 지금도 멕시코 사람들은 그가 봉기한 9월 16일을 독립기념일로 삼고, 이달고를 기리고 있어.

과달루페 성모가 그려진 깃발

중남미의 해방자

볼리바르는 오늘날 베네수엘라에서 태어난 독립운동 지도자야. 스페인계 크리오요였던 그는 어릴 때부터 계몽사상을 접하며 스페인의 식민 지배에 반감을 품었지. 10대 중반에 사관 학교에 입학해 군사 지식을 쌓았고, 유럽을 여행하며 자유와 평등 정신을 배우고 돌아왔어. 1811년, 볼리바르는 베네수엘라 공화국 수립을 선포했지만, 스페인 편에 선 세력의 반대로 내전이 일어나고 말았어. 볼리바르는 패배해 결국 콜롬비아로 피신해야 했지.

몇 차례의 전투 끝에 그는 콜롬비아, 베네수엘라, 에콰도르를 차례대로 독립시키고, 세 나라를 하나로 묶어 대콜롬비아 공화국을 만들었어. 이후 페루까지 해방시켰는데, 페루 북부는 그의 이름을 따서 '볼리비아'라는 새 나라를 만들었지. 그는 중남미 독립 혁명의 영웅이었어.

파나마 회의 개최

1826년, 볼리바르는 중남미 국가들의 단합을 위해 파나마 회의를 열었어. 하지만 나라끼리 생각이 달라 5년을 넘기지 못하고 1830년에 해체되었지. 같은 해 볼리바르도 세상을 떠났어.

중남미의 해방자 산마르틴

지역 아메리카 생몰 1778~1850

스페인 군인 출신 혁명가

산마르틴은 아르헨티나 출신의 독립운동 지도자야. 스페인계 크리오요였던 그는 어릴 때 스페인으로 건너가 군인이 되었어. 하지만 성인이 된 후 아르헨티나의 독립을 위해 귀국해 독립운동에 뛰어들었지.

1812년, 아르헨티나의 수도 부에노스아이레스에서 스페인 식민 지배에 맞서 사람들이 봉기했어. 이때 산마르틴은 독립군에 합류했고, 스페인 군대에서 배운 군사 지식으로 훈련이 부족했던 아르헨티나 독립군을 단련시켰지. 이후 사령관이 된 그는 칠레와 페루의 독립을 위해 험난한 안데스산맥을 넘어 칠레로 진격했어. 수많은 전투 끝에 1818년, 칠레를 독립시켰고, 1821년에는 페루의 수도 리마를 점령해 페루 독립을 선언했어. 이 공로로 산마르틴은 '페루의 보호자'라는 칭호를 받았어.

볼리바르와의 갈등

산마르틴은 볼리바르와 함께 중남미 독립운동을 이어가려 했지만, 두 사람은 독립 이후 중남미를 어떻게 다스릴지를 두고 생각이 달랐어. 볼리바르는 공화정을 원했고, 산마르틴은 입헌 군주제를 원했지. 또 누가 지도자가 될지를 두고도 갈등이 있었어. 권력 다툼을 원하지 않았던 산마르틴은 결국 볼리바르에게 권력을 넘기고 페루를 떠났어. 이후 프랑스에서 은둔 생활을 하며 조용히 생을 마감했지.

오늘날 아르헨티나에서는 산마르틴을 기리며 그의 이름을 딴 '산마르틴 해방 장군 훈장'을 최고의 국가 훈장으로 정해 두고 있어. 이 훈장은 아르헨티나 최고 공로를 인정받은 외국의 정치인이나 군인에게 수여되며, 아르헨티나 현직 대통령이 직접 수여하는 특별한 상이야.

세계를 바꾼 산업 혁명

산업 혁명의 시작과 확산

16세기 이후 세계적으로 무역이 활발해지며 큰돈을 번 상업 자본가들이 나타났어. 이들은 더 큰 이익을 얻기 위해 제품 생산에 나섰지. 공장에 새로운 첨단 시설들을 도입하면서 기계들은 쉴 새 없이 돌아갔고, 대량 생산이 가능해졌어.
이처럼 기술이 발전하고 생활 방식이 변하며 사회 및 경제 구조가 크게 달라진 걸 산업 혁명이라 불러. 산업 혁명은 18세기 중반 영국에서 시작돼 점차 세계로 퍼져 나갔지.

19세기 산업 공장의 모습

섬유 산업의 발전

산업 혁명은 목화솜을 이용해 옷감을 만드는 면직물 산업에서 먼저 일어났어. 처음 등장한 것은 1733년에 발명된 '나는 북'이었지. 이 도구는 실로 옷감을 짜는 기계인 방직기에 들어가는 자동화 장치인데, 옷감 짜는 속도를 2배 이상 늘려 주었지.
뒤이어 실을 뽑는 기계인 방적기도 만들어졌어. 1764년에 발명된 '제니 방적기'는 하나의 물레에서 여러 가닥의 실을 뽑을 수 있는 기계였는데, 한 사람이 실 뽑는 속도를 8배까지 늘릴 수 있었지. 이렇게 다양한 종류의 방직기와 방적기가 만들어지며 섬유 산업은 비약적으로 발전했어.

증기 기관차와 증기선

산업 혁명으로 교통수단도 눈부시게 발전했어. 1804년, 영국에서 최초로 증기 기관차가 등장했지만, 기술적 한계로 실용화되진 못했어. 그러다 조지 스티븐슨이 성능을 개선한 증기 기관차를 발명하며 진짜 기차 시대가 열렸지. 1825년, 영국 스톡턴에서 달링턴까지 철도가 개통되어 증기 기관차가 운행되었어. 이 열차는 세계 최초로 상업적으로 사람을 태워 달렸지. 1830년엔 리버풀과 맨체스터를 잇는 철도도 개통되며 더 빠르고 안정적으로 열차가 사람을 태우고 다녔어. 증기 기관차는 산업 발전을 더욱 가속화했어. 바다와 강도 예외는 아니었어. 1807년, 미국의 로버트 풀턴은 뉴욕 허드슨강에 증기선 클러먼트호를 띄워 뉴욕과 올버니 사이를 정기적으로 다니게 했지. 덕분에 해상 운송과 무역이 활발해졌어.

1825년, 증기 기관차 운행을 관람하는 사람들

러다이트 운동

한편, 기계가 늘면서 일자리를 잃은 노동자들은 분노했고 방적기 같은 기계를 부수며 저항했는데, 이들을 러다이트라 불렀어. 이는 기술 발전이 노동자의 생계를 위협한다는 문제를 처음으로 제기한 최초의 노동 운동이었지. 하지만 19세기 초 영국 정부가 군대를 동원해 이들을 강경 진압하며 러다이트 운동은 사그라들었어.

기계를 부수는 노동자

세상을 바꾼 발명가
제임스 와트

지역 유럽 생몰 1736~1819

증기 기관 개선

제임스 와트는 영국에서 태어난 발명가이자 기계 기술자야. 20세 때 런던에서 기계공으로 일하며 기술을 익혔지. 이후 대학에서 정식 기계공으로 근무했어. 이때 여러 과학자들과 교류하며 그는 발명가의 길을 걷기 시작했어. 그가 특별한 이유는 증기 기관을 획기적으로 개선했기 때문이야. 원래 증기 기관은 효율이 낮아서 공장에서 제대로 쓰이지 못했는데, 와트는 여기에 주목했어. 끊임없는 연구 끝에 1769년, 그는 증기 기관 특허를 얻었고, 결국 적은 연료로 더 강한 힘을 내는 실용적인 증기 기관을 완성했지.

이로써 산업 현장에서 기계가 본격적으로 사용되기 시작했어. 덕분에 산업 혁명은 빠르게 퍼졌고, 사람들은 와트를 '산업 혁명의 대부'라고 부르게 되었어.

산업 혁명의 주역

와트가 개선한 실용적인 증기 기관은 공장과 광산은 물론, 교통 분야까지 큰 영향을 미쳤어. 증기 기관 덕분에 증기 기관차와 증기선 같은 발명품도 나왔거든.

특히 증기 기관차는 철도를 따라 먼 거리를 빠르게 이동할 수 있게 했고, 증기선은 강과 바다를 오가며 무역과 교류를 활발하게 만들었어. 와트의 발명이 세상을 더 가깝고 빠르게 이어 준 거야. 와트의 도전은 여기서 끝나지 않았어. 그는 화학에도 관심이 많아 인쇄용 잉크를 만들었고, 물의 화학 성분도 밝혀냈어. 또 거리 측정기를 개발해 운하 건설에 도움을 주었고, 복사기 같은 장치를 만들었지.

와트는 죽는 순간까지도 기계와 발명을 향한 열정을 멈추지 않았어. 그는 정말로 세상을 바꾼 진정한 발명가였지.

백열전구를 만든 발명왕
토머스 에디슨

지역 아메리카 **생몰** 1847~1931

> **인물 한마디** "천재는 1%의 영감과 99%의 노력으로 이루어진다."

발명광 소년

토머스 에디슨은 19세기 후반 미국을 대표하는 발명가야. 가난했던 그는 어릴 때 철도에서 신문을 팔며 생활했지. 기차 안에서 실험하다가 불을 낸 적도 있을 만큼 발명에 대한 호기심이 남달랐어. 15세 때 전신 기술자가 된 에디슨은 전기를 다루면서 본격적으로 발명가의 길을 걷기 시작했어.

천 가지 발명품을 남긴 발명왕

1868년, 전기 투표 기록기를 발명해 첫 특허를 받은 에디슨은 이후 천 개가 넘는 발명품을 세상에 내놓았어. 첨단 전신기, 축음기, X선 투시경, 그리고 영화 촬영 장치인 키네토그래프를 발명해 30초짜리 영화 촬영에도 성공했어. 특히 그는 백열전구 개발에 힘썼어. 이미 전구는 있었지만, 오래 켤 수 없었거든. 에디슨은 탄소 필라멘트를 사용해 40시간 이상 불이 켜지는 백열전구를 만들어 냈고, 종이나 대나무를 이용해 성능을 더 높였어. 덕분에 모두가 전구로 밤을 밝힐 수 있는 시대가 열렸지.

토막 사전 · **모스 부호를 발명한 사무엘 모스**

사무엘 모스는 먼 곳까지 메시지를 보내는 모스 전신기를 개발했어. 1844년, 워싱턴 D.C.와 볼티모어 간 첫 전신 통신에 성공했지. 점(·)과 선(-)으로 이루어진 모스 부호가 메시지로 쓰였어. 이 모스 부호는 오늘날에도 쓰이고 있어.

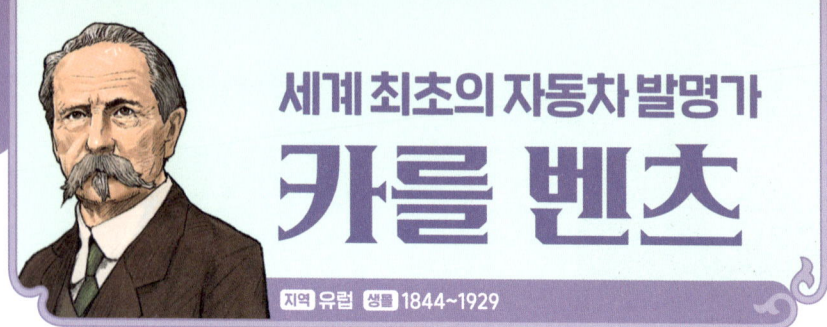

세계 최초의 삼륜 자동차

카를 벤츠는 19세기 후반, 세계 최초로 자동차를 만든 발명가야. 자동차의 핵심은 엔진이야. 연료를 태워 동력을 얻는 내연 기관이 필요하지.
1871년, 벤츠는 27세에 직접 공장을 세워 내연 기관 개발에 나섰어. 8년간 연구를 거듭한 끝에 내연 기관을 완성했고, 점화 플러그와 변속 장치 같은 자동차에 꼭 필요한 핵심 기술도 개발했지. 마침내 1885년, 벤츠는 엔진을 단 세계 최초의 삼륜 자동차, 모터바겐을 탄생시켰어. 이듬해에는 공식 특허까지 받았지.

세계 최초의 장거리 운행과 벤츠의 성공

1888년, 벤츠의 아내 베르타가 남편 몰래 모터바겐을 시험 삼아 운전했어. 친정까지 왕복 200km 장거리 운행에 도전한 거야. 최고 속도는 시속 20km도 되지 않았고, 고장도 잦았지만 베르타는 세계 최초의 장거리 운전에 성공했어. 이 소식에 세계가 주목했어. 벤츠는 본격적으로 자동차를 팔기 시작했지. 1889년 파리 만국 박람회에서 모터바겐은 큰 인기를 얻었고, 이후 그는 여러 모델을 출시했어. 1893년엔 '빅토리아'라는 모델 상용화에도 성공했지.

벤츠는 자신의 이름을 딴 회사를 세웠고, 훗날 다임러 회사와 합병해 다임러 벤츠가 되었어. 여기서 오늘날의 메르세데스 벤츠가 탄생했지. 벤츠는 1903년에 은퇴했지만, 그의 이름은 여전히 세계 최고의 자동차 브랜드로 남아 있어.

베르타 벤츠가 탔던 자동차

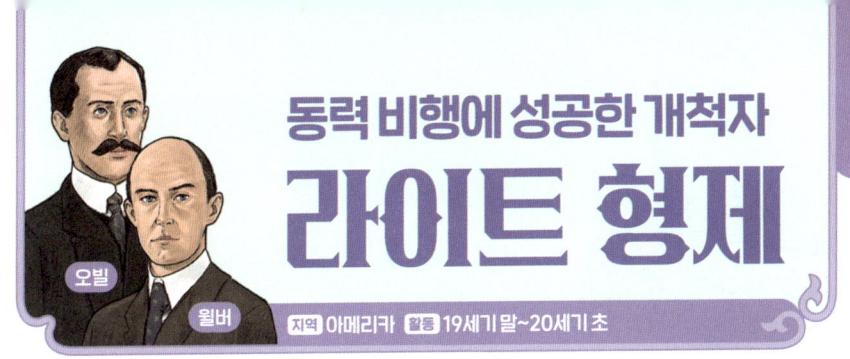

글라이더로 시작된 비행의 꿈

라이트 형제는 20세기 초, 세계 최초로 동력 비행기를 발명한 형제야. 윌버와 오빌 형제는 다섯 남매 중 셋째와 넷째였는데, 나머지 형제들도 비행기 개발에 큰 도움을 줬어.

라이트 형제는 함께 자전거 가게와 기계 완구점을 운영하면서 작은 글라이더를 가지고 놀며 하늘을 나는 꿈을 키웠어. 그러다 1896년, 비행기 연구의 선구자였던 독일의 오토 릴리엔탈이 글라이더 비행 중 추락해 숨졌다는 소식을 듣고, 형제는 본격적으로 비행기를 발명하기로 결심했지.

인류 최초로 비행에 성공

형제는 수천 번의 실험 끝에 여러 대의 글라이더를 만들며 날개 디자인과 조종 장치를 계속 개선했어. 마침내 비행기를 움직이게 할 엔진과 프로펠러까지 만들어 비행 준비를 마쳤지.

1903년 12월 17일, 역사적인 날이 찾아왔어. 미국 노스캐롤라이나의 키티호크에서 플라이어 1호가 12초 동안 36m를 날아 인류 최초의 동력 비행에 성공한 거야. 두 번째 비행에서는 59초 동안 244m를 날았고, 다음 해에는 무려 45분을 비행하며 더 멀리, 더 오래 날 수 있게 되었지. 1905년에는 플라이어 3호가 38분 동안 40km를 비행했어.

처음에는 라이트 형제의 비행기를 사려는 사람이 없었지만, 미국 정부와 프랑스가 관심을 보였어. 1908년, 형제는 프랑스에 세계 최초의 동력 비행기 공장을 세웠고, 이듬해엔 라이트 비행기 제작 회사를 설립했지. 라이트 형제 덕분에 인류는 하늘을 나는 시대를 맞이하게 되었어.

자본주의 발전 이끈 경제학자
애덤 스미스

지역 유럽 생몰 1723~1790

《국부론》 출간

영국의 애덤 스미스는 '경제학의 아버지'라 불리는 정치 경제학자야. 그는 경제학을 과학적 학문으로 발전시킨 인물이지.

그는 무려 10년 동안 집필한 끝에 1776년 《국부론》을 출간했어. 이는 자본주의 원리를 정리한 최초의 경제학 책으로, 이후 근대 경제학과 마르크스 경제학에 큰 영향을 주었지. 그래서 자본주의의 성경이라고도 불려.

노동, 분업, 자유 경쟁

스미스는 국가가 단순히 돈을 모은다고 부자가 되는 건 아니라고 봤어. 진짜 부의 원천은 노동이며, 노동 생산성을 높이려면 분업이 필수라고 했지. 또 자본 축적과 자유로운 경쟁이 산업을 발전시키고 국부를 키운다고 했어.

스미스는 사람들의 이익을 좇는 이기심도 나쁘게만 보지 않았어. 오히려 그런 마음이 경제를 활발하게 만들고, 사회 전체에 도움이 된다고 여겼지. 또 시장에는 '보이지 않는 손'이 있

어서 가격과 경쟁을 스스로 조절한다고 믿었어. 그래서 국가는 지나치게 경제에 간섭하지 않아도 된다고 주장했지. 그의 주장은 자유주의 경제 사상과 자본주의 체제가 전 세계적으로 확산하는 데 큰 영향을 미쳤어.

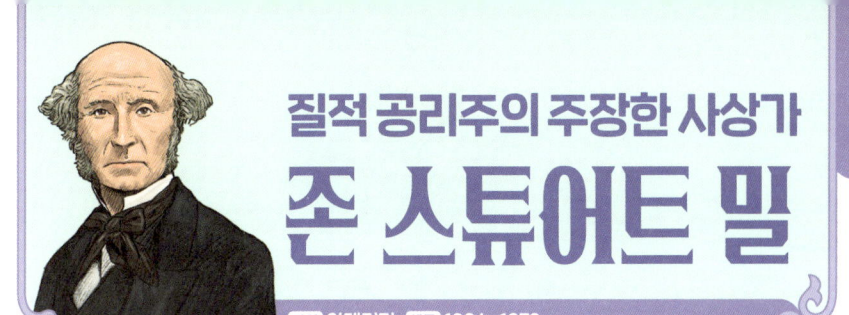

모든 학문을 익힌 사상가

존 스튜어트 밀은 19세기 영국의 경제학자이자 철학자, 사상가, 그리고 정치인이야. 그는 공리주의 사상을 정립한 제임스 밀의 장남으로 태어났어.
어린 시절부터 아버지에게 철저히 교육받은 밀은 열 살이 되기도 전에 그리스어와 라틴어를 익혀 고전을 통달했어. 이후 정치 경제학, 수학, 화학, 논리학 등 거의 모든 학문을 섭렵했지. 또 다양한 철학자들과 교류하며 자신의 사상을 발전시켰어. 당시 영국에서 크게 유행한 '최대 다수의 최대 행복'을 추구하는 공리주의 사상도 자연스럽게 받아들였지.

질적 공리주의와 정치 개혁

밀의 스승은 공리주의의 대부인 제러미 벤담이었는데, 벤담은 쾌락과 행복의 '양'을 늘리는 걸 중시했어. 반면 밀은 "만족한 돼지보다 불만족한 인간이 더 낫고, 배부른 돼지보다 배고픈 소크라테스가 더 낫다."고 말했지. 즉, 단순한 쾌락과 양보다는 질 높은 행복이 중요하다고 본 거야. 그래서 벤담의 공리주의를 '양적 공리주의', 밀의 공리주의를 '질적 공리주의'라고 불러.
밀은 정치에도 뛰어들었어. 애덤 스미스의 《국부론》을 비판하는 《정치 경제학 원리》를 펴내며 자본주의의 모순을 해결하기 위해서는 정부가 개입해야 한다고 주장했지. 정부의 시장 개입을 반대한 애덤 스미스의 이론을 정면으로 반박한 거야.
그는 노동자의 권리를 강화하고, 노동법 제정과 사회적 분배 강화도 강조했어. 보통 선거와 비밀 선거, 여성의 교육권과 참정권, 사상의 자유와 행복 추구권까지 모두 보장되어야 한다고도 주장했지. 그의 자유주의 사상은 이후 근대 철학과 정치에 큰 영향을 주었어.

사회주의 사상가들

19세기 노동자들은 낮은 임금과 열악한 노동 환경에 시달렸어. 빈부 격차가 커지자, 노동자들은 러다이트 운동과 노동조합을 통해 저항했지. 이때 자본주의를 비판하는 사회주의 사상도 등장했어.

공상적 사회주의자, 클로드 생시몽은 산업 자본가와 노동자가 협력해 사회를 발전시켜야 한다고 주장했어. 하지만 현실성이 부족해 마르크스는 그의 사상을 '공상적 사회주의'라고 불렀지.

협동조합 운동가, 샤를 푸리에는 상업을 사회악으로 봤어. 노동자가 협동조합을 만들어 기업의 수익을 노동과 자본의 기여도에 따라 공정하게 나누자고 했지. 그는 모두가 협력하는 이상 사회를 꿈꿨어.

노동자 처우 개선에 앞장선 로버트 오언은 노동자의 처우가 좋아야 생산성도 높아진다고 봤어. 그는 협동력을 강조하며 미국에 공동체를 세우기도 했지만, 오래가지는 못했어.

과학적 사회주의의 창시자
카를 마르크스

지역 유럽 생몰 1818~1883

엥겔스와 함께 사회주의 이론을 완성

카를 마르크스는 19세기 독일의 사회주의자이자 경제학자야. 그는 사회주의 이론을 체계적으로 정리해 마르크스주의라는 혁명 사상을 만들었어.

1845년 《독일 이데올로기》에서 자신만의 역사관을 정립했고, 1848년에는 프리드리히 엥겔스와 함께 쓴 《공산당 선언》으로 자본주의를 강하게 비판했지.

이후 집필한 《자본론》은 자본주의 경제를 분석한 대표 저서로, 공산주의의 성경이라고도 불려. 하지만 그는 1권만 출판하고 세상을 떠났어. 이때 엥겔스가 남은 원고를 정리해 《자본론》 2권, 3권을 출판하면서 마르크스의 사상을 세상에 널리 퍼뜨렸지.

폭력 혁명을 주장한 마르크스주의

마르크스와 엥겔스의 사회주의 사상을 마르크스주의라 불러. 엥겔스는 이를 과학적 사회주의라고 했지.

두 사람은 산업이 발전할수록 자본가는 더 부자가 되고, 노동자는 더 가난해진다고 봤어. 그래서 노동자 계급이 폭력 혁명으로 자본주의를 무너뜨리고 새로운 사회를 세워야 한다고 주장했어.

경제학의 발전

19세기 산업 혁명으로 자본주의가 퍼졌지만, 노동자들은 저임금과 열악한 환경에 시달렸어. 이런 시대에 애덤 스미스, 카를 마르크스, 존 케인스가 등장해 자본주의를 분석하고 새로운 경제 이론을 세웠지. 이들의 생각은 경제학뿐 아니라 세계사의 흐름도 큰 영향을 끼쳤어.

자유 경쟁을 강조한 애덤 스미스

애덤 스미스는 《국부론》을 통해 자본주의를 체계적으로 설명했어. 그는 국가가 경제를 지나치게 통제하지 말고, 시장에 맡겨야 더 잘 돌아간다고 주장했지. 사람들이 돈을 벌기 위해 열심히 일하고 경쟁하는 과정에서 사회 전체도 함께 발전한다고 본 거야.

또 '보이지 않는 손' 이론으로 시장이 자동으로 가격과 생산량을 조절한다고 설명했지. 어떤 제품이 너무 많이 생산되면 가격이 떨어져 생산이 줄어들고, 반대로 제품이 부족하면 가격이 올라 생산이 늘어나기 때문에 국가의 간섭 없이도 나라의 경제가 안정될 수 있다고 믿었어.

자본주의의 모순을 비판한 카를 마르크스

산업 혁명으로 기계가 등장하자, 공장 주인은 돈을 더 벌고 노동자는 하루종일 일해도 가난했어. 마르크스는 노동자가 만든 가치를 대부분 자본가가 차지하고, 노동자는 점점 더 가난해진다고 비판했어. 그래서 그는 노동자들이 힘을 모아 폭력 혁명을 일으켜 자본주의를 무너뜨리자고 외쳤지. 그의 사상은 나중엔 사회주의와 공산주의로 발전했어.

정부 개입을 주장한 존 케인스

20세기 들어 전 세계에 대공황이 닥쳤어. 회사가 문을 닫고, 실업자가 넘쳐났지. 자유 경쟁만으론 해결이 안 됐어. 이때 등장한 영국의 존 케인스는 경제가 어려울 땐 정부가 돈을 써서 일자리를 만들고, 사람들의 소비를 촉진해야 해야 한다고 말했지.

《일반 이론》에서 그는 정부의 적극적인 개입이 경제를 살릴 수 있다고 설명했어. 이 생각은 훗날 미국의 뉴딜 정책 등으로 이어져, 현대 경제 정책의 중요한 원칙 중 하나가 되었지.

대공황 당시 식량을 얻기 위해 줄 선 실업자들

생명학 혁명 이룬 진화론자
찰스 다윈

지역 유럽 생몰 1809~1882

> **인물 한마디** "변화에 가장 잘 적응하는 종이 살아남는다."

비글호 탐사와 진화론의 시작

찰스 다윈은 진화론을 주장해 생물학에 큰 혁명을 일으킨 인물이야. 1831년, 대학을 졸업한 그는 해군 측량선 비글호에 승선해 5년간 여러 지역을 탐사했어. 다양한 생물을 관찰하며 생물은 시간이 지나면 변할 수 있다고 생각했지. 이때의 기록을 모은 《비글호 항해기》는 진화론의 뿌리가 되었어.

자연 선택설과 인간 진화 논란

1859년, 다윈은 《종의 기원》에서 자연 선택설을 주장했어. 생물마다 조금씩 다른 변이가 생기는데, 그중 환경에 잘 적응한 개체는 살아남고, 그렇지 않은 건 사라진다는 가설이야. 이 과정이 반복되면 생물은 점점 환경에 더 잘 맞게 적응하게 돼.

1871년엔 인간과 유인원이 공통 조상에서 진화했다고도 설명했어. 이 주장은 신이 인간을 만들었다고 믿던 종교계의 거센 반발을 불러왔지만, 그의 연구는 생물학 발전의 핵심이 되었지.

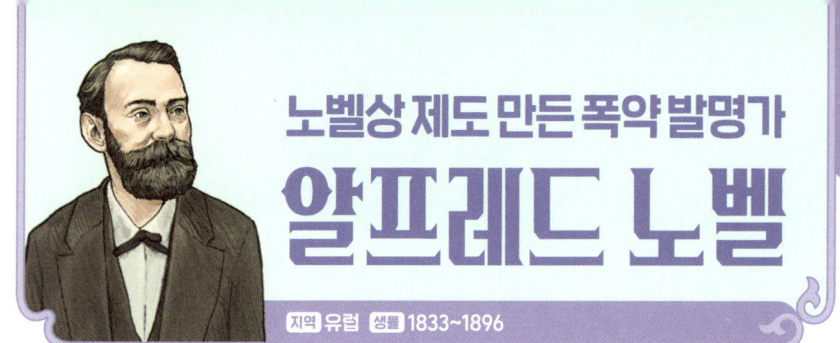

노벨상 제도 만든 폭약 발명가
알프레드 노벨

지역 유럽 생몰 1833~1896

다이너마이트 발명으로 성공

알프레드 노벨은 스웨덴 출신의 발명가이자 화학자야. 그는 어릴 때부터 아버지가 운영하던 화약 공장에서 자연스럽게 폭약을 접하며 관심을 키웠어. 노벨을 세계적인 부자로 만든 발명품은 바로 다이너마이트야. 원래 사용되던 폭약은 나이트로글리세린이라는 액체라 조금만 흔들리거나 잘못 다루면 폭발해 사고가 잦았지. 노벨은 이를 규조토에 스며들게 해 고체처럼 만들어 훨씬 안전하고 쉽게 사용할 수 있게 했어. 그는 이 폭약에 그리스어로 '힘'을 뜻하는 '다이너마이트'라는 이름을 붙였지.

다이너마이트는 건설과 광업 등에서 널리 쓰이며 큰 인기를 얻었고, 노벨은 유럽 곳곳에 공장을 세워 거대한 사업가로 성장했어. 형제들과 함께 러시아 유전 개발에도 참여해 막대한 부를 쌓았지.

노벨상의 탄생

하지만 노벨은 자신의 발명품이 전쟁에 사용돼 많은 사람이 죽는 걸 보고 깊이 후회했어. 더 강한 무기를 만들면 사람들이 겁을 먹어 전쟁을 하지 않을 거란 믿음으로 '발리스타이트'란 강력한 화약을 만들었지만, 오히려 전쟁이 더 치열해졌어. 그의 뜻대로 되지 않았지.

평생 독신이었던 노벨은 거액의 재산을 스웨덴 과학 아카데미에 남기며 인류 복지와 발전에 기여한 사람들에게 상을 주라고 유언을 남겼어. 이렇게 만들어진 게 바로 노벨상이야. 1901년부터 물리학, 화학, 의학, 평화, 문학 5개 분야 수상이 시작되었고, 이후 경제학 분야도 추가돼 오늘날까지 이어지고 있어.

노벨상 메달

19세기 과학 혁명의 주역들

19세기에는 '과학 혁명'이라 불릴 만큼 획기적인 발견과 발명이 이어졌어. 여러 과학자들의 연구로 현대 과학의 기초가 마련되었지.

유전학의 아버지, 멘델

멘델은 오스트리아 출신 성직자이자 과학자로, 유전 법칙을 발견해 유전학의 기초를 세웠어. 그는 완두콩 교배 실험을 통해 우성 형질이 열성 형질보다 나타나기 쉽다는 우열의 법칙을 밝혔지. 또 분리의 법칙, 형질이 서로 독립적으로 유전된다는 독립의 법칙도 발견했어.

멘델

세균학의 선구자, 파스퇴르

파스퇴르는 프랑스 출신 생화학자이자 미생물학자야. 그는 발효와 부패가 미생물 때문이라는 사실을 밝혔어. 예를 들어 젖산 발효는 젖산균, 알코올 발효는 효모균 때문이라는 걸 알아냈지.

음식 부패도 공기 중 미생물 때문임을 밝혀냈어. 100도 이하에서 오래 가열해 음식 속

파스퇴르

유해균을 없애는 저온 살균법도 개발했지. 그는 닭 콜레라와 탄저병, 광견병 백신도 개발해 질병 예방에 크게 기여했어.

방사선을 발견한 뢴트겐

뢴트겐은 독일의 물리학자로, 연구 중 기존 광선보다 물체를 더 잘 뚫는 방사선을 발견했어. 그는 종이나 나무 같은 물체까지 통과하는 이 광선을 'X선'이라 불렀지.

그는 아내의 손을 X선으로 촬영하며 뼈 구조를 보여 주었고, 이 업적으로 1901년 최초의 노벨 물리학상을 받았어. X선의 발견은 근대 의학이 발전하는 데 큰 역할을 하였어.

뢴트겐

방사능 연구 개척자, 퀴리 부부

프랑스에서 활동한 피에르 퀴리와 마리 퀴리는 부부 물리학자이자 화학자야. 뢴트겐의 X선 발견 이후 이들은 방사능 연구에 힘썼고, 방사능이 원자의 성질임을 밝혀냈어.

1898년에는 폴로늄과 라듐이라는 방사성 원소를 최초로 발견했어. 이 공로로 퀴리 부부는 1903년 노벨 물리학상을 받았지. 마리 퀴리는 남편 사후에도 연구를 이어갔고, 금속 라듐을 분리하며 1911년에는 단독으로 노벨 화학상을 받았어. 그녀는 세계 최초로 노벨상을 두 번 받은 과학자가 되었지.

퀴리 부부

19세기 화가들

19세기는 낭만주의, 사실주의, 인상주의, 후기 인상주의 등 다양한 화풍이 등장하며 미술의 표현 방식이 크게 변화한 시기야. 화가들은 전통적 방식에서 벗어나 감정, 빛, 일상의 모습을 더 생생하고 솔직하게 표현하려 했지.

들라크루아

외젠 들라크루아는 프랑스의 낭만주의 화가야. 1882년 발표한 《단테의 배》가 최초의 낭만주의 회화로 평가돼. 강렬한 색채와 격정적 표현이 특징이지. 대표작으로는 《키오스섬의 학살》, 《사르다나팔루스의 죽음》, 《민중을 이끄는 자유의 여신》, 《알제의 여인들》 등이 있어.

《민중을 이끄는 자유의 여신》(1830)

밀레

밀레는 프랑스의 사실주의 화가로, 농민의 삶을 정감 있게 그렸어. 파리 근교의 바르비종 마을로 이주해 바르비종의 전원 풍경을 따뜻하게 담아냈어. 대표작으로 《씨 뿌리는 사람》, 《이삭 줍는 여인들》, 《만종》 등이 있어.

《이삭 줍는 여인들》(1857)

오귀스트 르누아르

오귀스트 르누아르는 프랑스의 대표 인상주의 화가야. 1874년 제1회 인상파전에 《관람석》을 선보여 주목받았고, 《물랭 드 라 갈레트의 무도회》, 《피아노를 연주하는 소녀들》 등 밝고 부드러운 색채의 작품을 남겨 사랑받았지.

《물랭 드 라 갈레트의 무도회》(1876)

클로드 모네

클로드 모네도 인상주의를 대표하는 프랑스의 화가야. 1874년, 제1회 인상파전에서 발표한 《인상, 해돋이》에서 인상주의라는 이름이 시작되었지. 이후 《생 라자르 역》, 《건초더미》, 《루앙 대성당》, 《수련》 연작을 남겼어.

《수련이 있는 연못》(1899)

빈센트 반 고흐

빈센트 반 고흐는 네덜란드 출신의 후기 인상주의 화가야. 《감자 먹는 사람들》로 농민의 삶을 그렸고, 프랑스 아를에서 《아를의 도개교》, 《해바라기》, 《별이 빛나는 밤》 같은 걸작을 남겼어. 고갱과의 갈등과 정신병으로 힘든 삶을 살다 스스로 생을 마감했지.

《별이 빛나는 밤》(1889)

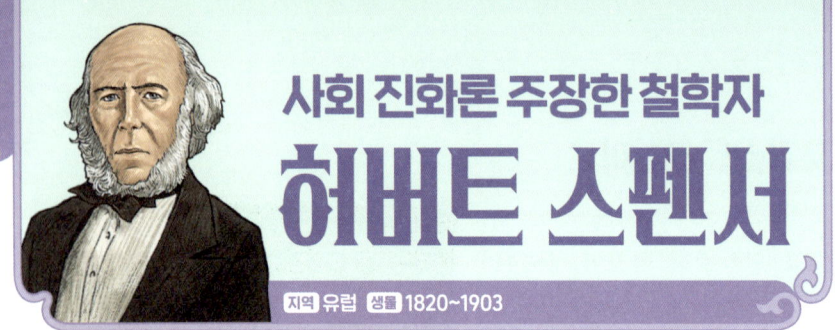

사회 진화론 주장한 철학자
허버트 스펜서

지역 유럽　**생몰** 1820~1903

> **인물 한마디** "조직적인 지식의 도움 없이는 선천적인 재능은 무력하다."

방대한 분야를 연구한 사상가

허버트 스펜서는 영국의 철학자이자 사상가야. 그는 정규 교육을 거의 받지 않았지만, 독학으로 다양한 지식을 쌓았지.
그는 무려 36년 동안《종합 철학 체계》라는 대작을 집필했는데, 이 책은 모두 10권으로 이루어져 있어. 별과 구름의 생성 원리부터 생물학, 윤리학, 심리학 등 다양한 분야를 폭넓게 다뤘지. 덕분에 그는 19세기 사상계를 대표하는 중요한 인물로 평가받아.

사회 진화론과 적자생존

스펜서는 자연과 인간 사회 모두 진화의 법칙에 따라 발전한다고 보았어. 자연에서 하등 생물이 고등 생물로 진화하듯, 인간 사회도 단순한 구조에서 복잡하고 고도화된 구조로 바뀐다는 거야. 이를 사회 진화론이라고 해.
그는 찰스 다윈의 진화론에서 영향을 받아 인간 사회도 환경에 가장 잘 적응한 존재만 살아남는다고 주장했어. 경쟁속에서 더 잘 적응한 개인과 집단이 성공한다고 본 거지. 이를 적자생존이라고 불러.
또한 스펜서는 사회를 군사형 사회와 산업형 사회로 구분했어. 군사형 사회는 군대 조직을 본뜬 사회로, 엄격한 규칙과 힘, 복종을 중요하게 여겨. 반면 산업형 사회는 개인과 기업의 자율과 협력이 중심인 사회야. 그는 인간 사회가 점차 산업형 사회로 발전해 더 자유롭고 평화로워질 것이라 믿었지만, 현실은 그렇게 간단하지 않았지.

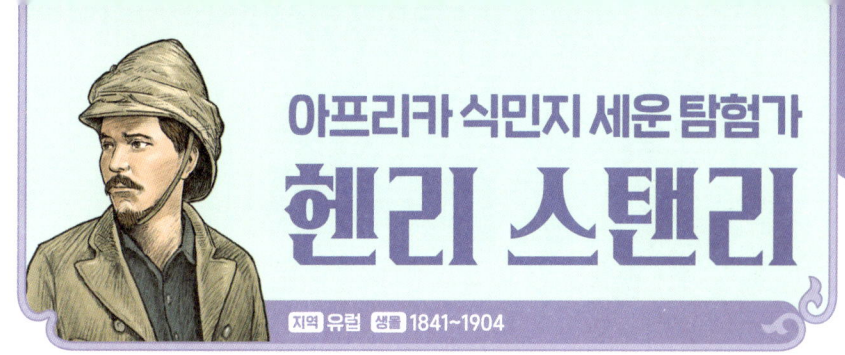

아프리카 식민지 세운 탐험가 헨리 스탠리

지역 유럽 생몰 1841~1904

데이비드 리빙스턴을 찾아 떠난 탐험

헨리 스탠리는 영국의 탐험가이자 기자야. 미국으로 이주해 《뉴욕 헤럴드》 기자로 일하던 그는 1869년, 아프리카에서 실종된 영국인 탐험가 데이비드 리빙스턴을 찾기 위해 아프리카로 떠났어.

리빙스턴은 선교자이자 탐험가로, 아프리카를 탐사하며 기독교를 전하고 무역로를 개척했어. 특히 노예사냥의 비인간적 실태를 폭로하고 이를 막으려 힘썼지. 그러다 1866년, 아프리카 탐험 중 소식이 끊긴 거야. 1871년 스탠리는 동아프리카 탕가니카호 근처에서 리빙스턴을 찾아냈어. 하지만 리빙스턴은 귀국을 거부했고, 결국 스탠리만 돌아왔지. 리빙스턴은 2년 뒤 아프리카에서 열병으로 사망하고 말아.

벨기에에 콩고 식민지 건설

1874년부터 스탠리는 중앙아프리카를 탐사하며 콩고강 일대의 지도를 작성했어. 이를 계기로 유럽 열강은 콩고 식민지화에 주목했지. 스탠리는 벨기에 왕 레오폴드 2세의 지원을 받아 콩고 지역을 식민지로 만들었어. 이때 세운 도시 '레오폴드빌'은 오늘날 콩고 민주 공화국의 수도 킨샤사가 되었지. 스탠리의 활동은 유럽 열강이 아프리카 침략을 본격화하는 계기가 되었어.

빅토리아 폭포

1855년, 아프리카를 탐사하던 리빙스턴은 잠베지강에서 거대한 폭포를 발견했어. 그는 영국 여왕의 이름을 따 '빅토리아 폭포'라고 불렀지. 세계 3대 폭포 중 하나야.

양 극지를 정복한 탐험가
아문센

지역 유럽 생몰 1872~1928

의사 대신 선택한 탐험가의 길

아문센은 노르웨이 출신의 위대한 극지 탐험가야. 선장이었던 아버지 덕분에 바다와 탐험에 관심이 많았지만, 어머니의 뜻에 따라 의과 대학에 다녔어. 그러나 어머니가 세상을 떠난 뒤 결국 자신이 진정 원하던 탐험가의 길을 선택했지.

1901년, 그는 그린란드 해양을 조사하며 본격적인 탐험을 시작했어. 1903년부터 3년 동안 세계 최초로 대서양에서 서쪽으로 북극해를 지나 태평양으로 이어지는 북서 항로 항해에 성공했지. 이는 극한의 환경을 이겨 낸 도전으로, 아문센의 이름을 세계에 알리는 계기가 되었어.

남극과 북극을 모두 정복한 탐험가

아문센의 원래 목표는 세계 최초로 북극점에 도달하는 것이었어. 하지만 1909년, 미국의 탐험가 로버트 피어리가 먼저 북극점에 도달했다는 소식에 그는 목표를 남극점으로 바꿨지. 1911년, 아문센은 52마리의 개가 끄는 썰매를 타고 12월 14일에 세계 최초로 남극점에 도달했어.

이후 1918년부터 1920년까지 아문센은 대서양에서 동쪽으로 태평양에 이르는 북동 항로 탐험을 이어 갔어. 1926년에는 비행선을 타고 북극점 상공을 지나며 북극 탐험에도 성공했지. 직접 북극 땅을 밟진 않았지만, 남극과 북극을 모두 정복한 인물이 된 거야. 뒤늦게 밝혀진 사실에 따르면, 피어리는 실제로 북극점에 도달하지 못한 것으로 확인되었어. 그래서 결국 아문센이 양 극지를 모두 탐험한 최초의 인물로 인정받았지.

1928년, 실종된 동료를 구하러 다시 북극으로 떠났던 아문센은 비행선 사고로 실종되며 생을 마감했어.

빅토리아 시대를 연 영국 여왕
빅토리아

지역 유럽 생몰 1819~1901 재위 1837~1901

영국의 최고 전성기를 연 여왕

빅토리아 여왕은 19세기 대영 제국의 전성기를 이끈 군주야. 18세에 즉위해 오랫동안 왕위에 있었지. 그녀가 다스린 시대는 '빅토리아 시대'라고 불릴 만큼 찬란했어.

빅토리아는 9명의 자녀를 두었고, 이들이 독일, 러시아 등 유럽 왕실과 혼인하면서 '유럽의 할머니'라 불렸어. 유럽의 여러 왕실이 그녀의 자손으로 이어졌지.

유럽의 할머니, 빅토리아 여왕

의회 정치와 인도 황제 등극

여왕 재위 동안 영국에서는 의회 정치가 굳건해졌어. 휘그당(진보당)과 토리당(보수당)이 번갈아 집권하며 나라를 이끌었고, 여왕은 '군림하되, 통치하지 않는다.'는 입헌 군주제의 원칙을 지켰지. 덕분에 정치가 안정되며 영국은 세계 최강국으로 성장했어.

1857년, 인도에서 영국 동인도 회사에 맞선 세포이 항쟁이 일어났어. 영국은 이를 진압하고 동인도 회사를 해산했지. 그리고 빅토리아 여

영국 첫 인도 황제

왕은 1877년부터 공식적으로 인도의 황제로 즉위했어. 영국 왕 중 최초로 인도 황제 지위까지 가지게 된 거야. 64년간 재위한 그녀는 영국의 황금기를 상징하는 여왕으로 기억되고 있어.

제국주의와 식민지 쟁탈

제국주의는 다른 민족이나 국가를 지배해 자국의 이익을 키우려는 이념이야. 19세기 중반, 산업 혁명으로 대량 생산이 가능해지면서 열강들은 시장과 원료를 구하려는 쟁탈전을 시작했어. 제품을 팔 시장과 값싼 원료를 구할 땅이 필요했거든. 열강들은 식민지를 통해 이를 해결했고, 저항하는 민중은 무력으로 진압했지.

특히 아프리카 대륙은 열강의 땅따먹기 대상이 되었어. 19세기 후반에는 영국, 프랑스, 독일, 이탈리아, 포르투갈, 벨기에 등이 아프리카의 거의 모든 지역을 나눠 가졌지. 이 과정에서 민족과 종교를 무시한 채 국경이 그어졌고, 그 여파로 오늘날까지 아프리카의 분쟁이 계속되고 있어.

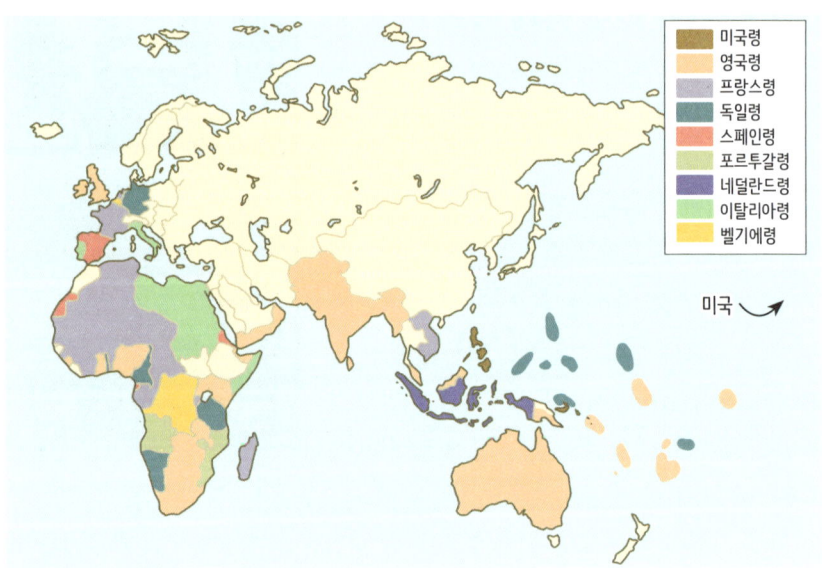

19세기 제국주의 열강의 식민지 지도

제국주의 열강의 식민지 쟁탈전

영국은 아편 전쟁에서 중국에 승리해 1842년 홍콩을 차지했고, 1857년 세포이 항쟁을 진압한 뒤 인도를 직접 통치했어. 또 싱가포르, 말레이시아, 미얀마도 점령했지. 남아프리카, 이집트, 케냐, 나이지리아 등도 차지했어.

프랑스는 1858년 베트남 전쟁에서 승리해 베트남 남부를 차지하고, 캄보디아와 라오스도 식민지로 삼았어. 아프리카에서는 알제리, 튀니지, 모로코, 세네갈, 코트디부아르, 말리, 차드도 차지했지.

미국은 1898년 스페인과의 전쟁에서 승리해 필리핀을 식민지로 만들고, 괌, 하와이, 사모아 등 태평양 일부 지역도 차지했어. 아프리카와 동남아시아에서 식민지가 되지 않은 나라는 타이(태국), 에티오피아, 라이베리아 정도에 불과했지.

영국군에 맞서는 청나라 군대

인도의 세포이

열강의 대립, 파쇼다 사건

19세기 후반 영국은 아프리카를 남북으로 잇는 종단 정책을, 프랑스는 동서로 연결하는 횡단 정책을 추진하다가 1898년, 수단의 파쇼다에서 마주쳤어. 두 나라는 전쟁 직전까지 갔지만, 프랑스가 양보해 충돌을 피할 수 있었지. 이 사건은 열강 간의 경쟁이 얼마나 치열했는지 보여 주는 대표적인 사례야.

근대 No.144

제국주의 확장의 상징
세실 로즈

지역 유럽　**생몰** 1853~1902

인물 한마디　"영국이 세계를 더 정복할수록 인류에게는 더 이득이다."

다이아몬드 사업으로 성공

세실 로즈는 19세기 영국의 대표적인 제국주의자야. 어릴 때 요양을 위해 남아프리카로 이주한 그는 다이아몬드 채굴 사업으로 큰 성공을 거뒀어. 이후 회사를 세워 다이아몬드 시장을 거의 독점하며 부를 쌓았지. 로즈는 남아프리카 공화국의 케이프 식민지 총독이 되어 식민지 확장에도 나섰어.

제국주의 팽창의 주역

1895년, 로즈는 오늘날 짐바브웨와 잠비아 땅을 점령하고, 자신의 이름을 따 '로디지아'라 불렀어. 그는 영국이 이집트 카이로부터 케이프타운까지 지배하길 바랐어. 그러나 그의 팽창 정책은 남아프리카의 네덜란드계 백인들과 충돌을 빚었고, 결국 영국군과의 전쟁으로 이어졌어. 로즈는 죽기 전까지 아프리카 전체를 영국 땅으로 만들겠다는 꿈을 안고 살았어.

세실 로즈를 거인으로 묘사한 풍자화

노벨 문학상을 탄 제국주의자

러디어드 키플링은 동화책 《정글북》으로 유명한 노벨 문학상 수상 작가야. 문학적으로 천재라 평가받았지만, 정치적으로는 영국 제국주의를 옹호해 비판받았어. 시를 통해 서구가 식민지를 문명화해야 한다는 생각을 널리 퍼뜨렸지.

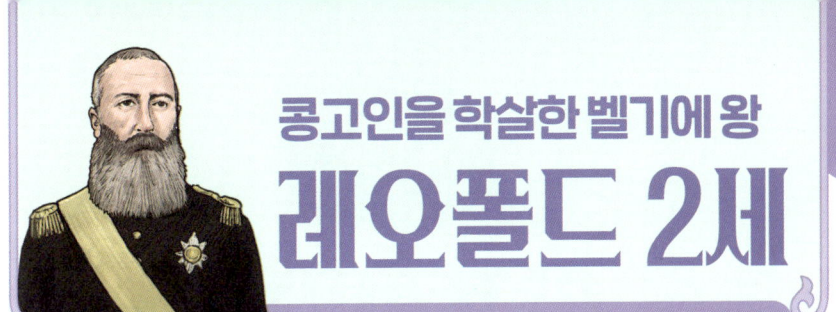

콩고인을 학살한 벨기에 왕
레오폴드 2세

지역 유럽 생몰 1835~1909 재위 1865~1909

식민지에 눈을 돌린 벨기에 왕

전쟁이 잦던 19세기 후반, 벨기에의 왕 레오폴드 2세는 중립 외교로 벨기에를 전쟁에서 지켰지만, 식민지 확장에 욕심을 부렸어. 이미 아시아와 아메리카 대륙 대부분은 다른 열강이 차지한 터라, 그는 아프리카의 콩고(오늘날 콩고 민주 공화국)로 눈을 돌렸지. 1876년, 그는 국제 아프리카 협회를 세워 스스로 회장이 되었어. 겉으로는 원주민을 돕겠다고 했지만, 속셈은 식민지 장악이었지. 영국의 탐험가 스탠리를 지원해 콩고를 탐사하고, 레오폴드빌을 건설했어. 1885년부터 본격적으로 콩고를 개인 식민지로 만들기 시작했지.

콩고에서 벌어진 학살과 착취

1884년, 베를린 회의에서 유럽 열강은 콩고를 벨기에의 소유로 인정했어. 이듬해 레오폴드 2세는 콩고 자유국을 세워 콩고를 개인 사유지로 삼았지.

이후 원주민들은 고무를 생산하기 위해 강제로 일했고, 할당량을 못 채우면 손목이 잘리는 처벌을 받았어. 또 카카오를 키우게 해서 강탈했는데, 벨기에는 이렇게 수탈한 카카오로 초콜릿 산업을 키웠지. 이런 잔혹한 착취로 약 천만 명의 콩고 원주민이 희생되었어.

결국 국제 사회의 비난이 커지자, 1908년 벨기에 정부는 콩고를 국가 식민지로 전환했어. 레오폴드 2세는 지금까지도 악명 높은 독재자로 평가받고 있어.

레오폴드 2세를 뱀으로 묘사한 풍자화

아프리카의 독립운동가

19세기 제국주의 열강은 베를린 회의(1884~1885)에서 아프리카 국경을 마음대로 그어 식민지로 삼았어. 하지만 아프리카 곳곳에서 침략에 맞서 저항하는 지도자들이 나타났지.

수단의 독립운동가, 무함마드 아흐마드

무함마드 아흐마드는 수단의 이슬람 지도자이자 독립운동가야. 당시 수단은 이집트와 국경을 맞대고 있었고, 이집트는 이미 영국의 간섭을 받고 있었어. 그래서 수단도 영국의 영향 아래 놓였지. 1881년, 아흐마드는 자신을 '마흐디(구세주)'라 칭하며 독립 투쟁을 시작했어. 그는 이집트군과 영국 총독을 물리치며 수단을 거의 장악했지만, 1885년 병으로 사망했지. 이후 투쟁은 이어졌지만, 결국 영국군에게 패배해 수단은 1899년, 영국의 식민지가 됐어.

무함마드 아흐마드

에티오피아의 수호자, 메넬리크 2세

메넬리크 2세는 여러 부족을 통일해 에티오피아 황제가 된 인물이야. 그는 아프리카에서 유일하게 독립을 지켜 낸 지도자로 유명해.

1895년, 이탈리아가 에티오피아를 침략했지만, 메넬리크 2세가 이끄는 에티오피아군이 승리했지. 1896년 두 나라는 '아디스아바바 조약'을 맺어 에티오피아의 독립이 인정되었어. 이후 메넬리크 2세는 영국, 프랑스 등과도 조약을 맺어 열강이 서로 견제하도록 했고, 국경선도 확정했지. 또 내부적으로는 근대적 개혁을 추진해 에티오피아의 안정을 이끌었어.

메넬리크 2세

남아프리카의 전사 왕, 샤카 줄루

샤카 줄루는 19세기 남아프리카 줄루 왕국의 초대 국왕으로, 줄루족을 통일해 군사력을 크게 키웠어. 그는 남아프리카에 정착한 네덜란드계 백인들(보어인)과 주변 부족을 압도했지. 또 영국 등 유럽 세력과도 전투를 벌였어. 동시에 무역을 허용하는 등 유화 정책도 펼쳤지.

샤카 줄루 사후 왕국은 점차 약화되었고, 결국 19세기 후반 영국과의 본격적인 전쟁에서 패해 멸망했어. 이 지역은 이후 남아프리카 연방(오늘날 남아공)에 편입되었지.

영국군과 싸우는 줄루족 전사들

오스만 제국의 개혁 이끈 재상
미드하트 파샤

지역 서아시아 생몰 1822~1883

지방 행정 개혁가

미드하트 파샤는 오스만 제국 말기의 정치 개혁가야. 지방 행정에서 능력을 인정받아 다뉴브와 바그다드 총독으로 일하며 학교, 병원, 공장을 세우는 등 근대화를 추진했어. 그 공로로 1872년, 오스만 제국의 재상(총리)에 임명되어 술탄 다음가는 권력을 쥐었지. '파샤'는 이슬람 세계 고위 권력자에게 주는 칭호야.

입헌 군주제와 미드하트 헌법

당시 오스만 제국은 유럽 열강의 틈바구니에서 약해지고 있었어. 술탄이 백성에게 은혜를 베푼다는 뜻이 담긴 '탄지마트 개혁'이 진행 중이었지만, 성과가 미미했지. 미드하트는 입헌 군주제만이 오스만 제국을 살릴 방법이라 보고, 술탄의 전제 정치 대신 헌법과 의회 중심의 통치를 주장했어.

1876년, 미드하트와 입헌파는 사실상 혁명에 성공해 헌법을 반포하고 의회를 세웠어. 언론, 출판, 종교의 자유도 보장했지. 하지만 1년 후, 러시아와의 전쟁으로 헌법은 정지되었고, 미드하트는 정적에 의해 유배된 뒤 결국 암살당했어. 이후 오스만 제국은 다시 술탄의 전제 정치로 돌아가 혼란에 빠졌지.

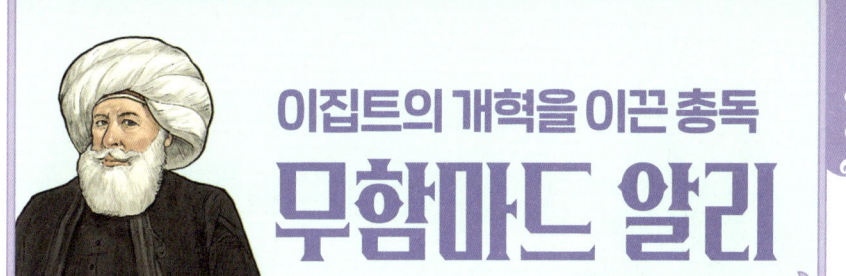

이집트의 개혁을 이끈 총독
무함마드 알리

지역 아프리카 생몰 1769~1849 지위 1805~1848

혼란스러운 이집트

무함마드 알리는 오스만 제국이 임명한 이집트 총독이었어. 이집트는 1517년부터 오스만 제국의 지배를 받았는데, 그동안의 총독 대부분 부패하거나 무능했어. 그러던 1798년, 프랑스의 나폴레옹이 이집트를 침공했고, 이집트군은 처참히 패하며 유럽의 힘을 실감했지. 얼마 뒤 프랑스군이 철수했고, 1805년에 알리가 새 총독이 되어 이집트의 권력을 장악했어.

이집트 근대화와 독립

알리는 유럽 문물을 받아들여 개혁에 나섰어. 도시를 재정비하고, 담배와 사탕수수, 목화 등 인기 상품 작물의 재배를 장려해 재정을 확보했지. 또 유럽식 군대와 무기를 도입했어. 그 결과 이집트는 근대화를 이루고 오스만 제국으로부터 사실상 독립했어.

 **토막사전** **이집트 아라비 파샤의 저항**

1870년대, 영국과 프랑스가 이집트 내정에 간섭하자, 아라비 파샤가 봉기했어. 농민과 상인의 지지를 받아 육군 장관이 된 그는 개혁을 추진했지만, 실패하고 영국군에 패해 유배당했지. 그는 오늘날까지 이집트 국민 영웅으로 추앙받아.

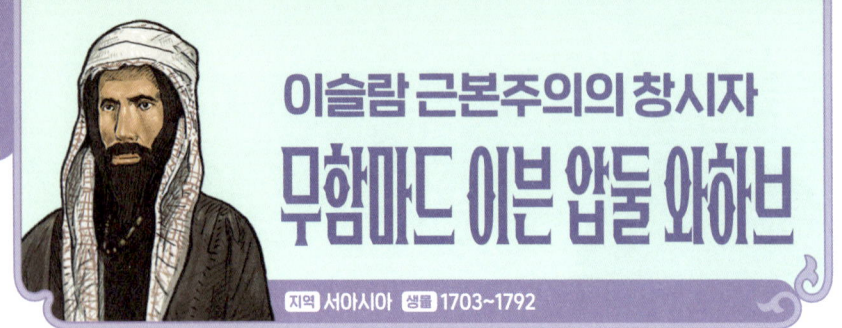

이슬람 근본주의의 창시자
무함마드 이븐 압둘 와하브

지역 서아시아 생몰 1703~1792

와하브 운동의 창시자

무함마드 이븐 압둘 와하브는 18세기 중반 사우디아라비아 지역에서 활동한 이슬람 신학자야. 그는 1745년부터 이슬람 초기 정신으로 돌아가자는 개혁 운동인 '와하브 운동'을 이끌었어.

당시 이슬람 세계의 강자였던 오스만 제국의 힘이 점점 약해지자, 오스만 제국의 지배를 받던 이슬람 지역 곳곳에서 변화와 개혁을 요구하는 목소리가 나오기 시작했어. 그 대표적 움직임이 와하브 운동이었지.

이슬람 복고와 사우디 왕조의 탄생

와하브 운동은 이슬람 경전인 쿠란과 예언자 무함마드의 가르침만을 충실히 따를 것을 강조했어. 일종의 이슬람 복고 운동인 셈이지. 새로운 이슬람 사원 건설을 반대하고, 묘당들을 파괴하기도 했어. 위기에 빠진 이슬람 세계를 구하려면, 겉모습에 치우친 신앙보다 율법을 엄격히 지키는 생활이 중요하다고 본 거야.

와하브 운동은 근대 이슬람 원리주의 운동의 신호탄이 되었고, 특히 아라비아반도에서 폭발적인 지지를 얻었어. 이 과정에서 오스만 제국이 아닌, 아랍인이 이슬람의 중심이 되어야 한다는 아랍 민족주의도 부상했지.

1744년, 아라비아반도의 유력 가문인 사우드 가문이 사우디 왕조를 세우며 와하브 운동은 사우디의 국가 통치 이념으로 자리 잡았어. 이후 사우디는 정치와 종교가 하나로 결합된 정교일치 국가가 되었고, 이 전통은 오늘날까지 이어지고 있어.

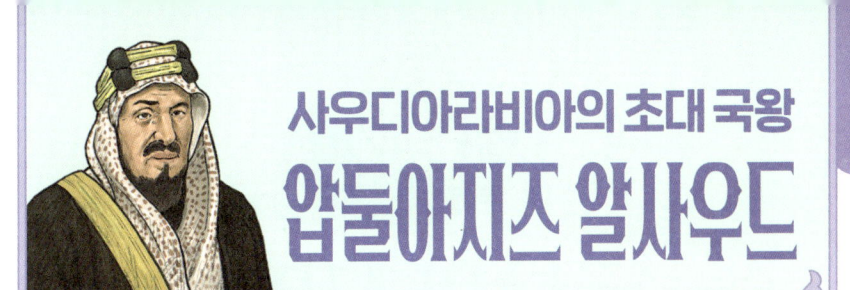

사우디아라비아의 첫 공식 왕

압둘아지즈 알사우드는 사우디아라비아의 초대 국왕이야. 서방에서는 '이븐 사우드'로 더 유명하지. 그는 18세기 중반에 사우디 왕조를 세운 무함마드 이븐 사우드와 이름이 비슷해 종종 혼동되기도 해.

사우디아라비아의 국기

제1차 세계 대전 이후 아라비아반도는 여러 왕국이 뒤섞여 혼란스러웠어. 그중 이슬람의 심장부인 메카가 있던 헤자즈 왕국은 영국의 지원을 받는 후사인이 다스리고 있었지. 하지만 이븐 사우드가 메카를 점령해 후사인을 몰아내고 1932년 아라비아반도를 통일했어. 그리고 이듬해 영국과 조약을 맺어 독립을 인정받았지. 1932년에는 국명을 사우디아라비아로 변경했어. 이븐 사우드는 와하브 운동을 통치 이념으로 삼아 사우디 왕조의 기틀을 굳혔어.

석유 개발과 미국과의 우호적 관계 형성

이븐 사우드는 석유 개발로 사우디아라비아를 부유한 나라로 만들었어. 미국과 영국 석유 회사에 유전 개발권을 주고, 그 대가로 막대한 부를 얻었지. 그는 유럽식 제도도 일부 도입해 근대화를 추진했어.

1945년, 이븐 사우드는 미국의 프랭클린 루스벨트 대통령과 회담을 가지며 미국과 우호적 관계를 다졌어. 이후 사우디는 미국과 긴밀한 관계를 이어갔지만, 1948년 주변 팔레스타인 지역에 이스라엘이 건국되는 데에는 강하게 반대하며 아랍권의 입장을 지켰지.

이븐 사우드는 강력한 통치로 나라를 발전시켰고, 지금도 그의 아들들이 돌아가며 사우디아라비아의 왕을 하고 있어.

동남아시아의 독립운동가

19세기 제국주의 열강은 동남아시아의 여러 나라를 침략해 식민지로 삼았어. 이에 맞서 동남아시아 사람들은 독립을 위해 힘차게 저항했지.

인도네시아 여성 운동의 선구자, 카르티니

카르티니는 네덜란드 식민지였던 인도네시아에서 여성의 권리와 민족의식을 높이려 노력한 인물이야. 서양 교육을 받으며 독립운동에도 앞장섰지만, 20대에 출산 중 세상을 떠났지. 이후 그녀의 편지를 모은 《어둠에서 빛으로》가 출간되며 많은 사람들에게 큰 감동을 주었고, 이는 카르티니 학교 설립 운동으로 이어졌어. 그녀는 '인도네시아의 국모'로 존경받고 있어.

카르티니

베트남 독립운동의 선구자, 판보이쩌우

판보이쩌우는 프랑스 식민지였던 베트남에서 민족주의 운동을 이끈 지도자야. 1904년, 베트남 유신회를 결성해 독립운동을 시작했고, 청년들을 일본으로 유학 보내 신사상을 배우게 하는 '동유운동'을 추진했지. 1912년에는 베트남 광복회를 세워 중국에서 활동했지만, 끝내 체

판보이쩌우

포되어 연금 상태로 생을 마감했어.

타이의 독립을 지킨 왕, 라마 5세

라마 5세는 타이(태국)의 왕으로, 근대화 개혁을 통해 나라를 지키고 발전시킨 인물이야. 그는 토지 개혁, 노예제 폐지, 교육·의료 확대, 서양식 군대 도입 등으로 중앙 집권 체제를 강화했어.

그는 영국과 프랑스 사이에서 '쿠션 외교'를 펼쳤어. 프랑스와 국경을 조정하며 양보하는 한편, 영국과 친밀한 관계를 맺어 두 나라를 견제했지. 덕분에 타이는 동남아시아에서 유일하게 식민지가 되지 않고 독립을 유지할 수 있었어.

라마 5세의 쿠션 외교

필리핀 독립운동가 호세 리살과 에밀리오 아기날도

호세 리살은 스페인 식민지였던 필리핀의 독립운동가이자 작가야. 스페인 유학 중 식민 지배를 비판하는 소설을 발표해 큰 반향을 일으켰고, 귀국 후 필리핀 민족 동맹을 결성했지. 하지만 1896년 필리핀 혁명 발발 후 스페인 당국에 체포돼 공개 처형되고 말았어.

에밀리오 아기날도는 리살의 영향을 받아 필리핀 혁명에 뛰어들었어. 1898년 독립을 선언했지만, 미국이 스페인과의 전쟁에서 승리하자 필리핀은 미국 식민지가 되었지. 아기날도는 혁명 정부를 세워 저항했지만 체포됐어. 그는 지금도 필리핀의 영웅으로 기억되고 있어.

호세 리살(좌)과 에밀리오 아기날도(우)

아편 문제에 맞선 중국 관료
임칙서

지역 동아시아 생몰 1785~1850

청나라 말기의 청백리

임칙서는 청나라 말기 대표적인 청백리 정치인이야. 청백리는 청렴하고 바르게 일하는 관료를 말해.

당시 청나라는 부패한 탐관오리의 횡포와 아편 확산으로 혼란스러웠어. 영국 상인들이 중국과의 무역 적자를 메우기 위해 중독성이 강한 마약인 아편을 대량으로 들여와 아편 중독자가 급증했지. 이런 상황에서 임칙서는 황제의 눈에 들어 1838년, 특별 임무를 수행하는 고위 관직인 흠차대신으로 임명되었어. 그의 임무는 바로 아편 밀수를 단속하는 거였지.

아편 전쟁의 빌미

임칙서는 광둥으로 내려가 아편 단속에 나섰어. 그는 아편 거래상 60명을 체포하고, 영국 상인들에게 아편 무역을 중단할 것을 강하게 경고했지. 밀매 적발 시 재산을 몰수하고, 사형에 처하겠다고 으름장도 놓았어. 하지만 아편 거래는 계속되었고, 임칙서는 약 2만 개의 아편을 몰수해 불태우거나 바다에 버렸어. 아편을 취급한 영국 상인들도 추방했지.

임칙서의 강경한 조치로 청나라와 영국의 관계는 악화되었고, 1840년에 영국이 무역과 자국민 보호를 명분으로 청나라를 침략해 제1차 아편 전쟁이 발발했어. 결국 임칙서는 전쟁의 빌미를 제공했다는 이유로 관직을 박탈당했지.

그는 전쟁 후 복직했지만, 태평천국의 난을 진압하러 가던 중 병으로 사망했어.

아편을 처분하는 임칙서

태평천국 운동을 일으킨 지도자
홍수전

지역 동아시아 생몰 1814~1864

배상제회를 창시

홍수전은 청나라 말기의 농민 반란 지도자야. 과거 시험에 네 번 낙방한 그는 관료의 꿈을 접고 기독교를 공부하며 새로운 길을 찾았어. 그는 자신이 하느님의 아들이라며 '하느님을 받든다.'는 뜻의 종교 단체, 배상제회를 만들었지. 당시 청나라는 아편 전쟁의 패배로 경제와 민중의 삶이 무너졌고, 무능한 청나라 조정에 대한 불만이 커지며 많은 사람이 배상제회로 몰려들었어.

태평천국 운동과 실패

1851년, 홍수전은 평등한 세상을 만들겠다며 반란을 일으켰어. 그는 만주족의 청나라를 무너뜨리고, 한족의 나라를 세우자는 '멸민흥한'을 외쳤지. 2년 후 난징을 점령한 그는 태평천국이라는 나라를 세우고 스스로를 천왕이라 불렀어.

태평천국군은 베이징까지 진격했으나, 내부 분열로 상황이 나빠졌어. 그 사이 청나라 정부

는 열강의 도움으로 신식 군대까지 꾸려 태평천국군을 몰아붙였지. 홍수전은 점점 궁지에 몰렸고, 결국 청나라 군대가 남경으로 진격해 온다는 소식에 스스로 목숨을 끊었어. 이로써 태평천국 운동은 실패로 끝났지.

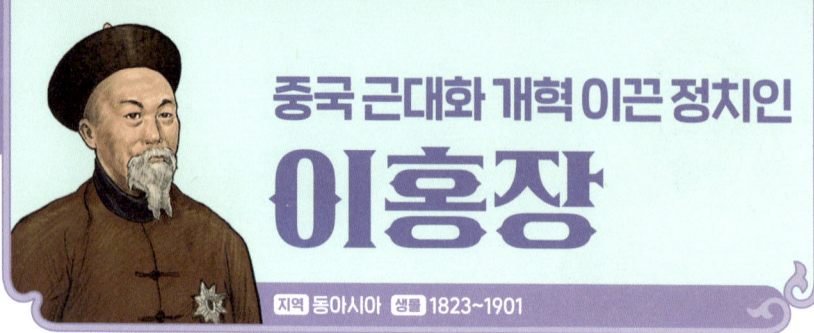

중국 근대화 개혁 이끈 정치인
이홍장

지역 동아시아 생몰 1823~1901

태평천국 운동을 진압

이홍장은 청나라 말기의 정치가이자 개혁가야. 그는 태평천국 운동에 맞서 의병 활동을 했던 정치인 증국번의 제자였어.

1851년, 태평천국 운동이 일어나자, 청나라 황제는 증국번을 진압 총책임자로 임명했고, 이홍장도 군대를 이끌게 되었어. 이홍장은 여러 지역에서 반란군을 토벌했고, 1864년 마침내 난징을 함락시켜 태평천국 운동을 끝냈지. 이 공으로 명성을 얻은 그는 청나라 핵심 관료가 됐어.

양무운동의 한계

반란은 진압했지만, 청나라는 이미 낡은 제도와 관습 때문에 나라 전체가 위기에 빠져 있었어. 이를 극복하기 위해 1861년부터 이홍장과 증국번은 양무운동을 추진했지. 무기 공장과 학교를 세우고, 유학생을 서양에 보내 과학 기술을 배웠어.

양무운동은 중국의 전통은 지키되 서양 문물을 받아들이자는 '중체서용'을 내세웠지. 하지

만 낡은 제도를 바꾸지 않은 채 서양 문물만 받아들인 개혁에는 한계가 있었어. 1894년, 청일 전쟁에서 청나라가 일본에 패배하면서 양무운동의 실패가 드러났고, 이후 청나라의 몰락은 가속화되었어.

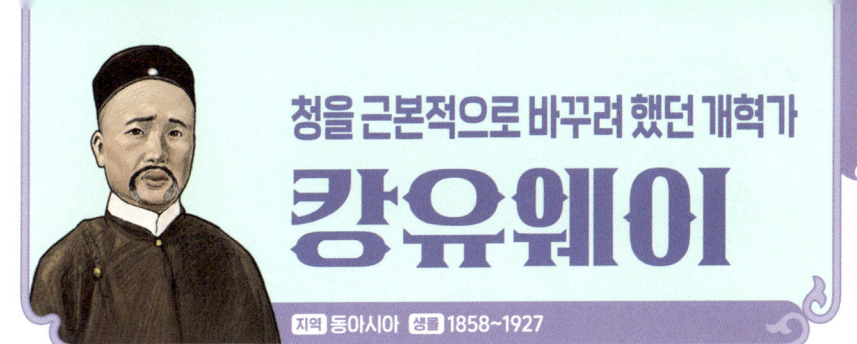

근본적 개혁을 외친 정치가

캉유웨이는 청나라 말기부터 중화민국 초기까지 활동한 정치가이자 개혁가야. 고향 광동성에 '만목초당'이란 학교를 세워 제자를 길렀는데, 그중 대표적인 인물이 량치차오지.

청일 전쟁의 참패를 지켜본 캉유웨이는 양무운동이 실패했음을 깨달았어. 서양 기술의 도입만으로는 나라를 강하게 만들 수 없었던 거지. 캉유웨이와 량치차오는 청나라의 정치와 사회 제도를 근본적으로 뜯어고치고, 국회를 열어 헌법을 도입하는 입헌 군주제가 필요하다고 주장했어.

변법자강 운동의 실패

1898년부터 캉유웨이와 량치차오는 변법자강 운동을 본격적으로 추진했어. 해외 서적을 번역하고, 신문과 잡지를 발행해 개혁 사상을 퍼뜨렸지. 정치 학교를 설립해 새로운 인재도 길러 냈어.

1898년, 캉유웨이가 청나라 황제 광서제에게 개혁을 건의했어. 광서제가 이를 받아들이며 캉유웨이를 중심으로 변법파가 모였지. 변법파는 과거 제도 개혁과 부패 척결 같은 개혁을 하나씩 추진했어.

그러나 급격한 변화에 보수파는 큰 위기감을 느꼈어. 특히 강경 보수파의 핵심인 서태후는 권력을 지키기 위해 쿠데타를 일으켰지. 이 쿠데타를 무술정변이라고 해.

1898년, 무술정변이 성공해 변법파는 해체되었고, 캉유웨이와 량치차오는 일본으로 망명했어. 변법자강 운동은 단 100일 만에 실패로 끝나고 말았지.

청나라 말기 보수파 일인자
서태후

지역 동아시아　**생몰** 1835~1908

후궁 출신 권력가

서태후는 청나라 황제 함풍제의 후궁이었어. 1861년 제2차 아편 전쟁 직후 함풍제가 사망하자, 어린 아들 동치제가 황제가 되었어. 서태후는 황후와 함께 섭정을 맡았지. 그녀는 궁궐 서쪽에 살았기 때문에 '서태후'라 불렸어. 이후 강경 보수파의 우두머리로 권력을 쥐었지.

무술정변과 의화단 운동

1875년, 동치제가 후계자 없이 죽자, 서태후는 어린 황제의 어린 사촌 광서제를 다음 황제로 세우고 다시 섭정을 시작했어. 성인이 된 광서제가 개혁파 캉유웨이와 변법자강 운동을 추진하자, 서태후는 1898년에 쿠데타(무술정변)를 일으켜 광서제를 감금하고 개혁을 중단시켰지. 1900년, 청나라를 부강하게 하고, 서양을 몰아내자는 '부청멸양'을 외치는 농민 비밀 결사인 의화단이 봉기하자, 서태후는 이들을 지지하며 서양 열강에 선전 포고했어. 그러나 8개국 연합국이 단숨에 베이징을 점령하면서 청나라는 패배했고, 청나라는 굴욕적인 베이징 의정서에 서명해야 했어. 이 조약으로 청나라는 열강의 반식민지로 전락하고 말았지.

서태후의 꼭두각시 황제
광서제

지역 동아시아 생몰 1871~1908 재위 1874~1908

꼭두각시 황제 즉위

광서제는 전임 황제 동치제의 사촌이었어. 본래 황제가 될 가능성은 거의 없었지. 하지만 동치제가 후계자를 남기지 못하고 세상을 떠나자, 서태후가 어린 광서제를 황제에 앉히면서 상황이 달라졌어. 당시 세 살이었던 광서제는 서태후의 뜻대로 움직여야 했고, 성인이 되어서도 권력을 행사하지 못했지. 말만 황제였을뿐, 진짜 주인공은 서태후였던 거야.

개혁 실패와 비극적인 죽음

광서제 시대 청나라는 안팎으로 큰 위기에 빠져 있었어. 1881년, 서태후와 함께 섭정을 맡았던 동태후가 갑자기 사망하며 궁궐은 독살설로 어수선했어. 바깥에선 1895년 청일 전쟁의 패배로 타이완(대만)과 요동반도를 일본에 내주고 막대한 배상금까지 떠안았지. 혼란 속에 나라를 다시 일으키려던 광서제는 1898년 개혁파와 함께 변법자강 운동을 추진했지만, 서태후의 쿠데타로 개혁은 무산됐어. 이후 광서제는 궁에 감금당해 황제 권한을 완전히 빼앗겼지. 1900년 의화단 운동 때도 그는 아무런 힘을 쓰지 못했어.

결국 1908년, 37세의 나이에 갑자기 숨졌지. 당시 독살설이 돌았지만, 증거는 없었어. 그런데 2008년, 광서제의 유골에서 독극물이 발견되며 그가 정말로 독살되었다는 사실이 밝혀졌어.

서양 열강이 청을 나눠 가지려는 풍자화

중화민국을 세운 혁명가
쑨원

지역 동아시아 생몰 1866~1925 임기 1912.1~1912.3

삼민주의와 혁명의 시작

쑨원은 중화민국 임시 대총통을 지낸 혁명가야. 원래 의사였지만, 공화국 수립을 위해 혁명에 뛰어들었지. 그는 민족주의, 민권주의, 민생주의로 이루어진 삼민주의를 내세웠어. 1894년, 미국 하와이에서 흥중회를 만들어 혁명을 시작했지만 실패했어. 이후 일본, 미국, 영국 등을 오가며 세력을 모았고, 1905년엔 일본에서 중국 유학생들과 함께 중국 혁명 동맹회를 결성해 다시 혁명을 준비했지.

신해혁명과 공화국 수립을 위한 노력

한편 청나라에서는 반란과 시위가 점점 심해졌어. 1911년에 전국적인 반란이 일어났고 이듬해 민주 공화국인 중화민국이 세워졌지. 쑨원은 귀국해 중화민국의 임시 대총통이 되었어. 쑨원은 청나라의 거대 군벌 위안스카이와 손잡고, 그에게 대총통 자리를 넘기는 대신 군사력을 빌려서 공화국을 세우려 했어. 그러나 위안스카이는 스스로 황제가 되려 했고, 쑨원은

공화국을 세우겠다는 뜻을 이룰 수 없었지. 이후 중국은 지방 곳곳의 여러 군벌이 나서며 분열했어. 쑨원은 중국의 분열을 막고 공화국을 세우기 위해 최선을 다했지만, 결국 혁명의 끝을 보지 못한 채 병으로 생을 마감했어.

황제를 꿈꾼 기회주의자
위안스카이

지역 동아시아 생몰 1859~1916

조선 문제에 개입, 그리고 군사력 강화

위안스카이는 청나라 말기의 군인이자 정치가야. 조선에서 큰 사건이 터질 때마다 개입해 영향력을 키웠지. 1882년 군인 반란, 1884년 개화파 정변 때 군대를 이끌고 조선에 들어와 사태를 수습하며 일본을 견제했어. 이후 그는 줄곧 조선 내정에 간섭했고, 이런 행동이 1894년 청일 전쟁의 원인이 됐지.

전쟁에서 청나라가 지자, 위안스카이는 중국으로 돌아와 서양식 군대를 키우며 북양 군벌의 지도자가 되었어.

배신의 아이콘, 반짝 황제로 즉위

막강한 군사력을 바탕으로 위안스카이는 여러 차례 배신을 거듭했어. 1898년에는 변법자강 운동을 지지하다가 곧 서태후 편으로 돌아서 변법파를 진압했고, 1900년 의화단 운동 때는 외국인을 보호하며 태도를 바꿨지.

1911년 신해혁명 때는 청 황실을 배신하고 황제를 폐위시킨 뒤 쑨원에게서 중화민국 임시

대총통 자리를 넘겨받았어. 이후 쑨원을 탄압하고 국민당도 해산했어.

황제가 되고 싶었던 위안스카이는 독재를 강화하다가 1916년, 황제에 올랐지만, 국민과 열강의 외면 속에 3개월 만에 스스로 물러났고, 곧 병으로 사망했지.

중국 공산당의 설립자
천두슈

지역 동아시아 생몰 1879~1942

신문화 운동과 개혁을 주도

천두슈는 중화민국 초기에 활동한 개혁가야. 1915년, 잡지 《신청년》을 창간하고 신문화 운동을 이끌었어. 그는 유교 중심의 전통적 가치에서 벗어나 과학과 민주주의를 받아들이자고 주장했어. 또 후스 등 지식인들과 함께 어려운 문체 대신 구어체인 백화문을 사용하자고 주장했지.

신문화 운동은 1919년 시작된 중국의 반제국주의 운동인 5·4운동에도 큰 영향을 미쳤어. 하지만 이후 천두슈는 공산주의자, 후스는 자유주의자가 되면서 서로 다른 길을 걷게 되었어.

중국 공산당 창당과 말년의 변신

1921년, 천두슈는 소련의 지원으로 중국 공산당을 만들고 초대 서기장이 되었어. 공산당은 국제 공산주의 기구 코민테른의 지시에 따랐지. 1924년엔 국민당과 공산당이 손잡는 국공 합작을 추진했지만, 천두슈는 이를 달갑게 여기지 않았어. 1927년, 국공 합작이 깨지자, 코민테른은 책임을 물어 천두슈를 서기장에서 해임했고, 1929년엔 아예 공산당에서 쫓아냈지. 천두슈는 이후에도 공산주의 활동을 이어갔지만, 1937년 국민당 정부에 체포된 뒤 서구 민주주의를 지지하는 입장으로 돌아섰어. 그리고 감옥에서 생을 마감했지.

 **자유주의 학자, 후스**

후스는 천두슈와 함께 신문화 운동을 이끈 학자야. 공산주의에 반대하며 국민당과 협력했고, 타이완으로 건너가 자유주의와 실용주의 철학을 발전시키며 영향력을 이어 갔지.

일본을 개항시킨 미국 제독
매슈 페리

지역 **아메리카** 생물 **1794~1858**

동인도 함대 사령관, 아시아로 향하다

매슈 페리는 미국의 해군 사령관으로, '페리 제독'이라 불려. 15세에 해군에 입대해 여러 전쟁을 거쳐 장교로 승진했어. 1852년에는 동인도 함대 사령관으로 취임해 아시아로 파견되었지. 당시 일본은 외국과 교류를 막는 쇄국 정책을 유지하고 있었지만, 미국은 아시아에서 이익을 늘리고 싶어 했어. 1853년, 페리는 4척의 군함을 이끌고 일본을 찾아와 개항을 요구했지. 일본은 협상을 미루려 했고, 페리는 1년 뒤 다시 오겠다며 돌아갔어.

일본 개항과 불평등 조약

1년 후 페리는 더 많은 군함을 이끌고 와 일본을 다시 압박했어. 결국 일본은 미·일 화친 조약을 체결해 항구를 열었지. 미국에 유리한 최혜국 대우 조항도 포함했어. 페리는 귀국길에 류큐 왕국과도 비슷한 조약을 맺었어.

1858년엔 무역을 허용하는 미·일 수호 통상 조약을 체결했고, 이를 계기로 다른 서양 열강들도 잇따라 일본에 진출했어. 일본은 이렇게 강제로 서양 열강에 문을 열며 근대화로 나아갔지.

일본 제국주의 사상의 뿌리
요시다 쇼인

지역 동아시아 생몰 1830~1859

서양 문물 배우려 밀항 시도

요시다 쇼인은 에도 시대 일본의 사상가이자 교육자야. 아편 전쟁에서 중국이 서양 열강에 무참히 패배하는 걸 보고, 일본은 서양의 기술과 군사력을 배워야 한다고 생각했지. 20살엔 규슈로 가 군사학을 배우고, 전국을 돌며 여러 사상가를 만나 견문을 넓혔어.

1853년, 미국의 페리 제독이 증기선을 타고 일본에 오자, 쇼인은 서양 문물을 직접 배우기로 결심했어. 이듬해 페리가 다시 방문했을 때 쇼인은 페리의 함대에 몰래 올라타 해외로 나가려다 발각되어 감옥에 갇혔지.

페리 제독의 함대로 향하는 요시다 쇼인

침략 사상과 메이지 유신의 주역 양성

감옥에서 쇼인은 《유수록》을 써 일본이 군사력을 키워 주변 나라를 정복해야 한다고 주장했어. 조선과 오키나와를 시작으로, 만주, 타이완, 필리핀까지 차지해야 한다고 했지. 이런 침략적 사상은 훗날 조선을 침략하자는 '정한론'과 일본을 중심으로 아시아를 묶어야 한다는 '대동아 공영론'의 기초가 되었어. 일본 제국주의 침략의 밑바탕이 된 거야.

2년 복역 후 출소한 쇼인은 작은 강습소를 열어 제자들을 가르쳤어. 이토 히로부미 같은 인물들이 여기서 배워 나중에 메이지 유신의 주역이 되었지. 쇼인은 에도 막부가 일본 개혁을 방해한다며 막부 타도를 주장하다 체포되었어. 그는 29세에 처형당했지만, 그의 사상은 일본 우익의 뿌리가 되었어.

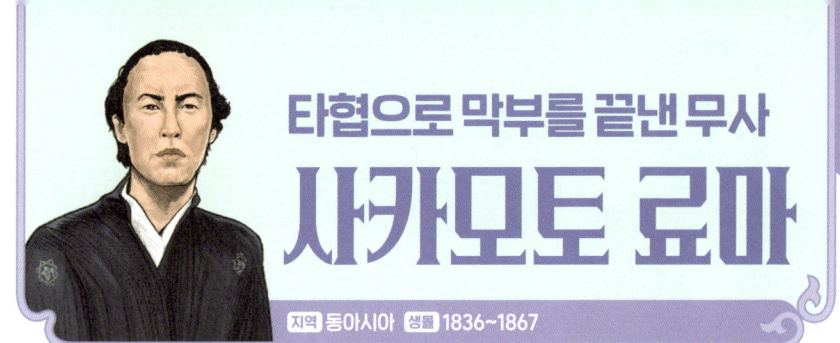

타협으로 막부를 끝낸 무사
사카모토 료마

지역 동아시아 생몰 1836~1867

서양 배척에서 근대화로

사카모토 료마는 에도 시대 말기의 무사이자 정치가야. 처음에는 천황(왕)을 받들고 서양 세력을 몰아내자는 '존왕양이' 사상을 따랐어. 하지만 친서양파 정치가인 가쓰 가이슈를 암살하려다 오히려 그에게 설득되어 제자가 되었지. 이후 서양식 기술과 군사력을 배워야 한다고 생각을 바꿨어. 1863년에는 해운 회사를 차리고 서양식 사업도 시작했지.

권력을 왕에 돌려주며 막부 종식

료마는 막부 체제로는 일본이 발전할 수 없다고 보았어. 그래서 막부 타도를 주장했지. 1866년, 그는 적대 관계였던 사쓰마와 조슈를 설득해 삿초 동맹을 맺게 하고, 마부에 낯설 군대를 마련했어. 이어 쇼군이 권력을 천황에게 돌려줘야 한다고 주장하며 주변 인물들을 설득했지.

쇼군은 실권을 여전히 유지할 수 있을 거란 생각에 이 주장을 받아들였어. 이 사건을 '대정

봉환'이라고 해. 약 680년 동안 이어진 막부 체제가 끝나고, 허수아비였던 천황이 다시 통치권을 가지게 되었지. 일본은 곧 메이지 유신을 통해 근대화의 길로 나아가게 돼. 하지만 료마는 간장 가게에서 암살당하며 생을 마감했지.

일본 근대화의 주역
이와쿠라 도모미

지역 동아시아 생몰 1825~1883

메이지 정부 출범을 이끈 핵심 인물

이와쿠라 도모미는 일본 근대화를 이끈 핵심 정치가야. 그는 삿초 동맹과 대정봉환 등 일본 근대화의 중요한 사건에 깊이 관여했지.

1868년, 대정봉환으로 에도 막부가 해체되고, 뒤이은 전쟁으로 친막부파 무사들이 몰락하면서 일본은 새로운 시대로 접어들었어. 막부 타도에 앞장섰던 인물들은 이제 근대화에 앞장섰지. 이렇게 이루어진 일본의 근대화를 당시 천황의 이름을 따서 '메이지 유신'이라고 해.

서양을 처음 시찰한 이와쿠라 사절단

1871년, 도모미는 메이지 정부의 외무대신이 되었어. 1858년에 체결한 미·일 화친 조약이 불평등하다고 보고 개정을 추진했지. 그는 이와쿠라 사절단을 이끌고 미국과 유럽을 1년 10개월간 시찰하며 선진 문물을 배우고 돌아왔어. 비록 조약 개정에는 실패했지만, 이 경험은 일본 근대화에 큰 영향을 미쳤어.

도모미는 전면에 나서기보다 뒤에서 은밀하게 정치를 조율했어. 메이지 천황의 신임을 받아 비밀 칙서를 남발했다는 비판도 받았지만, 일본 개혁 과정에서 중요한 역할을 했지. 그가 1883년 암으로 사망한 뒤 일본 역사상 최초로 국장이 치러졌어.

이와쿠라 사절단

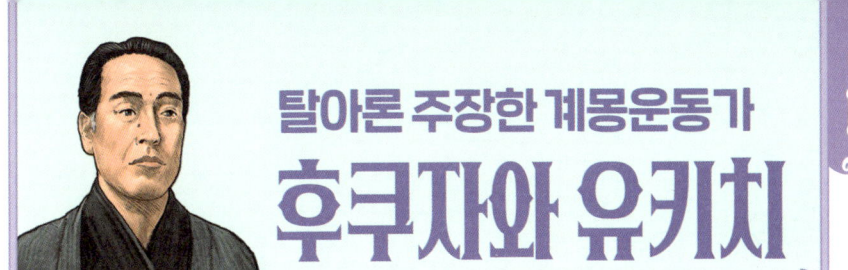

탈아론 주장한 계몽운동가
후쿠자와 유키치

지역 동아시아 **생몰** 1835~1901

교육과 언론 사업에 힘쓴 계몽가

후쿠자와 유키치는 일본의 계몽운동가이자 교육가야. 그는 아편 전쟁에서 청나라가 패배한 걸 보고 서양 문물을 배워야 한다고 주장했어. 에도에 네덜란드 어학교를 세우고 나중엔 대학까지 설립했지. 또 세 차례 해외를 다녀오며 서구 문명을 직접 보고 배워 왔어. 그는 대체로 실학과 부국강병을 주장했지만, 메이지 정부 출범 후에는 관료가 되기보다는 교육과 언론 사업에 매진했어. 특히 그가 창간한 신문 《시사신보》는 국민 계몽에 큰 역할을 했지.

서구화와 탈아론 주장

1880년대 초, 유키치는 조선의 급진 개화파였던 김옥균 등과 교류하며 서양 문명을 받아들여야 한다고 강조했어. 1884년, 조선 급진 개화파가 갑신정변을 일으켰을 때 유키치는 이들과 연결되기도 했지. 그리고 이듬해인 1885년, 유키치는 《시사신보》에 '탈아론'을 발표했어. 일본은 청나라나 조선처럼 낡은 전통에 집착하지 말고, 서양 문명을 받아들여 강해져야 한다고 강조했지. 또한 서구 열강과 어깨를 나란히 해야 한다고도 주장했어.

하지만 유키치는 조선을 정복해야 한다며 침략적 주장을 펼쳤고, 그의 탈아론은 훗날 일본 제국주의의 사상적 기반이 되었어.

메이지 유신의 주역, 이토 히로부미

이토 히로부미는 일본 제국 헌법 제정에 참여한 일본의 제1대 총리야. 그러나 조선에 을사늑약을 강요하고 외교권을 강제로 빼앗았지. 1909년, 하얼빈에서 안중근 의사에게 처단되었어.

제1차 세계 대전
(1914~1918)

암살에서 전쟁으로

1914년, 오스트리아·헝가리 제국의 황태자 프란츠 페르디난트가 사라예보에서 암살당하며 전쟁의 불씨가 튀었어. 이를 계기로 유럽 각국은 동맹국(오스트리아·헝가리 제국, 독일)과 연합국(영국·프랑스·러시아)으로 편이 나뉘어 제1차 세계 대전이 시작됐지. 유럽 각국은 전쟁 초기에 빠른 승리를 예상했지만, 전쟁은 참호전으로 전개되며 장기화되었어. 독가스와 탱크 등 신무기가 사용되며, 수많은 인명 피해가 발생하고 자원이 소모되었지.

프란츠 페르디난트 암살(1914)

방독면을 쓴 영국군

지옥의 전투와 미국의 참전

1916년 베르됭 전투에서 독일과 연합군이 치열하게 싸우며 약 70만 명의 대규모 사상자가 발생했지만, 전쟁은 끝나지 않았어. 독일의 무제한 잠수함 작전으로 미국의 여객선 루시타니아호가 격침되자 격분한 미국이 1917년 참전을 선언했지. 같은 해 러시아는 혁명으로 전쟁에서 이탈했어.

베르사유 조약과 종전

1918년, 독일 내 반란과 황제 빌헬름 2세의 퇴위로 독일이 항복했어. 1919년 베르사유 조약에서 독일은 전쟁의 책임을 인정했지. 군대를 감축하고 식민지를 포기하는 한편, 막대한 배상금도 떠안았어. 하지만 이 조약은 훗날 제2차 세계 대전의 불씨가 되지.

전쟁 결과 약 1,200만 명의 병사가 전사했어. 전쟁 재발을 막기 위해 1920년에 국제 연맹이 창설되었지만, 실질적 역할은 하지 못했어. 전쟁의 여파로 열강이 모여 있던 유럽은 약해졌고, 미국이 새로운 강대국으로 떠올랐어. 패전국의 식민지에서는 독립운동이 일어났지. 여성의 투표할 권리를 요구하는 운동과 노동자의 권리 보호 운동도 활발해졌어.

1919년 베르사유 조약 장면

근대
No.164

제1차 세계 대전 일으킨 황제
프란츠 요제프 1세

지역 유럽　**생몰** 1830~1916　**재위** 1848~1916

세르비아에 선전 포고

프란츠 요제프 1세는 1867년, 헝가리와 타협해 오스트리아·헝가리 이중 제국을 세웠어. 수도 빈은 번영했지만, 보스니아를 강제로 합병하면서 민족 갈등이 커졌지. 오스트리아가 독일과 손잡고 게르만족 중심의 나라를 만들려 하자 보스니아의 세르비아계 사람들은 같은 슬라브족끼리 모여 새 나라를 만들고 싶어 했어. 세르비아와 러시아도 이를 지지했지. 1914년, 황제의 조카이자 황태자가 보스니아 수도 사라예보를 방문했다가 세르비아 민족주의자에게 암살당했어. 이 소식에 분노한 황제는 세르비아에 선전 포고했고, 유럽 열강들이 줄줄이 참전하며 제1차 세계 대전이 시작됐지.

불운한 황제의 가족사

프란츠 요제프 1세는 전쟁 중 사망했어. 그는 오래 살았지만, 가족사는 비극 투성이였지. 아내는 마음의 병을 앓다 외롭게 지냈고, 결국 외국에서 암살당했어. 외아들은 정신적 불안정과 정치적 압박 등으로 스스로 목숨을 끊었지. 동생은 멕시코의 황제가 되기 위해 떠났다가 혁명군에게 잡혀 총살당했거든.

민족 자결주의 주장한 미 대통령
우드로 윌슨

지역 아메리카 생몰 1856~1924 임기 1913~1921

> **인물 한마디**
> "나는 결국 실패할 대의를 추구하여 승리하기보다, 결국 승리할 대의를 따르다 실패하겠다."

학자에서 대통령으로

우드로 윌슨은 원래 역사학자이자 대학교수였어. 프린스턴 대학 총장을 거쳐 뉴저지 주지사를 지낸 뒤, 1913년에 대통령이 되었지. 그는 노동자의 권리를 보호하고 아동 노동을 금지했으며, 철도 노동자의 근무 시간을 하루 8시간으로 제한했어. 또 기업 간 공정한 경쟁을 위해 관세를 낮추고, 불공정 거래를 막기 위해 연방 거래 위원회를 만들었지. 같은 해 미국 경제 안정을 위해 중앙은행인 연방 준비은행과 연방 준비 제도 이사회도 설치했어. 이 기구는 오늘날까지 세계 경제에 큰 영향을 미치고 있지.

14개조 평화 원칙과 민족 자결주의

원래 미국은 먼로 독트린에 따라 유럽 문제에 개입하지 않는 중립주의를 고수했어. 하지만 제1차 세계 대전 중 독일이 미국 선박을 계속 공격하자, 윌슨은 참전을 결정했고, 전세는 연합국 쪽으로 기울어 연합국이 승리했지.
1918년, 전쟁이 끝나자 윌슨은 14개조 평화 원칙을 발표했어. 여기엔 모든 민족이 스스로 미래를 결정할 권리인 '민족 자결주의'도 포함되었지. 그는 평화로운 국제 사회를 위해 국제 연맹 창설을 추진했지만, 미국이 또다시 원치 않는 전쟁에 휘말릴까 걱정한 의회는 가입을 반대했어. 윌슨은 국민에게 국제 연맹 가입의 필요성을 호소했지만, 곧 뇌졸중으로 쓰러져 더는 정치 활동을 하기가 어려워졌어. 그는 국제 연맹 창설과 세계 평화에 기여한 공로로 1919년 노벨 평화상을 수상했어.

외교의 달인

아서 밸푸어는 영국 보수당 소속 총리야. 그는 대대로 정치인을 배출한 가문 출신으로, 외삼촌도 총리 출신이었지. 밸푸어를 정계로 이끈 인물도 바로 외삼촌이었어.

1902년 총리가 된 밸푸어는 제국주의 국가들이 경쟁하던 국제 정세 속에서 외교력을 발휘했어. 먼저 러시아의 세력 확장을 견제하기 위해 일본과 영일 동맹(1902)을 맺었고, 독일의 성장을 막기 위해 프랑스와 영불 협상(1904)을 맺었지. 이 두 협정 덕분에 제1차 세계 대전에서 영국, 프랑스, 일본이 같은 편에 서게 되었어. 하지만 국내 경제 문제로 보수당의 지지율이 떨어지자, 밸푸어는 1905년 총리직에서 물러났지.

밸푸어 선언과 중동 문제

제1차 세계 대전 중 밸푸어는 영국 외무 장관을 맡았어. 전쟁이 길어지자 영국은 유대인의 재정적, 외교적 지원을 얻기 위해 노력했어. 특히 미국과 러시아 내 유대인들의 영향력을 의식해 이들의 힘을 빌리려 했지. 1917년, 밸푸어는 유대인 지도자에게 팔레스타인에 유대 민족 국가 설립을 지지하겠다는 편지를 보냈어. 이게 바로 밸푸어 선언이야.

그런데 문제는 2년 전 영국이 아랍인들에게도 비밀 편지를 보내 독립을 약속한 상태였다는 거지. 하나의 땅을 두고 두 민족 모두에게 독립을 약속한 밸푸어 선언은 오늘날까지 이어지는 이스라엘과 팔레스타인 분쟁의 씨앗이 되었어. 밸푸어는 1929년 정계에서 은퇴했고, 이듬해 세상을 떠났어.

농노 해방시킨 러시아 황제
알렉산드르 2세

지역 유럽 생몰 1818~1881 재위 1855~1881

인물 한마디

"위에서 농노를 해방하지 않으면, 그들은 아래에서 스스로 해방할 것이다."

농노를 해방한 개혁 황제

알렉산드르 2세는 크림 전쟁 중 아버지 니콜라이 1세가 사망하자 왕위를 물려받았어. 그는 강경 보수 정책을 펼친 아버지와 달리 개혁적인 성향이었지.

러시아가 유럽보다 낙후되었다는 걸 깨달은 그는 교육, 사법, 행정, 군사 등 다양한 분야에서 개혁을 추진했어. 특히 1861년, 농노 해방령을 내려 농노제를 폐지했는데, 이 공로로 '해방자'라는 별명을 얻었지.

농노 해방 포고령을 듣는 러시아 민중

알래스카 매각과 비극적 죽음

알렉산드르 2세는 청나라로부터 연해주를 확보하고, 블라디보스토크를 세워 동아시아 진출에 나섰어. 하지만 개혁을 추진하려면 큰 자금이 필요했지. 결국 1867년 거대한 알래스카 땅을 720만 달러에 미국에 팔았어. 당시엔 쓸모없는 땅으로 여겼지만, 나중에 금과 석유가 발견되면서 미국이 큰 이득을 얻게 되었지. 알렉산드르 2세의 개혁으로 러시아는 농업국에서 벗어나 산업국가로 발전했지만, 전제 정치와 개혁을 둘러싼 갈등은 여전했어. 결국 1881년, 급진 혁명 단체가 알렉산드르 2세의 마차에 폭탄을 던졌고, 그는 그 자리에서 사망했지. 이 사건은 러시아 개혁의 종말을 알렸어.

러시아 혁명

피의 일요일과 혁명의 시작

1905년 1월, 러시아 수도 상트페테르부르크에서 시민들이 입헌 군주제 도입과 노동 환경 개선을 요구하며 평화 시위를 벌였어. 하지만 니콜라이 2세는 군대를 동원해 무장하지 않은 시민들에게 발포했고, 수백 명이 죽었지. 이 사건은 피의 일요일로 불렸고, 러시아 전역으로 시위와 파업이 번졌어. 민심을 달래기 위해 의회 '두마'가 출범했지만, 니콜라이 2세는 개혁을 거부했지.

시민들을 진압하는 러시아 군대

볼셰비키의 등장과 3월 혁명

개혁을 원하는 자유주의자들과 사회주의자들이 힘을 합치기 시작했어. 급진 사회주의를 내세운 정당 볼셰비키가 레닌을 중심으로 등장했지.

1914년, 제1차 세계 대전이 터지자 니콜라이 2세는 비상 체제를 선언하고 반대 세력을 탄압했어. 그러나 전쟁의 장기화로 물가는 오르고, 식량도 부족해 민심은 더욱 나빠졌지.

1917년 3월, 상트페테르부르크에서 대규모 시위와 폭동이 일어났어. 군대까지 시위에 가담했지. 결국 니콜라이 2세는 퇴위했고 로마노프 왕조도 막을 내렸어. 이후 두마가 임시 정부를 세웠지만, 전쟁은 계속됐어.

볼셰비키의 로고

11월 혁명과 볼셰비키의 권력 장악

혼란을 틈타 볼셰비키의 지도자 레닌은 노동자와 농민, 병사들로 구성된 소비에트(평의회)를 중심으로 사회주의 혁명을 계획했어.

같은 해 11월, 레닌의 볼셰비키가 무장 봉기를 일으켜 임시 정부의 본부인 겨울 궁전을 점령했어. 임시 정부는 거의 저항 없이 무너졌고, 세계 최초의 사회주의 정권이 러시아에 수립되었지.

신경제 정책과 사회주의 체제

볼셰비키 정부는 모든 사유 재산을 몰수하고, 생산 수단을 국유화했어. 지주의 땅을 빼앗아 농민에게 나눠 주고, 생활필수품과 집도 배급했지. 하지만 일을 많이 하든 적게 하든 배급량이 똑같다 보니, 사람들이 일할 의욕이 떨어져 경제 생산성이 급격히 하락했어.

1921년, 레닌은 신경제 정책(NEP)을 도입해 소규모 장사와 일부 시장 경제를 허용했어. 덕분에 경제는 어느 정도 회복됐지만, 이어 스탈린이 집권하면서 NEP는 폐지되고 러시아는 강력한 사회주의 체제로 전환됐어.

연설하는 레닌

러시아의 마지막 황제
니콜라이 2세

지역 유럽 생몰 1868~1918 재위 1894~1917

개혁 외면한 보수주의 황제

니콜라이 2세는 러시아 최후의 황제야. 그는 지나치게 보수적이었고, 개혁에 소극적이었어. 당시 유럽은 근대화로 빠르게 변화하고 있었지만, 니콜라이 2세는 측근의 말만 듣고 자유를 요구하는 국민을 억압했지. 결국 러시아는 계속된 혁명 속으로 빠져들게 돼.

러일 전쟁 패배와 몰락

1904년 니콜라이 2세는 극동 아시아로 세력을 넓히려다 일본과 충돌해 러일 전쟁이 벌어졌어. 뜻밖에도 러시아가 패배해 온 세계가 충격에 빠졌지. 이듬해 생활고에 시달린 시민들이 빵과 자유를 외치며 평화 시위를 벌였지만, 니콜라이 2세는 이들을 무력으로 진압했어. 하지만 반발이 거세지자 의회 '두마' 설립을 허락했으나 개혁은 제대로 이루어지지 않았어.

1917년 3월, 자유주의자와 사회주의자가 연합해 혁명을 일으키자 니콜라이 2세는 결국 퇴위했어. 이와 함께 300년간 이어진 로마노프 왕조도 무너졌지. 이듬해 니콜라이 2세는 가족과 함께 혁명군에 의해 총살당하며 비극적인 최후를 맞았어.

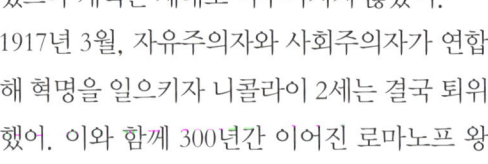

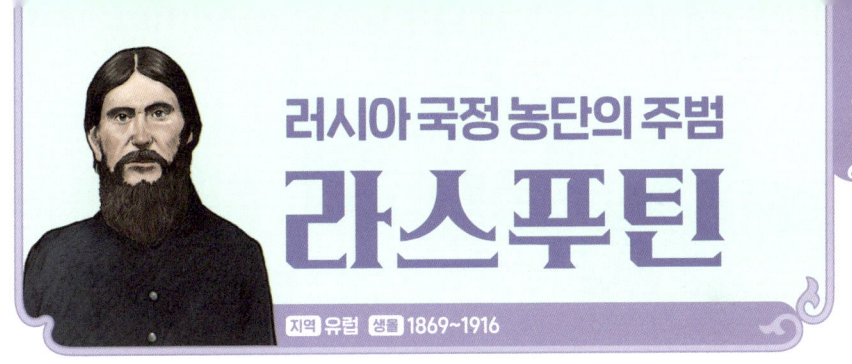

러시아 국정 농단의 주범
라스푸틴

지역 유럽 생몰 1869~1916

황실의 신임을 얻은 수도사

라스푸틴은 니콜라이 2세 시절 러시아에서 활동한 수도사야. 정식 교육도 받지 않았지만, 병을 고치는 신기한 능력이 있다고 알려져 있었지. 그는 우연히 황후 알렉산드라를 만나게 돼. 황태자는 피가 나면 쉽게 멈추지 않는 혈우병을 앓고 있었고, 기적을 바랐던 황후는 라스푸틴에게 치료를 맡겼지.

그가 기도하자, 황태자의 병이 호전되고, 이를 계기로 라스푸틴은 러시아 황실의 두터운 신임을 얻게 되었어.

정치 거물의 비참한 죽음

황실의 총애를 받은 라스푸틴은 정치에 개입하게 되었어. 황제 부부는 주요 국정 문제도 그와 상의했지. 의회가 라스푸틴을 추방하자고 해도 거부했어.

제1차 세계 대전 중 니콜라이 2세가 전쟁터로 떠나자, 라스푸틴은 황후와 함께 나라를 좌지우지했어. 그의 영향력이 커질수록 스캔들과

비판 여론만 거세졌지. 결국 1916년, 황실 귀족들이 라스푸틴 암살을 계획했어. 그에게 독약을 먹이고, 총을 쐈지. 그러나 좀처럼 죽지 않자 결국 몽둥이로 구타한 뒤 강물에 던져 버렸어. 라스푸틴의 최후는 매우 끔찍했지.

근대
No.170

세계 첫 공산 정권 수립자
레닌

지역 유럽 **생몰** 1870~1924 **임기** 1917~1924

인물 한마디 "모든 권력을 소비에트로."

혁명가가 되기까지

레닌은 러시아에 세계 최초의 사회주의 정권을 세운 혁명가이자 소련의 첫 지도자야. 본명은 블라디미르 일리치 울리야노프고, '레닌'은 필명이었지.

형이 황제 알렉산드르 3세의 암살을 계획했다가 처형당하자, 레닌은 큰 충격을 받고 이때부터 혁명에 관심을 갖게 되었어. 대학에 다니면서 마르크스주의에 빠져들었지.

볼셰비키 혁명과 코민테른

변호사가 된 레닌은 혁명 운동을 이어갔고, 여러 번 체포된 뒤 해외로 망명했어. 1903년 볼셰비키 지도자가 된 그는 1917년 3월 혁명으로 정권을 잡았지. 그리고 소비에트가 모든 권력을 가져야 한다고 주장했어. 1919년에는 국제 공산주의 조직 코민테른을 만들어 혁명을 세계로 퍼뜨리려 했어.

마르크스주의를 러시아 현실에 맞게 발전시킨 레닌의 사상을 마르크스-레닌주의라고 해.

3월 혁명 이후에도 변함없는 러시아

결정적 순간에 등장한 레닌!

소련 최장기 독재자
스탈린

지역 유럽 생몰 1878~1953 임기 1924~1953

인물 한마디 "한 명의 죽음은 비극이지만, 백만 명의 죽음은 통계다."

레닌의 후계자

스탈린은 1917년 볼셰비키 혁명에 참여한 혁명가야. 혁명 성공 후, 빠르게 승진해 공산당 당 서기장이 된 그는 레닌 사후에 경쟁자들을 제거하고 소련의 최고 권력자가 되었지. 30년간 소련을 통치한 소련 최장기 집권자야.

독재와 제2차 세계 대전

1928년, 스탈린은 제1차 5개년 계획을 실시해 중화학 공업을 집중 육성했지만, 경공업과 농업은 외면했어. 소련 땅이었던 우크라이나에선 농업 집단화와 강제 징수로 대기근이 발생해 수백만 명이 아사했지. 게다가 비밀경찰을 동원해 반대파를 모두 숙청했어. 1937년부터 1년 동안 약 100만 명 넘게 죽였지.

1939년, 스탈린은 전쟁을 피하기 위해 나치 독일과 불가침 조약을 맺었지만, 1941년 히틀러가 소련을 침공하면서 전쟁에 휘말렸어. 전쟁에서 승리한 소련은 이후 미국과 맞서는 강대국으로 떠올랐지.

제2차 세계 대전
(1939~1945)

대공황과 독재자들의 등장

1929년 미국에서 시작된 대공황은 전 세계 경제를 무너뜨렸어. 실업자와 굶주린 사람들이 늘어나자 사람들은 불안해졌고, 이 틈을 타 전체주의 국가들이 등장했지.

무솔리니의 파시스트당이 장악한 이탈리아, 히틀러의 나치당이 장악한 독일, 그리고 군부가 정치를 장악한 일본이 당시 대표적인 전체주의 국가였어. 이 세 나라는 힘을 모아 동맹을 맺고, 세계를 정복하겠다는 야망을 키웠어.

추축국의 침략과 전쟁 발발

일본은 1931년 만주 사변, 1937년 중일 전쟁을 일으켜 중국을 공격했어. 특히 난징 대학살로 수많은 민간인을 죽였지. 이탈리아는 에티오피아를 침략했어. 독일은 제1차 세계 대전 이후 비무장 지대였던 라인란트에 군대를 보내고 오스트리아와 체코를 합병하는 등 조금씩 세력을 넓혀 나갔지.

1939년, 독일이 폴란드를 침공하자 영국과 프랑스가 선전 포고하면서 제2차 세계 대전이 시작됐어. 독일은 빠르게 유럽 곳곳을 장악했지만, 영국 본토 공격에는 실패했지.

1938년도 일본의 동맹 선전 포스터

전쟁의 확산과 연합국의 반격

1941년, 히틀러가 소련을 침공하면서 전쟁은 더 크게 확대됐어. 비슷한 시기 일본이 미국의 진주만을 기습해 태평양 전쟁도 시작됐지. 그러나 독일군은 스탈린그라드 전투에서 소련에 패배하며 발목이 잡혔고, 미국도 태평양 전쟁에서 일본을 압도하며 연합군은 승기를 잡게 돼. 북아프리카와 이탈리아를 되찾은 연합군은 1944년 노르망디 상륙 작전을 성공시켜 프랑스를 해방했지. 1945년 5월, 독일의 항복으로 전쟁은 끝났어.

베를린 의사당에 꽂힌 소련 국기

일본의 패배와 전쟁의 끝

하지만 일본은 끝까지 버텼어. 연합국이 항복을 요구했지만, 일본은 거부했지. 결국 미국은 일본의 히로시마와 나가사키에 원자 폭탄을 투하했고, 1945년 8월 15일 일본이 무조건 항복하며 전쟁은 완전히 끝났어.

제2차 세계 대전은 인류가 경험한 가장 커다란 비극이었어. 유럽의 주요 도시들은 잿더미가 되었고, 전쟁이 진행된 6년 동안 약 5천만 명 이상이 목숨을 잃었지. 폐허가 된 세계는 다시는 전쟁이 일어나지 않도록 국제 연합(UN)을 창설했고, 평화와 인권을 지키려는 새로운 노력이 시작되었어.

일본의 항복

타이완의 초대 총통
장제스

지역 동아시아 성몰 1887~1975 임기 1950~1975

국민당 장악과 공산당과의 갈등

장제스는 쑨원의 측근이었어. 1924년, 쑨원은 군벌 세력과 일본 등 외세의 간섭에 맞서 중국을 재통일하기 위해 중국 공산당과 손잡았는데, 이를 제1차 국공 합작이라고 해.

하지만 쑨원 사후, 장제스는 쿠데타를 일으켜 공산당을 몰아내고 국민당을 장악했지. 제1차 국공 합작은 이렇게 깨져버렸어.

타이완 정부 수립

장제스가 이끄는 국민당은 다른 군벌과의 전쟁을 이어간 끝에 1928년, 베이징을 점령하고 중국을 다시 통일했어. 하지만 농민과 노동자의 지원을 받은 공산당과 싸움은 계속됐지. 그러던 중 일본이 중국 침략을 본격화하며 중일 전쟁이 시작됐고, 1937년 장제스의 국민당은 일본과 맞서기 위해 공산당과 다시 힘을 합쳤어. 이를 제2차 국공 합작이라고 해.

중일 전쟁 직후, 장제스는 공산당과 또다시 싸웠지만 패배했어. 1949년, 그는 타이완으로 건너가 중화민국 정부를 세우고 총통이 되었지. 이후 타이완은 독자적인 정부를 유지하고 있지만, 중국은 여전히 타이완을 중국의 일부라고 주장하고 있어.

사회주의 중국의 건설자
마오쩌둥

지역 동아시아 생몰 1893~1976 임기 1949~1959(국가 주석)

민심을 얻은 대장정

마오쩌둥은 1921년 중국 공산당 창립 이후 핵심 인물로 떠올랐어. 1934년, 장제스의 공산당 토벌을 피해 약 12,500km를 이동하는 대장정을 시작했지. 이 여정에서 그는 민심을 얻으며 공산당의 지도자로 자리 잡았어.

그는 중일 전쟁 이후 국민당과의 내전에서 승리해 1949년 중화 인민 공화국(중국)을 세우고 국가 주석이 되었어.

경제 실패와 문화 대혁명

1958년, 마오쩌둥은 집단 농장과 철강 공업을 키우기 위해 대약진 운동에 나섰어. 하지만 참새가 곡식을 쪼아 먹는다고 대량으로 잡았더니, 오히려 해충이 들끓어 곡식 생산량이 급격히 줄었지. 그 결과 수천만 명이 굶어 죽었어. 대약진 운동이 실패하자 마오쩌둥은 이듬해 국가 주석 자리에서 물러났어.

1966년, 공산당 내부에서 개혁의 목소리가 나오자 마오쩌둥은 이들을 비판했어. 개혁 세력

을 누르기 위해 붉은 완장을 찬 학생들로 조직된 홍위병을 앞세워 '공산주의의 적'을 숙청했지. 이를 '문화 대혁명'이라고 해. 수많은 사람이 학살당한 문화 대혁명은 1976년 마오쩌둥이 사망하면서 끝났어.

인도 건국의 아버지
간디

지역 남아시아 **생몰** 1869~1948

> **인물 한마디** "비폭력은 인류가 활용할 수 있는 가장 강력한 힘이다."

사티아그라하 운동과 인종 차별 반대

간디는 영국의 식민지였던 인도의 민족 지도자야. 영국에서 법대를 졸업한 그는 변호사가 되었고, 1893년 한 소송 사건을 맡아 남아프리카 연방(현재 남아프리카 공화국)으로 건너갔어.

그곳에서는 인도인들이 심한 인종 차별을 당했어. 간디는 비폭력 저항 운동인 '사티아그라하'를 펼쳤지. 사티아그라하는 '진리를 주장한다.'는 뜻이야. 그는 22년간의 투쟁 끝에 1914년, 인도인에게 부과되던 인두세를 폐지시키고, 인도인의 거주와 이동을 제한하던 법도 없애는 데 성공했어.

비폭력·불복종 운동

1915년, 인도로 돌아온 간디는 본격적으로 독립운동을 시작했어. 비폭력·불복종 운동을 앞세워 세금 납부 거부와 영국 상품 불매 운동을 벌였지. 1930년에는 영국이 부과한 소금세에 반대해 약 375km를 걷는 '소금 행진'을 이끌어 전 세계의 주목을 받았어. 이후 여러 차례 감옥에 갇히면서도 독립을 향한 투쟁을 멈추지 않았지. 1947년 인도는 마침내 영국에서 독립했어.

하지만 힌두교와 이슬람교의 갈등으로 파키스탄이 분리되었고, 간디는 화합을 위해 힘썼어. 그러나 1948년 힌두 극단주의자에게 암살당하고 말았지.

소금 행진하는 간디

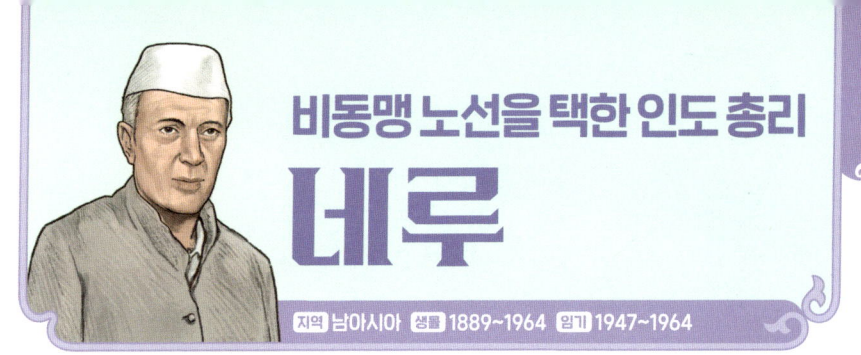

비동맹 노선을 택한 인도 총리
네루

지역 남아시아 생몰 1889~1964 임기 1947~1964

간디와 함께 인도 독립운동 지도

네루는 간디와 함께 인도 독립운동을 이끈 정치가야. 간디에게 많은 영향을 받았지만, 사회주의 성향을 가진 점에서 차이가 있었지.

부유한 집안에서 태어나 영국에서 대학을 마친 뒤 변호사가 된 그는 1915년 인도로 돌아와 간디를 만나 인도 독립운동에 뛰어들었어. 여러 차례 체포되어 총 아홉 번이나 감옥에 갇혔지. 이때 딸에게 보내는 편지 형식으로 쓴 《세계사 편력》이라는 책을 집필했어.

1929년, 네루는 인도 국민회의 의장으로 선출돼 인도의 독립을 공식 선언했고, 이후 간디와 함께 영국에 맞서 싸웠어.

인도 초대 총리, 그리고 비동맹 노선

1947년, 인도는 영국으로부터 독립했지만, 힌두교 중심의 인도와 이슬람교 중심의 파키스탄으로 분리되었어. 네루는 인도의 초대 총리가 되어 17년간 인도를 이끌었어. 당시 세계는 미국과 소련, 두 나라 중심의 냉전 시대였는데, 네루는 어느 편에도 서지 않는 비동맹 노선을 선택했지.

1955년, 갓 독립한 아시아와 아프리카 29개국이 인도네시아 반둥에서 열린 반둥 회의에 참여했어. 이 자리에서 식민주의 반대와 중립 선언이 오갔지. 네루는 신생 독립국들의 지도자로 인정받았어. 이 회의를 계기로 자본주의 진영, 공산주의 진영과 구분되는 '제3세계'라는 새로운 개념이 등장했어.

그러나 네루는 경제 정책에서 뚜렷한 성과를 내지 못했고, 파키스탄과 영토 분쟁도 겪었어. 네루 이후 인도는 민주주의와 경제 발전을 이어갔지만, 종교와 민족 갈등, 파키스탄과의 긴장은 여전히 풀리지 않고 있지.

베트남 독립의 주역
호찌민

지역 동남아시아 **생몰** 1890~1969 **임기** 1945~1969(주석)

> **인물 한마디** "나를 이끈 것은 공산주의가 아니라 애국심이었다."

베트민 창립과 독립운동

호찌민은 21살에 프랑스로 건너가 여러 나라를 돌며 서양 문물을 익혔어. 프랑스 공산당에 가입한 뒤 소련에서 공산주의 혁명을 공부했고, 베트남 귀국 후 독립운동을 이끌었지. 당시 베트남은 프랑스 식민지였거든.

베트남 전쟁과 분단

제2차 세계 대전 중 일본이 베트남을 점령했지만, 1945년 일본이 패망하자 호찌민이 봉기를 일으켜 독립을 선언하고 초대 주석이 되었어. 1954년 디엔비엔푸 전투에서 프랑스를 완전히 몰아냈지만, 베트남은 호찌민의 공산주의 북베트남과 자유주의 남베트남으로 갈라졌지. 1960년, 남베트남에 공산주의 무장 조직 베트콩이 생기자, 미국이 개입하면서 베트남 전쟁이 발발했어. 호찌민은 전쟁 중 세상을 떠났고, 1975년에 북베트남이 승리했지. 생전 검소한 삶을 살았던 그는 지금도 '호 아저씨'라는 애칭으로 불리며 존경받고 있어.

인도네시아 초대 대통령

한때 네덜란드 식민지였던 인도네시아의 독립을 이끈 인물이 바로 수카르노야. 학생 시절부터 민족 운동에 참여한 그는 1927년에 국민당을 창당해 독립 운동을 이끌었지. 하지만 네덜란드 식민 정부에 체포되어 오랫동안 감옥과 유배 생활을 했어.

1945년, 제2차 세계 대전이 끝난 혼란을 틈타 인도네시아는 네덜란드로부터 독립을 선언했고, 이후 선거를 통해 수카르노가 첫 대통령으로 선출되었지.

교도 민주주의 추진과 몰락

수카르노는 1955년 제1회 반둥 회의를 주최한 인물이기도 해. 그는 미국과 소련 어느 편에도 서지 않는 비동맹 외교 노선에 함께했어. 한편, 인도네시아 내부는 여전히 혼란스러웠어. 수카르노는 '교도 민주주의'라는 독특한 정치 체제로 나라를 운영하려 했거든. 그는 인도네시아가 서구식 정당 정치와 의회 중심 민주주의를 그대로 따르는 것이 적합하지 않다고 봤어. 대신 오랜 전통을 지닌 촌락 회의 방식처럼, 지도층이 국민을 가르치고 이끄는 방식이 더 나은 민주주의라고 주장했지.

하지만 시간이 갈수록 권력이 수카르노 개인에게만 집중되었어. 수카르노는 점점 반대 세력을 억압하고 언론의 자유를 제한하면서 1963년엔 마침내 스스로 종신 대통령을 선포했어. 경제는 나빠지고, 부정부패도 심해졌지. 특히 그가 공산당과 가까운 태도를 보이자 군부의 불만이 커졌어. 결국 1965년, 군부가 쿠데타를 일으켜 수카르노를 몰아냈고, 인도네시아는 반공 노선을 걷기 시작했어. 수카르노는 정치에 복귀하지 못한 채 조용히 생을 마감했지.

튀르키예 독립의 아버지
무스타파 케말

지역 서아시아 **생몰** 1881~1938 **임기** 1923~1938

오스만 제국의 몰락과 저항

오스만 제국은 제1차 세계 대전에서 독일·오스트리아 편에 섰지만 패배해 결국 해체되고 말았어. 1920년 체결된 조약에 따라 팔레스타인, 시리아, 이라크 등 옛 오스만 제국의 영토가 영국과 프랑스의 위임 통치령이 되었지. 주요 해협들도 서양에 개방되었어.

이에 군인 무스타파 케말이 앙카라에 독립 투쟁 본부를 세우고, 주둔 중이던 그리스군을 몰아낸 뒤 오스만 제국의 술탄제를 폐지했지. 이후 연합국과 협상해 일부 영토를 되찾았으며, 1923년 튀르키예 공화국을 세워 초대 대통령이 되었어.

튀르키예의 탄생과 개혁

케말은 서구식 민주 정치와 근대화를 추진했어. "모든 국민은 법 앞에 평등하다."는 원칙 아래 오스만 제국의 전통을 바꾸기 시작했지. 먼저 이슬람식 복장을 폐지하고, 일부일처제를 도입했으며, 여성에게도 선거권을 주었어.

케말은 종교 중심의 오스만 사회에서 벗어나 근대 국가를 세우고자 했지. 그는 오늘날까지 '아타튀르크(조국의 아버지)'로 불리며 튀르키예 건국 영웅으로 존경받고 있어.

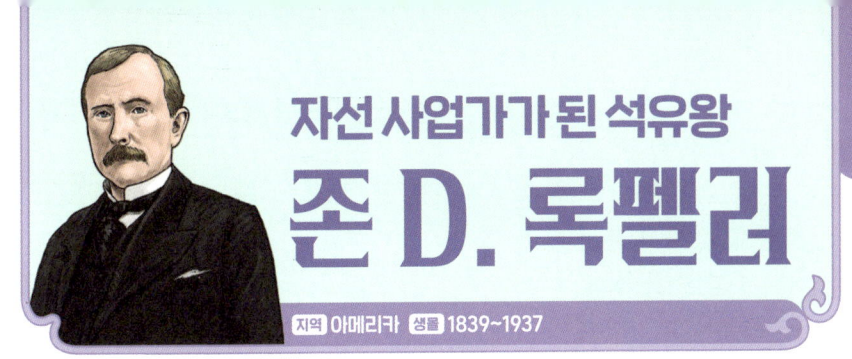

자선 사업가가 된 석유왕
존 D. 록펠러

지역 아메리카 생물 1839~1937

정유소에서 시작된 석유왕의 길

록펠러는 미국의 유명한 석유 사업가이자 자선가야. 뉴욕에서 태어난 그는 어릴 때부터 숫자에 밝고 돈 관리에 철저했어. 20살에 친구와 함께 회사를 세워 사업가로 첫발을 내디뎠지. 부업으로 시작한 정유소가 점점 성장하면서, 록펠러는 본격적으로 석유 사업에 뛰어들었어. 1870년, 그는 '스탠더드 오일'이라는 석유 회사를 세웠고, 미국 전역의 정유소를 하나씩 인수하며 덩치를 키웠어. 석유값을 일부러 낮춰 경쟁자를 무너뜨리는 전략도 썼지. 결국 1882년, 그는 '스탠더드 오일 트러스트'라는 대기업 연합을 만들어 미국 석유 시장의 95%를 장악했고, 이때부터 '석유왕'이라 불렸어.

1890년대 스탠더드 오일 정유소

독점 논란과 자선가의 길

하지만 지나친 독점은 문제가 되었어. 1911년, 대법원은 록펠러가 반독점법을 어겼다며 회사 해체를 명령했지. 반독점법은 한 회사가 시장을 독차지하지 못하게 하는 법을 말해.

결국 록펠러는 회사를 여러 개로 나누고, 재계에서 물러나 이후 전 재산의 대부분을 자선 사업에 사용했어. 시카고 대학교를 설립해 큰돈을 기부했고, 과학, 의학, 교육 분야를 지원하기 위해 록펠러 재단도 만들었지. 이 재단은 전 세계에 20억 달러 이상을 기부하였는데, 록펠러 사후에도 재단의 자선 사업은 쭉 이어지고 있어.

근대
No.180

물리학에 혁명 일으킨 천재
아인슈타인

지역 유럽, 아메리카　생몰 1879~1955

인물 한마디

"제4차 세계 대전은 막대기와 돌로 싸울 것이라고 예상한다."

특허국 직원에서 세상을 바꾼 물리학자로

아인슈타인은 독일 출신의 천재 물리학자야. 대학에서 물리학을 공부한 뒤, 스위스 특허국에서 일하게 됐지. 일하면서도 머릿속엔 늘 과학 생각뿐이었어. 그러다 1905년, 그는 놀라운 이론을 발표했어. 바로 시간과 공간에 대한 생각을 완전히 바꿔 놓은 특수 상대성 이론이야. 빠르게 움직이는 물체일수록, 그 안의 시간은 느리게 흐른다는 주장이지.

아인슈타인은 모든 질량은 그에 상응하는 에너지를 가진다는 질량 에너지 등가 원리도 밝혀냈어. 이 원리는 원자력 발전과 핵무기 개발, 그리고 블랙홀 같은 우주의 비밀을 이해하는 데 큰 영향을 주었지. 1921년에는 노벨 물리학상을 받아 세계적인 과학자가 됐어.

전쟁을 막고 싶었던 과학자

1933년, 독일에서 히틀러가 권력을 장악하자 유대인이었던 아인슈타인은 유대인 탄압을 피해 미국으로 망명했어. 망명 중 독일이 원자 폭탄을 개발하고 있다는 소식을 듣고 큰 위기감을 느꼈지. 전쟁을 막기 위해 그는 미국 대통령 프랭클린 루스벨트에게 직접 편지를 써서 경고했어. 이 편지가 계기가 되어 미국은 독일보다 먼저 원자 폭탄을 개발하기 위해 '맨해튼 계획'을 시작했지. 아인슈타인은 끝까지 전쟁과 핵무기에 반대했어. 그는 죽는 날까지 핵무기 사용을 비판하며 평화를 위한 반전 운동에 힘썼어.

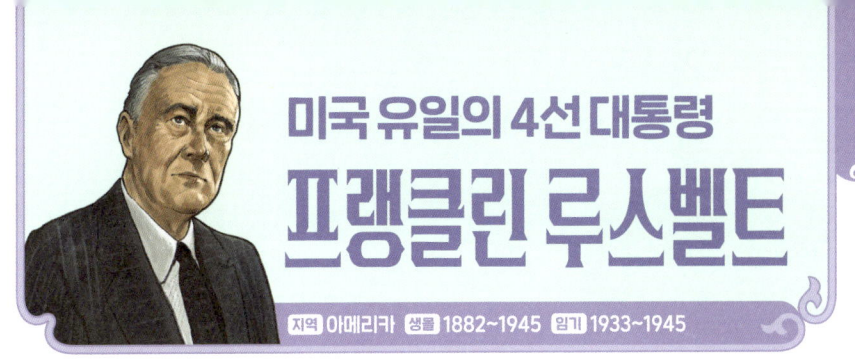

미국 유일의 4선 대통령
프랭클린 루스벨트

지역 아메리카 생몰 1882~1945 임기 1933~1945

소아마비를 이겨 낸 대통령

루스벨트는 미국 역사상 유일하게 네 번 대통령에 당선된 인물이야. 그래서 루스벨트 이후부터는 미국에 대통령 임기를 두 번으로 제한하는 헌법이 생겼지.

그는 젊은 시절부터 정치에 참여해 뉴욕주 상원 의원과 주지사를 지냈어. 소아마비로 두 다리를 쓸 수 없게 됐지만, 그래도 좌절하지 않고 정치를 계속했지.

뉴딜 정책으로 미국을 지킨 지도자

1929년 대공황으로 미국 경제가 무너지자, 루스벨트는 '뉴딜 정책'을 내세워 대통령이 되었어. 부실한 은행을 정리하고, 공공사업으로 일자리를 만들며 노동자들을 도왔지. 대표적으로 테네시강에 댐과 발전소를 짓는 사업을 벌였고, 덕분에 미국 경제는 점차 살아났어.

제2차 세계 대전 중엔 중립을 지키려 했지만, 1941년 일본의 진주만 공격을 계기로 참전했어. 그는 연합국을 이끄는 중심인물로 활약했

고, 독일보다 먼저 원자 폭탄을 개발하기 위해 '맨해튼 계획'도 추진했어. 전쟁 중 네 번째 임기에 당선됐지만, 전쟁이 끝나기 전 뇌출혈로 세상을 떠났어. 그는 경제 위기와 전쟁을 이겨 낸 지도자로 평가받고 있어.

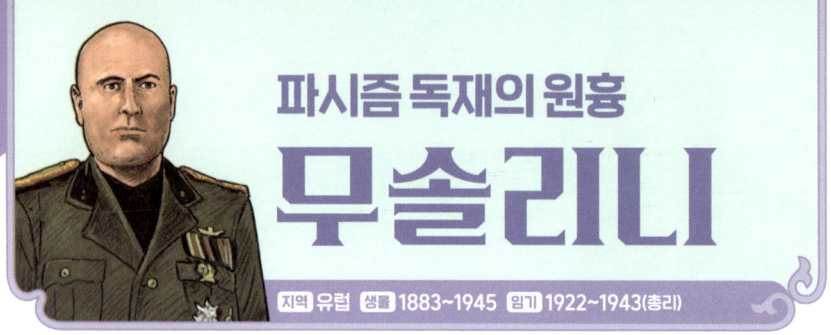

파시즘 독재의 원흉
무솔리니

지역 유럽 생몰 1883~1945 임기 1922~1943(총리)

파시즘을 앞세운 독재자

무솔리니는 이탈리아의 극우 정치가로, 파시즘을 앞세워 독재 정권을 세웠어. 파시즘은 국가를 가장 중요하게 여기고, 개인의 자유를 억압하는 정치사상이야.

파시스트당은 검은 셔츠를 입고 다녀 '검은 셔츠단'이라 불렸어. 이들은 거리에서 폭력을 일삼으며 세력을 키웠고, 결국 로마로 행진해 왕을 압박했지. 겁에 질린 왕은 무솔리니를 총리로 임명했고, 그는 독재자가 되었어.

무솔리니의 검은 셔츠단은 로마로 진군할 준비를 했다.

검은 셔츠단, 로마로 진군~! 이탈리아를 통치할 시간이다!

침략과 전쟁, 그리고 몰락

무솔리니는 이탈리아를 강대국으로 만들겠다며 1935년 에티오피아를 침공했어. 또 스페인 내전에 참전해 프랑코의 파시스트 정권 수립을 도왔지. 제2차 세계 대전 중에는 독일, 일본과 함께 동맹도 맺었지만, 연합군에게 밀리며 패배를 거듭했어.

국민의 신뢰를 잃은 무솔리니는 체포되었어. 독일의 도움으로 잠시 탈출해 북부 이탈리아에 꼭두각시 정권을 세웠지만, 오래가지 못했지. 그는 1945년 이탈리아 의용군에게 붙잡혀 끔찍하게 사살당하며 최후를 맞았어.

하지만 무솔리니는 진군하지 않고 밀라노에 숨어 있었다.

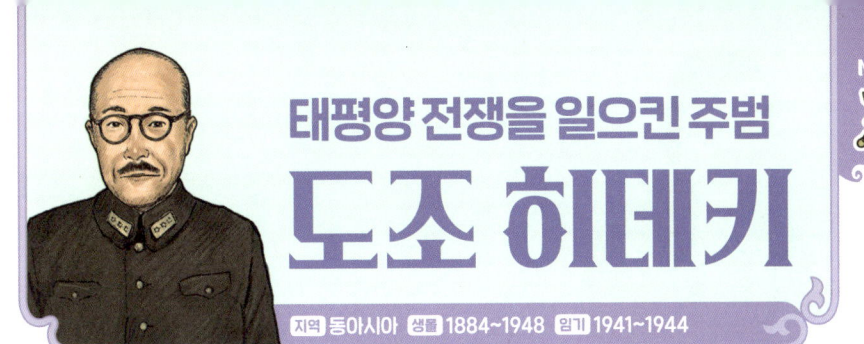

총리가 된 군국주의자

도조 히데키는 일본 제국주의 시대의 군국주의자로, 태평양 전쟁을 일으킨 장본인이야. 군인 가문에서 태어나 육군 사관 학교를 졸업하고 차근차근 승진해 1936년 육군 중장이 되었지. 4년 뒤 중일 전쟁 직후에는 육군 대신이 되었는데, 대한민국으로 치면 국방부 장관과 비슷한 자리야.

이 무렵 일본은 아시아에서 세력을 넓히다 미국과 충돌 직전이었어. 히데키는 필요하다면 전쟁도 불사해야 한다고 주장했지. 일본 정부는 미국과의 충돌을 피하려 했지만, 히데키가 총리를 압박해 사임시키고 1941년, 직접 총리가 되었어. 동시에 육군 대장도 겸하면서 모든 권력을 손에 쥐었지.

태평양 전쟁 패배와 최후

미국은 일본에게 중국과 인도차이나반도에서 철수를 요구했지만, 히데키는 협상을 받아들이지 않고 전쟁을 결심했어. 1941년 12월 8일, 일본이 하와이 진주만에 있는 미국 함대를 기습 공격하며 태평양 전쟁이 시작됐지. 초반엔 일본이 우세했지만, 1943년부터 전세가 뒤집혔어.

1945년 8월, 일본이 끝까지 버티자, 미국은 전쟁을 끝내기 위해 일본의 히로시마와 나가사키에 원자 폭탄을 떨어뜨렸어. 결국 일본은 8월 15일, 미국에 무조건 항복을 선언했지. 히데키는 이후 전쟁 책임을 묻는 극동 국제 군사 재판에서 A급 전쟁 범죄자 판결을 받아 사형되었어.

한편, 전쟁을 지지했던 천황은 전쟁 책임에서 제외되었어. 미국은 일본 국민의 반발을 우려해 천황제를 유지했고, 이때부터 천황은 일본의 상징적인 국가 원수로만 남게 되었지.

역사상 가장 잔혹한 학살자
히틀러

지역 유럽 생몰 1889~1945 임기 1934~1945(총통)

나치당 대표가 된 화가 지망생

오스트리아에서 태어난 아돌프 히틀러는 어릴 적 유명한 화가가 되는 게 꿈이었어. 하지만 미술 대학 입시에 여러 번 떨어지면서 결국 꿈을 접었지. 부모님을 여의고 가난하게 살던 그는 강한 독일을 동경하게 되었고, 점점 독일 민족이 하나로 뭉쳐야 한다는 민족주의 사상에 빠졌어.

제1차 세계 대전이 일어나자 히틀러는 동경하던 독일군에 자원했어. 그러나 부상으로 병원에 입원해 있을 때 독일의 항복 소식을 듣고 큰 충격을 받았지. 이후 독일은 바이마르 공화국이라는 민주 정부를 세웠지만, 패전으로 인한 막대한 배상금과 경제 위기로 국민의 불만이 커졌어. 히틀러는 유대인과 공산주의자들 때문에 독일이 졌다는 거짓 소문을 믿고, 혐오를 내세운 나치당에 가입했어. 여기서 그는 선동적인 연설로 인기를 끌며 1921년 나치당 대표가 되었지.

군인 시절 히틀러

뮌헨 폭동과 독일 장악

1923년 11월, 히틀러는 나치당 무장대원들과 함께 뮌헨의 한 술집을 습격해 바이마르 정부 인사들을 위협했어. 쿠데타는 실패하고 히틀러는 감옥에 갇혔지만, 이 사건은 그를 전국적인 스타로 만들어 줬지. 반역죄임에도 겨우 9개월 수감 생활을 하며 그는 자신의 생각을 담은 《나의 투쟁》을 집필했어.

출소 후에도 히틀러는 정치 활동을 멈추지 않았어. 대공황으로 어려움을 겪는 독일 국민을 상대로 "독일을 다시 위대하게 만들겠다."는 연설로 인기를 끌었어. 나치당도 힘을 키워 독일 제1당이 되었지.

1933년 히틀러는 결국 독일 총리에 임명되었어. 그러나 한 공산주의자가 독일 국회 의사당에 불을 지르자, 히틀러는 이를 빌미로 공산당을 탄압하며 비상사태를 선포하고, 다른 정당들도 모두 해산시켜 권력을 쥐었어. 이후 대통령이 사망하자 이듬해 히틀러는 '총통'이 되어 1인자가 되었지.

전쟁과 독재자의 최후

히틀러는 제1차 세계 대전 때 독일이 겪은 굴욕을 갚겠다며 군대를 키우고, 오스트리아와 체코를 차례로 합병했어. 이어 폴란드를 침공하며 제2차 세계 대전이 시작됐지. 독일은 유럽 곳곳을 빠르게 점령했고, 1940년엔 프랑스까지 함락시켰어.

하지만 그 이면에선 끔찍한 일이 벌어졌지. 히틀러는 유대인, 장애인, 동성애자, 공산주의자 등을 '게르만족을 더럽히는 존재'로 여겨 강제 수용소에 가두고 학살했어. 약 600만 명이 희생된 이 사건은 '홀로코스트'로 불리며, 역사상 가장 참혹한 인종 범죄로 남았지.

미국이 참전하면서 독일은 점점 밀리게 되었어. 결국 1945년 연합군이 수도 베를린에 진입하자 히틀러는 지하 벙커에서 자살했어. 전쟁은 끝났고, 독일은 동독과 서독으로 분단되었지. 히틀러는 인류 역사에서 가장 잔혹하고 위험한 독재자로 기억되고 있어.

에펠탑 앞 히틀러

근대
No.185

전쟁 속에서도 꽃핀 소녀 작가
안네 프랑크

지역 유럽 생몰 1929~1945

나치를 피해 은신 생활

안네 프랑크는 독일에서 태어난 유대인 소녀야. 안네가 태어날 무렵, 나치가 유대인을 탄압하기 시작하자, 안네의 가족은 이를 피해 1933년 네덜란드 암스테르담으로 이주했어. 하지만 제2차 세계 대전이 일어나고, 네덜란드마저 독일군에 점령되면서 유대인 탄압은 피할 수 없게 됐지.

결국 안네의 가족은 다른 유대인 가족 4명과 함께 아버지의 식료품 회사 건물의 비밀 공간에 숨어 살았어. 이런 생활은 2년 동안 이어졌지만, 누군가의 밀고로 발각되어 전부 강제 수용소로 끌려갔지. 안네는 언니와 함께 수용소에서 장티푸스에 걸려 숨지고 말았어.

작가의 꿈을 이룬 《안네의 일기》

전쟁이 끝난 뒤 유일하게 살아남은 안네의 아버지가 안네의 일기장을 발견했어. 안네는 13번째 생일 선물로 받은 일기장에 전쟁에 대한 비판, 은신 생활, 첫사랑 등 자신의 생각과 감정을 솔직하게 적었지. "내 꿈은 작가가 되는 것."이라는 바람도 남겼어.

《안네의 일기》는 1947년 출간된 이후 전 세계에서 사랑받는 책이 되었어. 안네는 어린 나이에 세상을 떠났지만, 결국 작가의 꿈을 이룬 셈이야.

아우슈비츠 강제 수용소

아우슈비츠는 제2차 세계 대전 당시 폴란드에 세워진 최대 규모의 강제 수용소야. 수많은 유대인과 장애인, 동성애자가 이곳에서 끔찍하게 학살되었어.

나치에 저항한 독일인 남매
숄 남매

한스 / 조피
지역 유럽 활동 1918~1943 (한스) / 1921~1943 (조피)

전단지로 나치에 맞선 남매

독일에서 태어난 남매 한스 숄과 조피 숄은 처음엔 나치의 청소년 단체에서 활동하며 히틀러를 따랐어. 조피는 간부를 맡을 정도였지. 하지만 나치의 실체를 알게 되면서 남매의 생각은 달라졌어.

1940년대 초 남매는 독일 뮌헨 대학교에 다니고 있었어. 이 무렵 나치는 장애인이 열등 유전자를 가졌다는 이유로 안락사 시키거나 아이를 가질 수 없게 불임 수술을 시켰어. 이런 사실을 알게 된 남매는 경악했고, 비폭력적인 방법으로 나치에 맞서기로 했어. '백장미단'이라는 비밀 조직을 만들어, 뜻을 함께 한 교수와 함께 전단지를 만들고 학교 곳곳에 뿌렸지. 전단지에는 나치 정권의 악행을 폭로하며 비판하고, 자유를 호소하는 내용이 담겨 있었어.

태양은 아직도 빛나고, 자유는 영원하리라

1943년 2월, 남매는 대학 수업이 끝나는 시간에 맞춰 전단지를 뿌리다 나치 당원이었던 경비원에게 발각됐어. 남매는 곧바로 체포되었고, 백장미단 조직원들도 잇달아 구속돼 재판을 받았지. 결국 남매는 사형을 선고받았지만, 끝까지 담담하게 죽음을 받아들였어.

한스는 "자유는 영원하리라."는 말을 남겼고, 조피는 "태양은 아직도 빛난다."는 유언을 남겼지. 남매의 이야기는 《하얀 장미》라는 책으로 출간되었어. 한국에서는 《아무도 미워하지 않는 자의 죽음》이란 제목으로 1970년대에 소개되었지.

뮌헨 대학의 백장미단 전단지 기념물

2차 세계 대전 승리의 주역
윈스턴 처칠

지역 유럽 생몰 1874~1965 임기 1940~1945, 1951~1955

낙제생에서 영국 하원 의원으로

윈스턴 처칠은 1874년 영국 귀족 가문에서 태어났어. 학업 성적이 형편없었고, 지각도 잦으며 친구들과 자주 다투는 문제아였지. 하지만 영어와 역사 과목만큼은 뛰어났다고 해. 1893년, 처칠은 무려 세 번의 도전 끝에 겨우 육군 사관 학교에 입학해 군인이 되었어.

졸업 후에는 영국 해군 기지에서 근무하거나, 영국 식민지인 인도와 수단 등에 파견됐어. 남아프리카 보어 전쟁 때는 종군 기자로 활약했지. 전쟁 중 적군의 포로가 되었지만, 극적으로 탈출해 전국적인 명성을 얻었어. 그 덕분에 1900년, 25세의 나이로 하원 의원에 당선되며 정치에 입문했지.

히틀러를 경고한 예언자

처칠은 몸담았던 보수당을 떠나 자유당으로 옮겨 여러 부처에서 장관을 지내며 경력을 쌓았어. 그러다가 1924년에 보수당으로 복귀해 재무 장관이 되었지.

1930년대 대부분의 정치인은 히틀러를 크게 견제하지 않았어. 당시 보수당은 소련과 공산주의를 가장 큰 적이라고 여겼거든. 하지만 처칠은 히틀러야말로 진짜 위협이라며 강하게 경고했지. 그는 독일을 견제해야 한다고 주장했고, 제2차 세계 대전

▽ V 사인을 하는 처칠

이 시작되자 총리가 되어 전쟁을 이끌었어. 독일이 런던을 포함해 도시를 폭격하자 처칠은 "우리는 절대 항복하지 않을 것이다."는 라디오 연설로 국민을 격려했어. 그의 연설은 영국인들에게 큰 용기를 주었지. 이후 히틀러는 영국 공격을 멈추고 소련을 침공했어. 나중에 미국이 전쟁에 참전하며 전세는 연합국 쪽으로 기울었지. 처칠은 전쟁 중 연합국 정상들과 여러 회담을 거치는 등 노력을 쏟아부었어. 마침내 1945년, 제2차 세계 대전은 연합국의 승리로 끝났지.

냉전의 문을 연 철의 장막 연설

1946년, 미국에서 처칠은 "발트해에서 아드리아해까지 철의 장막이 유럽을 가로지르고 있다."고 연설했어. 이는 동유럽 공산주의 진영과 서유럽 자본주의 진영이 마치 두꺼운 철문으로 단절된 상황을 표현한 것으로, 냉전을 상징하는 말이 되었지. 처칠은 자유 민주주의를

지키기 위해 미국과 영국의 협력을 강조했어. 전쟁 영웅이었던 그는 전후 총선에서는 패했지만, 1951년 다시 총리가 되었어. 그러나 건강 문제로 1955년 은퇴했어.

그는 글쓰기와 그림에도 재능이 있어서 유일하게 노벨 문학상을 받은 총리로도 유명해.

 **다우닝가 10번지**

런던의 다우닝가 10번지는 18세기부터 사용된 총리 관저야. 집처럼 보이지만 '영국 정부의 심장'이지. 총리 집무실로 중요 회의 및 외교 행사가 열려.

프랑스 독립을 이끈 지도자
샤를 드골

지역 유럽　생몰 1890~1970　임기 1959~1969

레지스탕스를 이끈 프랑스 영웅

샤를 드골은 두 차례의 세계 대전에 모두 참전한 군인이었어. 제2차 세계 대전 중 독일이 프랑스를 점령하자, 영국으로 망명해 프랑스 독립을 위한 무장 저항 조직인 레지스탕스를 이끌었지.

한편, 프랑스에는 독일의 말을 듣는 허수아비 정부가 세워졌는데, 독일에 저항하는 드골에게 사형을 선고했어. 그러나 드골은 라디오 연설을 통해 "프랑스는 전투에서 졌지만, 전쟁에서는 지지 않았다."고 외치며 프랑스 독립 의지를 알렸지. 그의 연설은 프랑스를 되찾으려는 사람들에게 큰 희망이 되었어. 종전 후에 그는 프랑스로 돌아와 임시 정부를 이끌었어.

전후 프랑스 대통령

1954년, 프랑스 식민지 알제리에서 프랑스계 주민과 군부가 쿠데타를 일으키며 나라가 위기에 빠졌어. 그러자 정계를 잠시 떠나 있던 드골이 혼란을 수습할 인물로 지목되어 정계에 복귀했지. 그는 헌법을 고쳐 대통령에 올랐고, 국민 투표를 통해 알제리의 독립을 인정했어. 유혈 사태를 막은 거야.

또 프랑스의 자주성을 강조하며 미국 중심의 군사 동맹인 북대서양 조약 기구(NATO)에서 프랑스를 철수시키고, 독자적인 핵무장도 추진했지.

하지만 드골의 독단적인 통치에 대한 비판이 커졌고, 1968년엔 '68운동'이라는 대학생 중심의 대규모 저항 시위가 일어났어. 드골은 군대를 동원해 시위를 진압했지만, 1969년 국민 투표에서 패배하자 대통령직에서 물러났지. 그리고 이듬해 세상을 떠났어.

원자 폭탄을 처음 만든 과학자
오펜하이머

지역 아메리카 생몰 1904~1967

원자 폭탄 개발을 이끈 물리학자

오펜하이머는 독일계 유대인 가정에서 태어난 미국의 물리학자야. 1941년 제2차 세계 대전 중, 미국의 핵 개발 프로젝트, '맨해튼 계획'에서 연구 총책임을 맡았어. 그는 뉴멕시코 로스 앨러모스에 세워진 비밀 연구소에서 과학자들을 이끌며 원자 폭탄 개발을 지휘했고, 1945년 7월 원자 폭탄 첫 폭발 실험에 성공했지.

맨해튼 계획을 총괄한 오펜하이머

전쟁 영웅에서 외로운 과학자로

당시 미국 대통령 해리 트루먼은 일본 히로시마와 나가사키에 원자 폭탄을 투하해 일본의 항복을 받아 냈어. 오펜하이머는 '원자 폭탄의 아버지'라 불리며 전쟁 영웅이 되었지만, 정작 그는 수많은 희생에 괴로워하며 원자 폭탄 개발에 회의를 느꼈지. '나는 이제 죽음이요, 세계의 파괴자가 되었다.'는 힌두교 경전의 문장을 인용해 고통을 드러냈어.

1945년 8월 9일
나가사키 원폭투하
내가 만든 무기로 많은 사람이 죽었어.

오펜하이머는 이후 미국의 수소 폭탄 개발에 반대했고, 이 때문에 전후 냉전 시기 미국 정부로부터 공산주의자로 의심받았어. 결국 그는 원자력 관련 기밀 정보를 볼 수 있는 권한을 박탈당했지. 이후엔 연구와 강연에 집중하며 지내다가 후두암으로 숨졌어.

나는 이제 죽음이요, 세상을 파괴하는 자가 되었다.

태평양, 한국 전쟁 지휘한 장군
더글러스 맥아더

지역 아메리카　생몰 1880~1964

일본의 항복 받아 낸 전쟁 영웅

더글러스 맥아더는 미국의 전설적인 군인이야. 육군 사관 학교를 졸업한 그는 제1차 세계 대전에 참전해 큰 공을 세우고 많은 훈장을 받았어. 이후 50세에 최연소 미 육군 대장, 곧 육군 참모 총장에 임명되며 승승장구했지. 그러다 1937년 제2차 세계 대전 중에 육군 은퇴를 선언했어.

하지만 일본이 태평양 지역으로 세력을 넓히자, 미국은 필리핀 등 자국 식민지를 보호하기 위해 맥아더를 다시 불러들여 극동 지역 사령관으로 임명했어. 1941년, 결국 일본이 진주만을 기습 공격하면서 미국도 전쟁에 참전했지. 초반엔 미국이 밀렸지만, 맥아더는 반격에 성공해 일본의 항복을 받아 냈어. 그는 전쟁 이후 점령군 사령관으로 일본에 머물며 민주주의와 교육 개혁을 추진해 일본이 다시 일어설 수 있도록 돕기도 했지만, 일본 전범들을 충분히 처벌하지 않았다는 비판도 받아.

6·25 전쟁 인천 상륙 작전의 주역

1950년 6월 25일, 북한이 남한을 기습 침공하며 6·25 전쟁이 시작됐어. 유엔군 최고 사령관이 된 맥아더는 불리한 전세를 뒤집기 위해 과감하게 인천 상륙 작전을 단행했고, 유엔군과 남한군은 성공적으로 북진했어. 하지만 중국군의 개입으로 다시 후퇴할 수밖에 없었어.

맥아더는 만주 폭격과 중국 연안 봉쇄를 주장했지만, 미 대통령은 전쟁 확대를 우려해 이를 반대했고, 맥아더를 해임했어. 맥아더는 "노병은 죽지 않는다. 다만 사라질 뿐이다."라는 유명한 말을 남기고 떠났지. 한국 전쟁은 1953년 휴전 협정으로 마무리되었고, 맥아더는 그로부터 11년 뒤 병으로 세상을 떠났어.

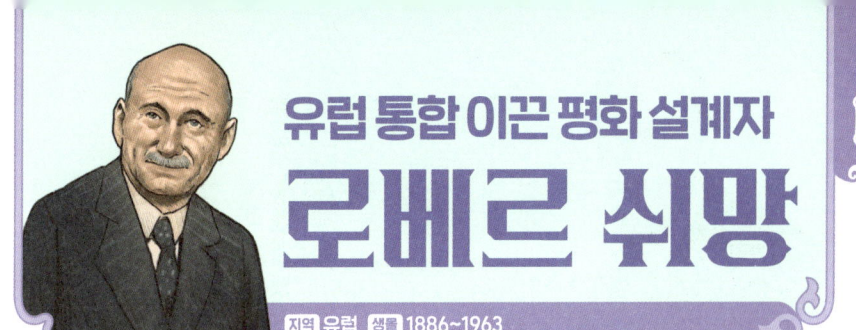

유럽 통합 이끈 평화 설계자
로베르 쉬망

지역 유럽 생몰 1886~1963

독일 태생의 프랑스 정치인

로베르 쉬망은 독일과 프랑스 사이에서 주인이 자주 바뀌던 로렌 지역 출신이야. 제1차 세계 대전 이후 이곳이 프랑스 땅이 되면서 프랑스 국적을 얻은 쉬망은 하원 의원으로 정치 활동을 시작했지.

제2차 세계 대전 때 프랑스가 나치 독일에 점령되자, 쉬망은 체포되었다가 간신히 탈출해 레지스탕스에 합류했지. 전후에는 프랑스 재무 장관과 총리를 지냈어. 1948년부터 외무 장관으로 일하며 유럽 통합의 기반을 닦았지.

1950년, 쉬망은 전쟁을 막기 위해 프랑스와 서독이 전쟁의 필수 물자인 석탄과 철강을 공동으로 관리하자는 '쉬망 플랜'을 발표했어. 벨기에, 네덜란드, 룩셈부르크, 이탈리아도 참여해 이듬해 유럽 석탄 철강 공동체(ECSC)가 탄생했지. 유럽을 경제적으로 하나로 묶으려는 첫 시도였어.

유럽 연합의 뿌리

같은 해 쉬망은 유럽 방위 공동체도 제안하며 유럽의 군사 협력도 추진했지만, 프랑스 의회가 전쟁을 일으켰던 서독의 재부상에 반대해 무산됐어. 그래도 그는 유럽 통합을 꾸준히 추진했지.

1957년, ECSC 회원 6개국은 로마 조약을 체결하면서 원자력 자원을 함께 개발하는 유럽 원자력 공동체(EURATOM)와, 회원국 사이에 관세를 없애고, 노동·자본·상품이 자유롭게 오갈 수 있게 하는 유럽 경제 공동체(EEC)를 만들었어. 쉬망은 유럽 의회의 의장을 맡았지.

1967년, ECSC, EEC, EUROTOM가 하나로 통합돼 유럽 공동체(EC)가 되었고, 이는 1993년 유럽 연합(EU)으로 발전했어. 쉬망은 유럽을 평화롭고 협력적인 공동체로 만들고자 했던 설계자였지.

정신 분석학의 창시자
프로이트

지역 유럽 생몰 1856~1939

인물 한마디 "꿈은 무의식의 통로다."

정신 의학에 관심을 가진 신경과 의사

프로이트는 오스트리아 출신의 신경과 의사이자 심리학자야. 처음엔 뇌 구조를 연구하는 신경 해부학을 공부했지만, 프랑스 파리에서 정신 의학을 접한 뒤 마음의 병을 치료하는 데 더 큰 흥미를 느꼈지.

이후 프로이트는 빈에 신경 병원을 열고 본격적으로 치료를 시작했어. 어느 날, 그는 몸에 큰 이상은 없지만, 마음의 상처 때문에 정신 이상 행동을 보이는 히스테리 환자들을 만났어. 처음에는 최면으로 환자를 치료하려했지만, 한계를 느꼈지. 그래서 환자들이 마음속 이야기를 자유롭게 털어놓게 해 문제의 원인을 찾는 방식으로 바꿨어. 1896년, 프로이트는 이 치료법에 '정신 분석'이라는 이름을 붙였어.

무의식의 세계를 탐구

프로이트는 우리가 의식하지 못하는 무의식이 사람의 생각과 행동에 큰 영향을 미친다고 주장했어. 그래서 사람들의 꿈을 분석해 마음속에 숨겨진 감정과 욕구를 알아내려 했지. 그 내용을 담은 책이 바로 《꿈의 해석》이야.

또한 그는 인간의 마음을 세 부분으로 나누었어. 본능적인 욕구인 '이드', 현실을 판단하는 '에고', 도덕과 양심을 뜻하는 '슈퍼에고'가 서로 영향을 주며 행동을 만든다고 본 거야.

프로이트의 이런 이론은 이후 심리학에 큰 영향을 주었기 때문에 그는 '정신 분석학의 아버지'로 불려.

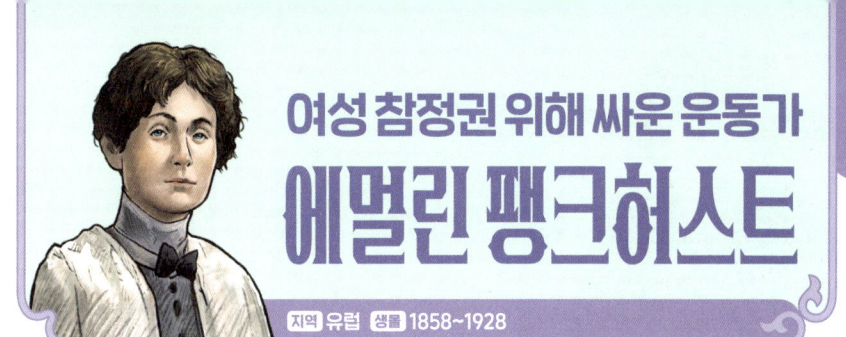

여성 참정권 위해 싸운 운동가
에멀린 팽크허스트

지역 유럽 생몰 1858~1928

여성 인권을 향한 투쟁

에멀린 팽크허스트는 영국의 대표적인 여성 인권 운동가야. 자유주의자였던 부모님의 영향으로 14세 때부터 여성 참정권 운동에 참여했지. 남편도 여성 참정권을 주장한 변호사였어.

1903년, 팽크허스트는 '여성 사회 정치 연맹(WSPU)'이란 조직을 만들었어. 이 조직은 '말이 아닌 행동'을 내세우며 유리창을 깨는 등 과격한 시위를 벌였지. 그래서 팽크허스트와 조직원들은 수시로 감옥을 오고 갔어. 결국 그녀의 첫째 딸만이 어머니와 함께 조직을 이끌었고, 이념 차이로 둘째, 셋째 딸은 조직을 떠나 엄마와 사이가 멀어졌지.

여성 투표권 쟁취

제1차 세계 대전이 터지자 팽크허스트는 여성들도 산업 현장에 나서서 전쟁을 도와야 한다고 주장했어. 많은 여성이 공장에서 일하며 사회를 지탱했고, 전쟁이 끝난 뒤 영국은 30세 이상 여성에게 투표권을 줬지. 하지만 남성의 투표권은 21세부터였기 때문에 여전히 차별적이었어.

팽크허스트는 끝까지 여성 인권 향상을 위해 싸우다 1928년 세상을 떠났고, 그 후 한 달도 안 돼 영국은 21세 이상 모든 여성에게 투표권을 줬어.

세계 최초로 여성 투표권을 가진 나라

1893년, 뉴질랜드는 세계에서 처음으로 여성에게 투표권을 줬어. 이 변화를 이끈 인물이 바로 케이트 셰퍼드였지. 뉴질랜드 10달러 지폐에 그녀의 모습을 담아 기리고 있어.

온몸으로 저항한 여성주의자
에밀리 데이비슨

지역 유럽 생몰 1872~1913

참정권을 위해 거리로 나선 여성

에밀리 데이비슨은 에멀린 팽크허스트가 만든 '여성 사회 정치 연맹(WSPU)'의 핵심 활동가였어. 그녀는 대학을 세 군데나 다녔는데, 첫 번째는 가정 형편 때문에 중단했고, 두 번째는 여성이라는 이유로 학위를 받지 못해 졸업하지 못했지. 이후 그녀는 교사로 일하다가 세 번째 대학에 진학했고, 이 무렵부터 여성 참정권 운동에 뛰어들었어.

1906년, WSPU에 가입한 뒤 교사직도 그만두고 참정권 운동에 집중했어. '말이 아닌 행동'이라는 슬로건을 몸소 실천하며 우체통에 불을 지르고, 국회 의사당 창문을 깨는 등 과격한 시위를 벌였지. 그때마다 감옥에 갇혔고, 옥중에서는 단식 투쟁도 벌였어. 교도관은 자칫 그녀가 죽을까 봐 강제로 음식을 먹였다고 해.

목숨을 건 외침

1913년 6월, 영국 왕 조지 5세의 말이 출전한 경마 대회에서 데이비슨은 WSPU의 깃발을 품에 안고 갑자기 경기장으로 뛰어들었어. 깃발을 말에 달기 위해서였던 것 같지만, 그만 말에 치여 큰 부상을 입고 4일 뒤 세상을 떠났어. 그녀의 장례식에는 5천 명이 넘는 지지자들이 모였고, 여성 참정권에 대한 관심도 크게 높아졌지. 데이비슨은 에멀린 팽크허스트와 함께 영국 여성의 투표권을 쟁취하는 데 중요한 역할을 한 인물이야.

에밀리 데이비슨의 장례식

장애 딛고 세상을 밝힌 운동가
헬렌 켈러

지역 아메리카 생몰 1880~1968

7세에 만난 평생의 스승

헬렌 켈러는 미국의 사회 사업가이자 인권 운동가야. 생후 19개월이 됐을 때 뇌척수막염을 앓아 시력과 청력을 모두 잃었고, 말도 할 수 없게 되었지.

7세가 되던 해, 켈러는 특별한 선생님을 만났어. 바로 앤 설리번이라는 특수 교사야. 그녀는 켈러의 손바닥에 글자를 써서 뜻을 알려 주는 방식으로 언어를 가르쳤어. 켈러가 대학에 갈 때도 늘 곁에 있었고, 50년 가까이 켈러 곁을 지키며 '진정한 교육자'의 모습을 보여 줬어.

어린 시절 시력과 청력을 잃은 헬렌 켈러.

장애 극복과 희망 전파

헬렌 켈러는 16세에 대학에 들어가, 1904년 우등생으로 졸업했어. 세계 최초의 시청각 중복 장애인 대학 졸업생이었지. 미국의 작가 마크 트웨인은 "세 가지 장애를 안고도 마음과 정신의 힘으로 이 영예를 차지했다."며 찬사를 보냈어.

이후 켈러는 장애인 인권은 물론 여성 참정권, 인종 차별 반대, 노동 운동 등 다양한 사회 운동에 힘썼어. 작가로도 활동하며 많은 사람에게 희망을 주었지. 그래서 그녀는 '삼중고의 성녀', 혹은 '빛의 천사'라고 불리고 있어.

그녀는 장애를 극복하고 전 세계에 희망을 전했다.

근대 No.196

여성의 정체성을 주장한 철학자
시몬 드 보부아르

지역 유럽 성별 1908~1986

사르트르와 나란히 선 철학자

시몬 드 보부아르는 철학가이자 작가로 여성 인권 운동에 힘쓴 인물이야. 대학 시절, 철학자 사르트르를 만나 평생의 지적 동반자이자 연인으로 지냈어. 결혼은 하지 않고 서로의 자유를 존중했지. 보부아르는 노동과 여성, 인간 존재에 대한 철학적 고민을 글로 표현했어. 철학뿐 아니라 소설과 수필도 쓰며 사회 문제에 목소리를 내는 활동가로도 활약했지.

《제2의 성》을 출간

젊은 시절 보부아르와 사르트르

1949년, 보부아르는 《제2의 성》이라는 책을 출간하면서 "여성은 태어나는 것이 아니라, 만들어지는 것이다."라는 말로 세계에 충격을 줬어. 여성에게 주어진 고정된 역할과 차별을 비판하며, 여성들이 스스로를 남성의 기준이 아닌 자기 시선으로 바라봐야 한다고도 주장했지. 또 여성끼리 연대하고, 주체적으로 살아갈 용기를 가져야 한다고도 강조했어. 그녀는 이후에도 여성 인권 단체를 만들고 잡지를 창간하며 평생 여성주의자로 활동했어.

미국의 여성주의자, 베티 프리단

베티 프리단은 보부아르의 책에서 영감을 받아 1963년 《여성의 신비》를 출간해 미국 중산층 여성들이 겪는 성차별을 폭로했어. 이후 전미 여성 기구를 설립해 여성 권리 향상을 위해 힘썼지.

흑인 해방을 위해 싸운 목사
마틴 루터 킹

지역 아메리카 생몰 1929~1968

비폭력으로 외친 평등의 목소리

마틴 루터 킹은 미국의 목사이자 흑인 인권 운동가야. 대학 시절, 인도의 간디가 펼친 비폭력 저항 운동에 감명을 받아 폭력 대신 대화와 연대로 사회를 바꾸려 했어. 그가 이끈 공민권 운동은 흑인들이 차별 없이 교육받고 일할 수 있도록 노력한 운동이었지.

워싱턴 대행진

1963년, 루터는 여러 단체와 함께 워싱턴 D.C.로 향했어. 이들은 인종 차별과 고용 차별 철폐를 외쳤고, 루터는 약 20만 명 앞에서 17분간 "나에게는 꿈이 있습니다."라는 말로 시작하는 역사적인 연설을 했지. 모든 사람이 피부색이 아닌 인격으로 평가받는 세상을 꿈꾼다고 말했어. 그는 이 공로로 노벨 평화상을 받았지만, 안타깝게 암살당하고 말아.

버스 승차 거부 투쟁

1955년, 흑인 여성 로자 파크스가 버스에서 백인에게 자리를 양보하지 않아 체포되자, 마틴 루터 킹은 버스 승차 거부 운동을 이끌었어. 법정에서 흑인이 승리한 이 사건은 인종 차별에 맞선 대표적인 시민권 투쟁으로 기억돼.

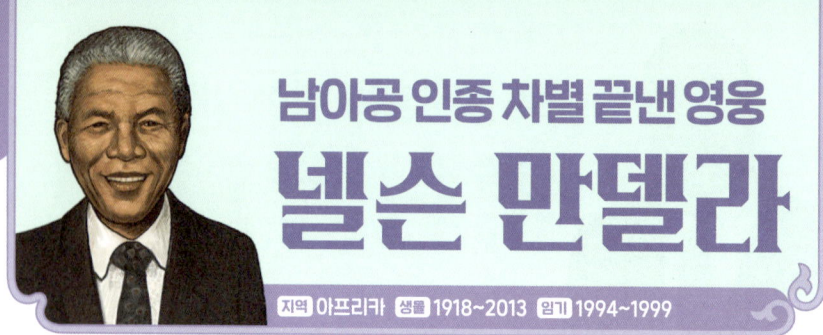

지역 아프리카 생몰 1918~2013 임기 1994~1999

아파르트헤이트에 맞서 싸운 투사

넬슨 만델라는 남아프리카 공화국(남아공)의 인권 운동가이자 첫 흑인 대통령이야. 1940년대부터 남아공 백인 정부는 '아파르트헤이트'라는 인종 차별 정책을 펼쳤어. 아파르트헤이트는 흑인과 백인을 철저히 나눈 제도로, '분리'를 뜻하지.

법대생이었던 만델라는 아프리카 민족 회의에 가입하고 청년 동맹을 만들어 활동했어. 흑인 최초로 법률 사무소를 열고 비폭력 투쟁을 이어 갔지만, 백인들의 인종 차별은 점점 심해졌지. 1960년, 한 흑인 집회에서 백인 경찰의 총격으로 수십 명이 숨지자, 만델라는 비밀 무장 조직 '국민의 창'을 만들어 투쟁했고, 결국 반역죄로 체포돼 종신형을 선고받았어.

남아공 첫 흑인 대통령

국제 사회의 비판이 커지자, 남아공 백인 정부는 흑인 지도자들을 석방했어. 만델라도 27년 만에 풀려났고, 인종 차별 철폐 운동을 계속했지.

1994년, 남아공 역사상 처음으로 모든 인종이 참여한 선거가 열렸고, 만델라는 첫 흑인 대통령에 당선되었어. 동시에 아파르트헤이트도 끝났지. 인종 평등을 위해 헌신한 그는 노벨 평화상을 받았어.

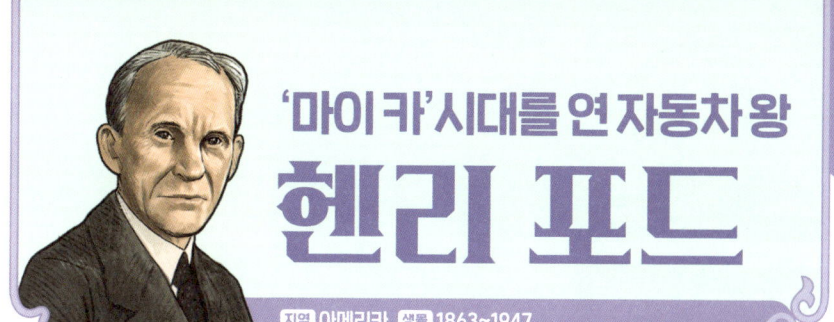

'마이 카' 시대를 연 자동차 왕
헨리 포드

지역 아메리카 생몰 1863~1947

포드 자동차 회사 설립

헨리 포드는 미국의 기업인이자 세계적인 자동차 회사, 포드의 설립자야. 어릴 때부터 기계에 관심이 많아, 학교를 일찍 그만두고 기계공으로 일했어. 한때는 발명가 에디슨의 회사에서도 일했지. 1903년, 포드는 자신의 이름을 딴 포드 자동차 회사를 세웠고, 1908년엔 'T형 포드'라는 모델의 자동차를 대량 생산하기 시작했어. T형 포드는 첫해에만 1만 대가 생산됐고, 1913년부터는 더 많이 빠르게 생산돼 가격이 확 낮아졌지. 그전까지만 해도 자동차는 부자들만의 물건이었지만, 이제 중산층도 살 수 있는 '마이 카', 즉 '나의 자동차'를 가질 수 있는 시대가 열렸어. 전 세계 자동차 70% 가까이가 T형 포드였을 정도였지.

업무 효율성을 높인 포드 시스템

포드는 공장에 컨베이어 벨트를 이용한 분업 시스템, '포드 시스템'을 도입했어. 노동자들은 컨베이어 벨트 앞에서 자신이 맡은 일만 반복하면서 일에 능숙해졌고, 전문성도 생겼지. 이렇게 분업과 전문화를 통해 빠르고 효율적으로 자동차를 만들 수 있었어.

또 포드는 노동자 복지도 챙겼어. 하루 5달러의 최저 임금을 보장하고, 하루 8시간만 일하도록 했지. 당시로서는 매우 파격적인 정책이었지만 그는 노동 조합과 유대인을 차별했다는 비판도 받고 있어.

포드 시스템

입체파의 창조자
피카소

지역 유럽 생몰 1881~1973

미술 학교 자퇴한 천재

피카소는 스페인에서 태어나 주로 프랑스에서 활동한 화가야. 어릴 때 읽기와 쓰기는 서툴렀지만, 그림 실력은 매우 뛰어났어. 실력을 눈여겨본 아버지의 권유로 그는 미술 학교에 진학했지만, 학교에 적응하지 못하고 자퇴했지. 이후 피카소는 파리에서 전시회를 열며 이름을 알렸고, 1907년엔 《아비뇽의 처녀들》을 발표했어. 사람의 몸을 기하학적으로 표현하며 입체파 미술의 시작을 알렸어. 입체파는 사물을 여러 방향에서 본 모습을 한 장면에 담는 방식이야.

그림으로 전쟁 반대

피카소는 전쟁에 반대하는 평화주의자이기도 했어. 1938년, 작품 《게르니카》를 발표해 나치 독일이 비행기로 스페인을 폭격한 사건을 그림으로 그려 고발했어. 1951년에는 한국 전쟁 중 미군이 민간인 학살을 저지른 사건을 고발한 《한국의 학살》도 발표했지.

그는 그림으로 세상의 부조리를 비판했으며, 평생 3만 점 넘는 작품을 남기고 생을 마감했어.

여성 패션을 뒤바꾼 디자이너
가브리엘 샤넬

지역 유럽 생몰 1883~1971

작은 의상실로 시작된 혁명

'코코 샤넬'로도 알려진 가브리엘 샤넬은 어린 시절 보육원에서 바느질을 배우며 자랐어. 1910년, 파리에서 모자를 파는 작은 가게를 열며 디자이너로 첫발을 내디뎠지.

1913년, 두 번째 의상실을 연 샤넬은 불편하고 딱딱한 코르셋과 긴 치마, 장식품이 주렁주렁 달린 여성복 대신, 남성 정장에 쓰이던 저지 원단으로 편하고 세련된 여성복을 만들었어. 이 옷은 '샤넬 슈트'로 불리며 큰 인기를 얻었고, 그녀는 세계적인 디자이너가 되었지. 이후 향수와 액세서리 등으로 사업을 넓혔어.

스파이 논란

샤넬은 제2차 세계 대전이 터지자 잠시 패션계를 떠났다가 전쟁 후 복귀했어. 하지만 전쟁 중 나치 장교와 사랑에 빠져 일종의 스파이 활동을 했다는 정보가 뒤늦게 드러났지. 샤넬은 스위스로 망명했고, 이후 우울증과 몽유병으로 고생하다 숨을 거뒀어.

그녀는 죽으면 프랑스에 묻히길 원했지만, 스파이 논란으로 프랑스 정부가 입국을 허락하지 않아 스위스 땅에 묻혔어. 그녀는 패션계를 바꾼 아이콘이었지만, 동시에 여러 논란도 남긴 인물이야.

희극 영화의 전설
찰리 채플린

지역 아메리카 **생몰** 1889~1977

떠돌이 캐릭터로 웃음을 준 배우

찰리 채플린은 영국에서 태어나 미국에서 활동한 영화배우이자 감독, 제작자야. 어릴 적 부모님이 이혼하고 가난하게 자랐지. 10살 때 극단에 들어가 연기 활동을 시작했어.

1913년, 채플린은 미국 순회공연 중 할리우드 제작사의 눈에 띄어 영화 출연 계약을 맺고 미국으로 건너가 정착했어. 그리고 이듬해 《생활비 벌기》라는 영화로 할리우드에 데뷔했지. 이후 수십 편의 단편 영화에 출연하며 감독도 맡았어. 이 과정에서 헐렁한 바지와 중절모, 커다란 구두에 우스꽝스러운 콧수염을 단 '떠돌이 캐릭터'가 탄생했고, 채플린은 세계적인 희극 배우로 자리 잡게 되었어.

웃음 속에 담긴 날카로운 풍자

1920년대부터 채플린은 단순한 코미디를 넘어 사회 문제를 풍자하고 비판하는 영화를 만들었어. 1936년의 《모던 타임스》가 제일 대표적이야. 산업 사회가 발전하면서 인간성이 소외되고 무시되는 현실을 날카롭게 그려 냈지. 1940년의 《위대한 독재자》에서는 히틀러와 파시즘을 정면으로 비판했어.

하지만 이런 활동으로 채플린은 공산주의자라는 누명을 썼고, 1952년 미국 입국이 금지되었어. 그가 다시 미국 땅을 밟은 건 무려 20년 뒤인 1972년, 아카데미 명예상을 받기 위해서였지. 1975년엔 영국 여왕에게 기사 작위를 받았어.

《모던 타임스》 포스터

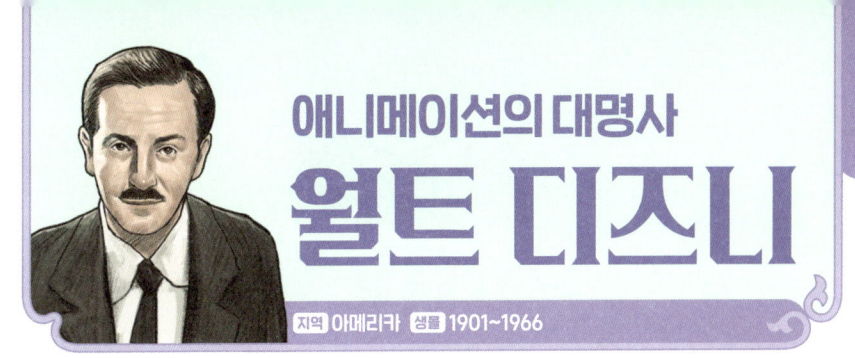

애니메이션의 대명사
월트 디즈니

지역 아메리카 생몰 1901~1966

미키 마우스로 시작된 마법

월트 디즈니는 미국의 애니메이션 제작자이자 기업가야. 애니메이션과 캐릭터를 결합해 새로운 문화 산업을 만든 인물이지. 지금도 세계 최고의 미디어 기업 중 하나인 '월트 디즈니 회사'가 바로 그가 세운 회사야.

처음엔 실패를 거듭하다 평생의 동료, 아이웍스와 함께 만든 캐릭터 하나가 흥행하며 디즈니의 인생을 송두리째 바꿨어. 바로 미키 마우스야.

1928년, 미키 마우스가 등장한 첫 작품 《미친 비행기》에 이어 《증기선 윌리》가 연속으로 흥행에 성공하며 미키 마우스는 세계적인 캐릭터가 되었지. 이후 도날드 덕, 플루토, 구피 등 다른 캐릭터들도 연달아 히트했고, 디즈니는 장편 애니메이션까지 성공시키며 회사를 빠르게 성장시켰어.

한때 일본 애니메이션 시장이 커지면서 회사는 살짝 주춤했지만, 1989년 《인어공주》 애니메이션을 시작으로 다시 제2의 전성기를 맞이했지.

미기 마우스 영화 포스터

현실이 된 상상, 디즈니랜드 테마파크

1955년, 디즈니는 아이들이 캐릭터와 함께 놀 수 있는 테마파크, '디즈니랜드'를 캘리포니아에 처음 열었어. 놀이기구를 타고, 캐릭터와 촬영하고, 퍼레이드도 즐길 수 있는 이 공간은 아이들은 물론 어른들에게도 큰 인기를 끌었지.

디즈니가 세상을 떠난 후에도 테마파크 사업은 계속됐어. 1971년에는 플로리다주에 디즈니 월드가 세워졌고, 이후 일본, 중국, 홍콩, 프랑스에도 디즈니랜드가 생겼지. 디즈니는 상상을 현실로 만든 마법 같은 인물이야.

20세기 대중음악가

20세기에 다양한 대중음악 장르가 등장했어. 그중에서도 블루스와 재즈에서 영향을 받은 로큰롤은 강한 비트와 에너지로 큰 인기를 끌었지.

지미 헨드릭스

지미 헨드릭스는 미국의 전설적인 기타리스트야. 흑인 특유의 감성과 강렬한 연주로 사랑받았어. 1969년 미국 우드스톡 페스티벌에서 베트남 전쟁 반대 메시지를 담은 연주로 주목받았지.

엘비스 프레슬리

엘비스 프레슬리는 '로큰롤의 황제'라 불릴 정도로 로큰롤의 탄생과 발전에 크게 기여했어. 〈하트브레이크 호텔〉, 〈러브 미 텐더〉 등의 히트곡으로 인기를 끌었어.

밥 딜런

밥 딜런은 전쟁 반대와 인권 문제를 노래한 미국의 싱어송라이터야. 〈블로잉 인 더 윈드〉가 대표곡이지. 시적인 가사들로 2016년에는 노벨 문학상을 수상했어.

비틀스와 롤링스톤스

비틀스는 1960년대 활동한 영국의 4인조 록 밴드야. 1963년 데뷔 앨범으로 인기를 얻었고, 1964년 미국 진출로 전 세계적인 인기를 누렸지. "영국 음악이 미국을 침공했다."는 말까지 나올 정도였어. 1970년에 해체, 1980년엔 리더 존 레논이 피살되는 사건이 있었어. 짧은 활동 기간에도 대중음악에 엄청난 영향을 준 전설적인 그룹이야.

롤링 스톤스는 1962년에 결성된 영국의 록 밴드야. 블루스를 바탕으로 한 음악으로 세계적 명성을 얻었어. 밴드는 여러 해체 위기를 넘겼고, 2012년에 데뷔 50주년 콘서트를 열었지.

도어스

도어스는 1960년대 미국의 록 밴드야. 데뷔곡 〈라이트 마이 파이어〉가 큰 인기를 끌었지만, 리더 짐 모리슨의 약물 문제가 심각했어. 그는 1971년에 숨졌고, 1973년에 그룹은 해체되었지.

마이클 잭슨

마이클 잭슨은 '팝의 황제'로 불리는 미국 가수야. 20세기 대중문화의 전설적인 존재지. 가족 그룹 '잭슨 파이브'로 시작해 솔로로 활동했어. 《스릴러》 앨범은 전 세계에서 무려 5억 장 이상 팔리며 역사상 가장 많이 팔린 앨범으로 기네스북에 올랐어. 그는 '문워크' 같은 퍼포먼스로도 유명해.

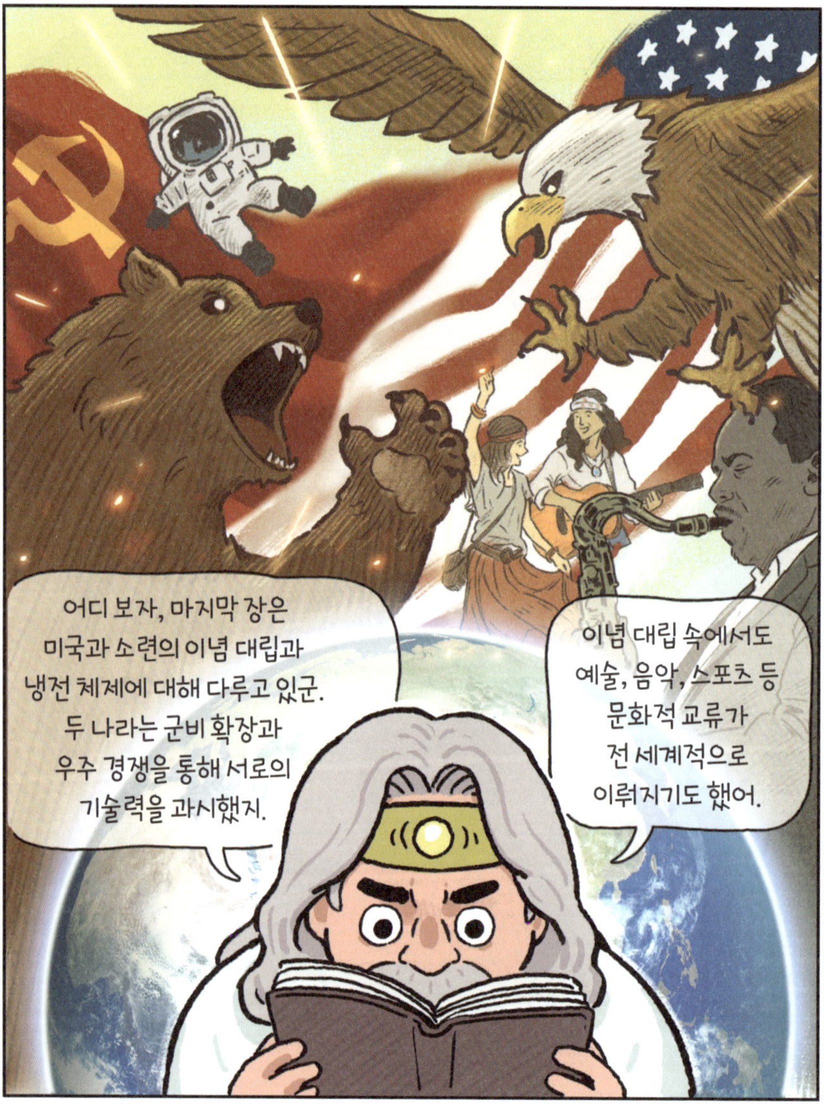

4장

현대

제2차 세계 대전이 끝난 뒤 세계는 또 다른 갈등에 직면했어. 미국과 소련을 중심으로 전 세계가 두 개의 편으로 나뉘어 대립하기 시작한 거야. 자본주의 진영과 공산주의 진영의 대립, 우리는 이 갈등을 '냉전'이라 불러. 냉전 말고도 또 다른 갈등이 터졌어. 중동 지역에서 이스라엘과 아랍 민족 사이에 전쟁이 벌어졌어. 여러 차례에 걸쳐 이어진 이 전쟁을 보통은 '중동 전쟁' 혹은 '이스라엘-아랍 전쟁'이라고 불러. 전쟁은 끝났지만, 그 후로는 이슬람 극단주의자들의 테러가 시작됐어. 2001년, 테러 조직이 미국 뉴욕에서 민간 항공기를 납치해 세계 무역 센터 건물을 무너뜨린 충격적인 '9·11 테러' 사건이 벌어졌지. 이 테러 이후 세계는 공포에 휩싸였어. 여기에 환경 문제, 식량 문제, 민족 분쟁 등 여러 문제가 겹치면서 현대 사회에 풀어야 할 숙제들이 점점 많아지고 있어. 그렇다면 이런 문제 앞에서 세계의 인물들은 어떤 선택을 했을까?

냉전과 중동 전쟁

냉전의 시작과 폭발

제2차 세계 대전 이후, 소련은 동유럽에 공산 정권을 세우며 영향력을 넓혔고, 미국은 반공 진영을 강화했지. 1949년엔 미국과 서유럽 중심의 북대서양 조약 기구(NATO), 1955년엔 소련과 동유럽 중심의 바르샤바 조약 기구(WTO)가 결성되며 세계는 자본주의 진영과 공산주의 진영으로 갈라졌어.

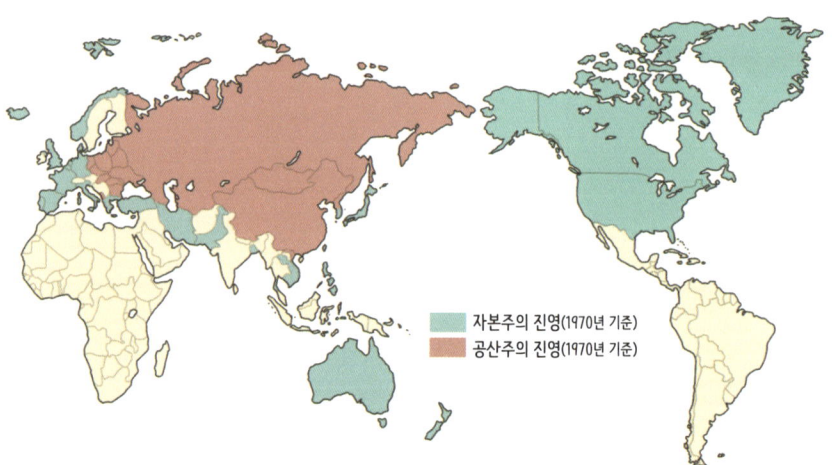

1970년대 자본주의와 공산주의 진영

- **6·25 전쟁(1950~1953)**: 6월 25일, 북한의 남침으로 시작된 전쟁으로, 남한을 돕는 UN군과 북한을 지원하는 중공군이 개입했지. 1953년 휴전 협정이 체결되며 휴전선을 기준으로 분단 상태가 유지됐어.
- **쿠바 미사일 위기(1962)**: 쿠바에 핵미사일을 설치하려던 소련과 이를 막으

려는 미국의 갈등으로, 전쟁 직전까지 갔지만, 협상으로 해결됐어.
- **베트남 전쟁(1964~1975)**: 공산주의 북베트남과 자본주의 남베트남의 대립 속에 미국이 남베트남을 지원했지만, 결국 북베트남이 승리해 베트남은 공산화됐어.

냉전의 종식

1970년대부터 미국과 소련, 중국 간에 화해 분위기가 형성되었고, 1980년대 동유럽 민주화 운동과 소련의 개혁이 이어졌어. 결국 1991년 소련이 해체되며 냉전이 끝났지.

중동 전쟁의 시작과 전개

제1차 세계 대전 이후, 영국이 유대인과 아랍인 양쪽에게 팔레스타인 땅을 약속하며 갈등이 시작됐어. UN은 팔레스타인 땅을 유대인 국가(이스라엘)와 아랍 국가로 나누자고 결의했어. 1948년, 이스라엘이 독립을 선언하자 아랍 국가들이 반발하며 중동 전쟁이 시작됐지.

이스라엘과 팔레스타인

- **제1차 중동 전쟁(1948~1949)**: 이스라엘 건국 직후, 이집트·시리아·요르단·이라크 등 아랍 연합군이 공격했지만, 미국의 지원을 받은 이스라엘이 승리하며 영토를 넓혔고, 많은 아랍 난민이 발생했어.
- **제2차 중동 전쟁(1956)**: 이집트의 수에즈 운하 국유화에 반발한 영국·프랑스·이스라엘이 이집트를 공격했어. UN의 중재로 전쟁은 종료됐지.
- **제3차 중동 전쟁(1967)**: 이스라엘과 시리아의 갈등이 커지며 시작됐어. 서방 세계의 지원을 받은 이스라엘이 단 6일 만에 승리했고, 기존 아랍 영토인 요르단강 서안, 가자 지구, 시나이반도, 골란고원을 차지하며 영토를 넓혔지.
- **제4차 중동 전쟁(1973)**: 이집트와 시리아가 이스라엘을 공격했고, 처음으로 아랍이 석유를 무기화하면서 전 세계가 오일 쇼크를 경험했어.

냉전 체제를 시작한 미국 대통령
해리 트루먼

지역 아메리카 생몰 1884~1972 임기 1945~1953

제2차 세계 대전을 끝낸 대통령

해리 트루먼은 프랭클린 루스벨트가 대통령의 4번째 임기 때 부통령으로 일했어. 그런데 루스벨트가 취임 3개월 만에 세상을 뜨는 바람에 트루먼이 대통령직을 이어받았지.

당시 제2차 세계 대전이 한창이었어. 독일은 항복했지만, 일본은 끝까지 저항했지. 트루먼은 전쟁을 빨리 끝내기 위해 일본 히로시마와 나가사키에 원자 폭탄 투하를 결정했고, 결국 일본이 항복하면서 전쟁이 막을 내렸어.

냉전의 시작

전쟁 후 세계는 미국 중심의 자본주의 진영과 소련 중심의 공산주의 진영으로 나뉘며 냉전이 시작됐어. 트루먼은 공산주의 확산을 막기 위해 '트루먼 독트린'을 발표해 지중해 국가들이 소련의 영향을 받지 않도록 지원했지.

또 유럽의 경제 회복을 위해 '마셜 플랜'을 추진했어. 서유럽은 도움을 받았지만, 동유럽은 소련 영향 아래 있어 아무런 지원도 받지 못해 소련과 더 똘똘 뭉쳤지. 1949년, 트루먼은 서유럽과 집단 방위 동맹인 북대서양 조약 기구(NATO)를 만들었고, 1950년 6·25 전쟁이 발발하자 즉각 참전을 선언했어.

매카시즘을 일으킨 장본인
조지프 매카시

지역 아메리카 **생물** 1908~1957

극단적 반공주의자

조지프 매카시는 냉전 시대 미국의 극단적인 반공주의 정치가로, 1950년 2월, "국무부에서 공산주의자가 활동하고 있다."고 폭로했어. 국무부는 미국 외교를 담당하는 핵심 부처라, 미국 사회는 큰 충격에 빠졌지. 그는 공산주의자로 의심되는 사람들을 모두 공직과 기업에서 쫓아내야 한다고 덧붙였어.

매카시의 폭로 이후, 공산주의자 색출을 위한 조사 위원회가 만들어졌고, 많은 사람이 공산주의자로 몰려 직장에서 쫓겨났어. 미국 사회에 두려움과 불신이 퍼졌고, 강압적인 분위기 속에 겁에 질려 거짓 자백을 한 사람도 생겨났을 정도야. 이렇게 1950년대 초에 미국에서 벌어진 공산주의자 색출 광풍을 '매카시즘'이라고 불러.

매카시즘의 몰락

1954년, 한 방송이 매카시의 폭로가 조작이었다고 보도했어. 국무부에 공산주의자가 없었다는 거야. 매카시가 뇌물을 받고 경력을 위조했으며, 술만 마시면 추태를 부리는 부패한 정치인이라는 사실도 알려졌지. 곧 매카시에 대한 청문회가 열렸고, 그는 아무 증거도 내놓지 못했어. 횡설수설하는 그의 모습이 TV에 나오자 여론은 돌아섰지. 매카시즘은 결국 그렇게 허무하게 막을 내렸어.

매카시즘의 피해자들

매카시즘 열풍으로 공산주의자로 몰린 대표적인 유명 인물로는 영화배우 찰리 채플린과 과학자 오펜하이머 등이 있어. 채플린은 장기간 미국 입국을 거부당했고, 오펜하이머는 공직에서 배제됐지.

전쟁을 막은 최연소 미국 대통령
존 F. 케네디

지역 아메리카 생몰 1917~1963 임기 1961~1963

젊은 대통령의 전쟁 위기 대처

1960년, 미국 대통령 선거 역사상 처음으로 텔레비전 토론이 도입돼 주목을 받았어. 케네디는 젊고 자신감 넘치는 모습과 뛰어난 말솜씨로 국민의 마음을 사로잡았지. 그는 경쟁 후보였던 리처드 닉슨을 누르고 당선됐어. 43세로, 역대 최연소 대통령 당선자였어.

하지만 케네디는 취임 2년 만에 '쿠바 미사일 위기'를 맞았어. 소련이 쿠바에 미사일 기지를 세우려 하자 케네디는 이를 막기 위해 해상을 봉쇄했어. 당장이라도 전쟁이 벌어질 것 같았지만, 미국은 튀르키예에서 미사일 철수를, 소련은 쿠바에서 미사일 철수를 약속하며 위기를 극적으로 넘겼지. 이후 두 나라는 핵 실험 금지 조약을 체결했어. 그리고 케네디는 소련과의 우주 경쟁에 맞서 '아폴로 계획'을 세우고 달 탐사에 착수했지.

암살과 미스터리

1963년, 케네디는 대통령 재선 유세를 위해 댈러스를 방문했다가 퍼레이드 중 괴한의 총에 맞아 암살당했어. 이 장면은 텔레비전으로 생중계되어 미국 전역에 충격을 안겼지. 그는 생전에 인기 여배우 마릴린 먼로와의 스캔들로 화제를 모았지만, 갑자기 세상을 떠나 진실은 밝혀지지 않았어.

마릴린 먼로

금발에 화려한 미소로 대중을 사로잡은 마릴린 먼로는 1950년대 할리우드를 대표하는 배우였어. 하지만 늘 외로움과 우울이 그녀를 따라다녔고, 결국 그녀는 약물 과다 복용으로 숨을 거뒀어.

우주 전쟁을 촉발한 소련 지도자
흐루쇼프

지역 유럽 생몰 1894~1971 임기 1953~1964

스탈린 격하 운동과 중국과의 갈등

1953년, 흐루쇼프는 스탈린 사망 후 공산당 제1서기가 되었어. 1956년부터 '스탈린 격하 운동'을 시작했지. 스탈린을 독재자라 비판하며, 그의 흔적을 지워 나간 거야. 스탈린 이름이 붙은 도시 이름을 바꾸고, 생활 물자를 늘리기 위해 경공업을 강화했어. 이 변화는 '흐루쇼프 해방'이라고 불려.

하지만 이런 태도는 중국을 자극했어. 마오쩌둥은 흐루쇼프를 무기력하다며 공개 비난했지. 1958년, 두 사람은 화해를 시도했지만, 오히려 말다툼만 벌였어. 이후 흐루쇼프가 서방과 대화를 시도하자 마오쩌둥은 그를 '수정주의자'라 부르며 등을 돌렸고, 소련과 중국은 원수지간이 되어 버렸지.

우주를 향한 도전과 냉전 위기

흐루쇼프는 우주 개발에도 박차를 가했어. 1957년, 인공위성 스푸트니크 1호를 쏘아 올리며 미국을 깜짝 놀라게 했지. 이어 개를 태운 2호도 쏘아 올렸어. 결정적으로 1961년에 유리 가가린이 인류 최초로 우주를 다녀오며 소련은 우주 경쟁에서 미국보다 앞서게 됐어.

그는 미국과 군사 경쟁을 벌였어. 1962년엔 미국 바로 아래의 쿠바에 핵 미사일을 배치하려다 케네디와 극적으로 협상해 위기를 넘겼지.

유리 가가린

유리 가가린은 1961년, 우주를 비행한 인류 최초의 우주인이야. 그는 1시간 48분 동안 지구 궤도를 돈 뒤 지구로 귀환했어. 그리고 "지구는 푸른 빛이었다."라는 유명한 말을 남겼지.

달에 최초로 착륙한 지구인
닐 암스트롱

지역 아메리카 **생몰** 1930~2012

인물 한마디
"이것은 한 인간에게는 작은 발걸음이지만, 인류에게는 위대한 도약이다."

우주 비행사가 된 한국 전쟁 참전자

닐 암스트롱은 인류 최초로 달에 착륙한 미국의 우주 비행사야. 과거 미 해군 소속 전투기 조종사로 한국 전쟁에 참전했지.
이후 항공 공학을 공부해 1962년, 미국 항공 우주국(NASA)에 선발되면서 본격적인 우주 비행사의 길을 걷게 되었어. 침착하고 신중한 성격 덕분에 아폴로 11호의 사령관으로 뽑혔지.

달에 착륙한 최초의 인간

당시 미국과 소련은 누가 먼저 우주 개발을 하는지를 두고 경쟁했어. 1961년, 소련이 유리 가가린을 우주에 보내자, 미국도 이에 맞서 인류가 달에 착륙한 뒤 지구로 무사히 돌아오는 '아폴로 계획'을 세웠지.
1969년 아폴로 11호가 달 표면인 '고요의 바다'에 착륙해 암스트롱과 동료들은 인류 최초로 달에 첫발을 내디뎠어. 이 장면은 뉴스로 생중계되며 많은 사람에게 감동과 놀라움을 주었어.

이집트 공화국 세운 주역
나세르

지역 아프리카 생몰 1918~1970 임기 1956~1970

이집트 왕정을 무너뜨린 혁명가

1952년, 나세르는 이집트 왕정을 무너뜨리기 위해 동료 장교들과 함께 쿠데타를 일으켰어. 쿠데타가 성공하며 왕정은 폐지됐고, 1953년에 이집트 공화국이 출범했지.

나세르는 부총리에 오른 뒤 실권을 잡았고, 1956년에 이집트 대통령이 되었어. 그는 미국이나 소련, 그 어느 쪽도 편들지 않는 비동맹 노선을 걸었고, 반둥 회의에도 참여해 아시아·아프리카 독립국들과 연대했지.

수에즈 전쟁과 아랍의 영웅

1956년, 나세르는 지중해와 홍해를 잇는 수에즈 운하를 직접 운영하겠다고 선언했어. 그동안 이 운하를 꽈리하며 돈을 벌던 영국과 프랑스는 크게 반발했고, 나세르는 제일 먼저 이스라엘의 선박 통행을 막았지. 그러자 영국·프랑스·이스라엘이 연합해 이집트를 공격했어. 이 전쟁이 제2차 중동 전쟁, 또는 수에즈 전쟁이야.

하지만 미국과 소련, 그리고 UN의 반대로 영국·프랑스·이스라엘은 철수해야 했어. 수에즈 운하는 완전히 이집트 소유가 되었고, 나세르는 아랍 민족의 영웅으로 떠올랐지.

서방 세계와 교류한 사회주의자
요시프 티토

지역 유럽 생몰 1892~1980 임기 1953~1980

독자적 사회주의 추진

요시프 티토는 유고슬라비아에서 가난한 노동자의 아들로 태어났어. 어릴 때부터 사회주의에 관심을 가졌지. 그는 제1차 세계 대전에 참전해 러시아군의 포로가 되면서 러시아 혁명을 겪었고, 이후 볼셰비키에 가입해 사회주의 사상을 더 깊이 배웠어. 제2차 세계 대전 때는 공산주의 저항군 '파르티잔'을 이끌고 독일·이탈리아·일본 동맹군과 맞서 싸웠어. 전쟁이 끝나고 유고슬라비아가 해방되자, 티토는 1953년 유고슬라비아의 초대 대통령이 되었지.

전후 대부분의 동유럽 국가는 소련에 의존했지만, 티토는 독자적인 사회주의 국가를 만들겠다고 했어. 이에 화가 난 소련은 1948년, 국제공산당 조직 코민포름에서 유고슬라비아를 쫓아내고, 다른 동유럽 국가들과의 교류도 끊어 버렸지. 위기에 빠진 티토는 서방과 손잡고 중립 외교를 펼쳤어. 이런 티토의 독자적인 사회주의를 '티토이즘'이라고 해. 그는 제3세계를 대표하는 비동맹 운동의 지도자로도 활약했어.

갈라져 버린 유고슬라비아

유고슬라비아는 다양한 민족과 종교가 뒤섞인 나라였어. 티토가 살아있을 땐 강한 리더십으로 이들을 통합했지만, 1980년 그가 사망하자 균형이 무너졌지. 1991년, 슬로베니아가 독립을 선언하며 민족 갈등이 터졌고, 결국 내전으로 이어졌어. 그 결과 유고슬라비아는 여섯 개의 나라로 갈라졌지. 지금은 세르비아, 크로아티아, 슬로베니아, 보스니아-헤르체고비나, 몬테네그로, 북마케도니아가 각각 독립된 국가가 되었어.

중국 공산당의 균형추 총리
저우언라이

지역 동아시아 생물 1898~1976 임기 1949~1976

5·4 운동부터 시작된 공산주의자의 길

저우언라이는 중국의 초대 총리이자, 마오쩌둥과 함께 중국 공산당을 이끈 핵심 인물이야. 1919년, 대학생이던 그는 일본 제국주의에 맞선 학생 운동인 5·4 운동에 참여했어. 시위에 적극적으로 참여했다는 이유로 학교에서 퇴학당하고 감옥에도 갇혔지.

출소 후 프랑스로 유학을 떠난 저우언라이는 노동자들과 어울리며 사회주의 사상을 더 깊이 이해하게 되었고, 1922년에는 중국 공산당 파리 지부를 만들어 본격적으로 활동을 시작했어. 이후 중국으로 돌아와 국민당과 연합해 일본에 맞서는 국공 합작에도 중요한 역할을 맡았지.

1949년, 제2차 세계 대전 이후 중화 인민 공화국이 수립되자 저우언라이가 초대 총리가 되어 무려 27년 동안 자리를 지켰어.

문화 대혁명 속에서도 살아남은 인물

당시 중국 최고 권력자는 마오쩌둥이었지만, 마오쩌둥이 대약진 운동의 실패로 주석을 사임한 뒤 류사오치가 2대 주석이 되면서 공산당 내 갈등이 생겼어. 마오쩌둥은 권력을 되찾기 위해 '문화 대혁명'을 일으켰고, 이때 수많은 사람이 다치고 쫓겨났지. 류사오치도 그중 하나로 결국 주석 자리에서 물러나게 됐어.

하지만 저우언라이는 끝까지 총리 자리를 지켰어. 마오쩌둥의 뜻을 무조건 따르기보다, 정부와 국민 사이에서 균형을 잡으려 애썼지. 저우언라이 덕분에 각종 중국의 문화유산이 파괴되지 않고 보존될 수 있었고, 미국과의 수교도 수립돼 양국은 적대 관계에서 벗어나 사이좋게 지낼 수 있게 됐어.

No.212

라틴 아메리카 혁명의 상징
체 게바라

지역 아메리카 **생몰** 1928~1967

의사에서 혁명가로

체 게바라는 아르헨티나 상류층 출신의 혁명가야. 1953년, 의사가 되었지만, 라틴 아메리카를 여행하던 중 가난에 시달리는 사람들의 삶을 보고 혁명을 통해 세상을 바꾸기로 결심했어.

암살을 피해 이듬해 멕시코로 망명한 그는 그곳에서 쿠바 혁명을 준비하던 카스트로를 만나게 돼. 당시 쿠바는 미국의 지원을 받는 독재 정부에 맞서 싸우고 있었어.

쿠바 혁명과 최후

체 게바라는 혁명군을 이끌고 카스트로와 함께 쿠바에 상륙했어. 1959년, '쿠바 혁명'이 성공하며 카스트로가 정권을 장악했지. 이로써 아메리카 대륙 최초로 공산주의 국가가 태어난 거야. 미국이 쿠바에 맞서 경제 봉쇄를 단행하자, 쿠바는 소련에 손을 내밀었어. 그렇게 소련이 쿠바에 미사일을 배치하려다 미국과 전쟁 위기까지 이르게 됐지. 그러나 소련과 미국이 협상으로 해결하자, 체 게바라는 쿠바를 돕지 않은 소련에게 실망해 쿠바의 모든 공직을 내려놓아. 이후 콩고와 볼리비아에서 새로운 혁명을 시도했지만, 그는 1967년 볼리비아에서 체포되어 총살당하고 말았어.

쿠바 최장기 집권자 카스트로

지역 아메리카 **생몰** 1926~2016 **임기** 1959~2006

변호사에서 혁명가로

카스트로는 쿠바 혁명을 일으킨 혁명가이자 정치인이야. 원래 변호사가 되려고 법대에 진학했지만, 사회주의 사상에 눈뜨고 학생 운동에 뛰어들었지. 부패한 쿠바 정부에 저항했고, 국제 학생 운동 조직을 만들었으며, 도미니카 공화국의 혁명에도 참여했어. 1948년, 카스트로는 변호사 자격증을 땄지만, 이 무렵 콜롬비아 혁명에 참여하며 혁명가의 길을 걷게 돼.

기네스북에 오른 독재자

당시 쿠바는 친미 성향의 부패한 독재 정권이었어. 카스트로는 그런 정권을 몰아내기로 결심했고, 1953년에 156명의 동지들과 함께 쿠바의 군사 기지를 공격했지만 실패해 감옥에 갇혔어. 2년 후 석방된 그는 멕시코로 망명해 혁명 동지들을 다시 모았고, 이때 체 게바라를 만났지.

1956년, 카스트로는 체 게바라와 함께 무장 혁명군을 이끌고 쿠바에 상륙했어. 정글을 거점으로 게릴라전을 벌였고, 1959년 마침내 독재 정권을 무너뜨렸지. 이후 총리가 된 카스트로는 쿠바를 사회주의 국가라고 선언했어. 그리고 소련과 가까워지며 미국의 눈엣가시가 되었지.

무려 638회에 달하는 미국의 암살 시도에도 살아남은 카스트로는 1976년, 국가 평의회 의장이 되어 총리보다 더 강력한 권한을 가진 완벽한 독재 체제를 구축했어. 독재 정권에 맞섰던 인물이 결국 독재자가 된 거야. 그는 약 47년간 쿠바를 통치했고, 세계에서 가장 오래 집권한 독재자로 기네스북에 올랐어.

체 게바라와 카스트로

근대 No.214 이란 혁명을 이끈 종교 지도자 **호메이니**

지역 서아시아 생물 1902~1989 임기 1979~1989

이슬람 성직자에서 혁명 지도자로

호메이니는 20세기 이란 혁명을 이끈 종교 지도자야. 그는 '아야톨라'라고도 불리는데, 이는 이란 최고 지도자에게 붙이는 존칭이지.

호메이니는 이슬람 성직자였던 아버지의 영향을 받아 어릴 때부터 쿠란을 공부하며 이슬람 성직자가 되기를 꿈꿨어. 그래서 시아파의 성지인 콤으로 이주해 본격적으로 이슬람 철학을 배우고, 학자로 이름을 알렸지.

한때 이란을 통치하던 팔레비 왕조가 미국과 가깝게 지내며 석유 수입을 독점하고 이슬람 성직자들을 탄압하자, 호메이니는 반정부 시위를 주도하다가 체포되어 추방당했어. 그는 해외 망명 중에도 저항을 이어가며 이슬람 전통을 지키자고 주장했고, 많은 이란 민중이 호메이니의 뜻에 동참했지.

이란 혁명과 이란-이라크 전쟁

1970년대 이란의 반정부 시위가 격렬해졌어. 1978년에는 수천 명의 시위대가 목숨을 잃었지. 결국 1979년 팔레비 왕조의 왕이 쫓겨났고, 귀국한 호메이니가 임시 정부를 세워 같은 해 '이슬람 공화국'을 선포했어. 이게 바로 '이란 혁명'이야. 이때 이란은 종교가 정치보다 위에 있는 '신권 국가'가 되었어. 호메이니가 최고 지도자가 되어 이란을 통치했지.

하지만 혁명 직후인 1980년에 이라크가 이란을 침공하면서 이란-이라크 전쟁이 발발했어. 이라크는 아랍계 수니파, 이란은 페르시아계 시아파로 종교와 민족이 달라 예전부터 갈등이 있었지. 국경과 영토 분쟁으로 싸워 왔거든. 이 전쟁은 무려 8년 동안 이어졌고, 호메이니는 전쟁이 끝나기 전 노환으로 숨졌어. 그의 장례식에는 엄청난 인파가 몰렸지. 이란과 이라크는 1990년에 국교를 회복했어.

냉전 완화와 탄핵 위기의 명과 암
리처드 닉슨

지역 아메리카 생몰 1913~1994 임기 1969~1974

중국과 관계 개선한 대통령

리처드 닉슨은 공화당 의원 출신으로, 1953년 아이젠하워 대통령 밑에서 부통령을 지냈어. 1960년 대통령 선거에서는 젊고 인기 많던 존 F. 케네디에게 패배해 한동안 정계를 떠났지만, 1968년 대선에 다시 도전해 마침내 대통령에 당선되었지.

이듬해 닉슨은 아시아 방위에 대한 책임은 아시아 국가들이 직접 져야 한다는 '닉슨 독트린'을 발표했어. 이 정책에 따라 베트남 전쟁에 파견된 미군을 철수시켰고, 주한 미군 일부도 감축했지.

1972년에는 미국 대통령으로는 처음으로 공산주의 국가인 중국을 방문해 저우언라이, 마오쩌둥과 회담하며 중국과의 관계를 개선했어. 이어 소련과는 전략 무기 제한 협정(SALT)을 체결해 냉전으로 꽁꽁 얼어붙었던 국제 정세를 조금이나마 누그러뜨렸지.

저우언라이를 만난 닉슨

워터게이트 사건으로 자진 사임

1972년, 닉슨은 대통령 재선에 성공했지만, 같은 해 선거가 한창일 때 워싱턴 D.C. '워터게이트' 빌딩의 미국 민주당 전국 위원회 본부에 도청 장치를 설치하려던 괴한이 붙잡혔어. 조사 결과, 닉슨이 깊이 개입한 사실이 드러나면서 국민의 분노를 샀지.

하원이 닉슨 대통령 탄핵을 결의했어. 상원에서도 찬성하면 탄핵이 확정되는 상황에 닉슨은 대통령직에서 스스로 물러났어. 이걸 '워터게이트 사건'이라고 해. 그는 미국 역사상 자진 사임한 최초의 대통령이야.

마오쩌둥과 대립한 개혁가

덩샤오핑은 마오쩌둥과 함께 중국을 세운 주역이야. 마오쩌둥과 달리 공식적으로 국가 주석 자리에 오른 적은 없지만, 실질적인 최고 권력자였지. 1950년대 그는 빠르게 승진해 공산당의 핵심 인물이 되었어.

하지만 1958년, 덩샤오핑은 국민 생활 향상을 위해 자본주의적 요소도 받아들여야 한다며 정치 개혁을 주장했고, 마오쩌둥은 이 주장을 받아들이지 않아 둘은 대립하게 되었어. 1966년, 마오쩌둥이 문화 대혁명을 일으켜 반대파를 제거했을 때 덩샤오핑도 '수정주의자'로 몰려 당에서 쫓겨났고, 공장에서 강제 노동을 하게 됐지. 이후 마오쩌둥이 사망하고 문화 대혁명도 종료되자 덩샤오핑은 공산당 부총리로 복귀했어. 하지만 이후로도 실각과 복귀를 반복했지.

흑묘백묘론과 톈안먼 사건

1977년, 정계로 복귀한 덩샤오핑은 본격적으로 경제 개혁을 추진했어. 미국 대통령 지미 카터와의 회담 이후, 덩샤오핑은 '흑묘백묘론'을 내세웠지. 검은 고양이든 흰 고양이든 쥐만 잘 잡으면 최고의 고양이라는 말로, 사회주의든 자본주의든 인민이 잘살 수만 있다면 된다는 의미야. 이때부터 중국은 개혁 개방 정책을 통해 외국 자본과 기술을 받아들이며 경제 성장을 이루기 시작했어.

하지만 경제 발전 뒤에는 어두운 그림자도 있었어. 1989년, 톈안먼(천안문) 광장에서 대학생들과 시민들이 민주화를 요구하며 시위를 벌였는데, 덩샤오핑은 탱크를 앞세워 무력으로 시위를 진압했지. 인민의 삶을 개선하겠다던 덩샤오핑이 인민을 학살한 셈이야.

독일 통일에 초석을 놓은 서독 총리
빌리 브란트

지역 유럽 **생몰** 1913~1992 **임기** 1969~1974(서독)

나치에 맞선 사회주의자

빌리 브란트는 젊은 시절 사회주의 운동에 참여했고, 1930년대 나치가 독일을 장악하자 노르웨이로 망명했어. 제2차 세계 대전 중 독일이 노르웨이를 점령하자, 그는 스웨덴으로 옮겨가며 나치 반대 운동을 계속했지.
전쟁이 끝난 후 서독 국적을 되찾은 브란트는 1949년에 서베를린 시의회 의원으로 정계에 입문했어.

동방 정책으로 냉전 완화

1969년, 브란트는 서독 총리가 되었어. 그는 동유럽 사회주의 국가들과 적극적으로 외교 관계를 맺으며 동독과 서독 간 긴장을 완화하고 통일 분위기를 만들고자 했지. 이 외교 정책을 '동방 정책'이라고 불러. 이 정책에 따라 1970년 서독은 소련과 조약을 맺고, 동유럽 여러 국가들과 외교 관계를 회복했어. 특히 폴란드를 방문했을 때, 브란트는 과거 나치 독일의 침략에 대해 사죄하는 의미로 무릎을 꿇고 참회해 전 세계에 감동을 주었지. 이 공로로 그는 이듬해 노벨 평화상을 수상했어.

브란트는 동독 정부와 꾸준히 대화했어. 그 결과 1972년, 두 나라는 서로의 주권과 독립을 존중하고, 무력을 사용하지 않기로 한 조약에 체결했지. 그리고 1973년에 동독과 서독이 동시에 UN에 가입했어. 하지만 1974년, 브란트의 비서가 동독의 첩자였다는 사실이 밝혀지자 그는 도의적 책임을 지고 총리직에서 물러났어. 1990년 동독이 해체되고 서독에 흡수되며 비로소 독일의 통일이 완수되었어.

무릎 꿇은 빌리 브란트 총리

세계화

"세계는 하나"라는 말이 요즘처럼 실감 나는 때도 없어. 지구 반대편 소식도 실시간으로 알 수 있을 만큼 하나로 연결된 시대를 살고 있으니까. 교통과 통신의 발달로 정치, 경제, 문화, 사회 전반에서 전 세계가 하나처럼 연결되는 현상을 세계화라고 불러.

자유 무역과 세계 무역 기구(WTO)

세계화의 중심에는 자유 무역이 있어. 1995년 세계 무역 기구(WTO)가 출범해 공산품, 서비스, 지식 재산권 등 여러 분야에서 무역의 장벽을 낮추며 국가 간 자유 무역을 확대해 왔지. WTO는 불공정 무역을 제재할 수 있는 권한도 가졌어.

하지만 2017년, 트럼프가 미국 대통령에 취임한 뒤 WTO의 기능을 약화시켰어. WTO가 무역 분쟁을 해결하는 역할을 제대로 하지 못하게 되면서 자유 무역 체제는 도전에 직면하기도 했지.

블록 경제 시대

한편, 세계화에서 블록 경제도 중요한 역할을 하고 있어. 유럽 여러 나라가 모여 만든 유럽 연합(EU), 북아메리카 3개국이 체결한 북미 자유 무역 협정(현 USMCA), 아시아 태평양 지역이 모인 아시아 태평양 경제 협력체(APEC) 같은 지역 경제 협력체들은 지역 안에서 무역과 경제 협력을 강화했어.

블록 경제는 블록 밖 나라에 대해서는 장벽을 치는 구조로, 자유 무역과는 거리가 멀어 세계화의 걸림돌이 되기도 해. 한편으로는 이해관계를 같이 하는 나라들끼리는 자유 무역과 협력을 통해 세계화를 이끄는 주춧돌이 되기도 하지.

유럽 연합기(EU)

USMCA에 서명하는 멕시코, 미국, 캐나다 3국 정상들

디지털 기술이 바꾼 세계

인터넷과 SNS 같은 디지털 기술의 발전은 세계화를 더욱 가속화시켰어. 오늘날 세계인은 직접 가지 않아도 다른 나라 문화를 접할 수 있고, 월드컵이나 국제 영화제 같은 다양한 행사를 실시간으로 즐기며 '세계인'으로 살아가게 되었지.

2011년 미국 뉴욕 월스트리트에서 시작된 "월가를 점령하라."는 시위는 디지털 미디어를 통해 전 세계로 퍼졌고, 그해 10월 15일에는 한국을 포함한 80여 개국 900여 도시에서 동시 시위가 벌어졌어. 세계가 하나로 연결된 대표적인 사례야.

함께 해결해야 할 세계 문제

세계화에는 그늘도 있어. 산업 개발로 인한 환경 파괴와 기후 변화로 인한 태풍과 홍수, 지진 같은 자연재해가 더 잦아졌지. 빈부 격차도 커지고 있어. 전 세계 60억 인구 중 약 12억 명이 굶주림에 시달리고, 하루 한 끼조차 제대로 먹지 못하는 사람도 많아.

게다가 전쟁, 테러, 내전도 멈추지 않고 있어. 아프리카, 중동, 우크라이나 등 여러 지역에서 지금도 고통받는 사람들이 있지. 이러한 문제들은 지구촌 모두가 함께 해결해야 할 숙제야.

근대 No.218

철의 여인이라 불린 영국 총리
마거릿 대처

지역 유럽 | 생몰 1925~2013 | 임기 1979~1990

영국 최초의 여성 총리

마거릿 대처는 30대 중반에 보수당 소속 하원 의원으로 당선되며 정치 활동을 시작했어. 1975년에 보수당 당수가 되었고, 1979년 총선에서 승리해 영국 최초의 여성 총리가 되었지. 1982년, 대처는 외교 위기를 맞았어. 영국이 지배해 온 남아메리카의 포클랜드 제도를 아르헨티나가 점령해 버린 거야. 대처는 즉각 군대를 파견했고, 75일간의 치열한 전투 끝에 영국이 승리했어. 이로써 대처는 영국의 자존심을 지켜낸 지도자라는 평가를 받게 되었지.

철의 여인과 대처리즘

대처는 총리를 세 번 연임하며 20세기 영국 최장수 총리로 기록됐어. 그녀는 '작은 정부, 강한 시장'을 내세워 신자유주의 경제 정책을 추진했고, 국영 기업을 민영화하며 강성 노동조합과도 맞섰어. 정부 지출을 줄여 물가 상승을 잡고 경제를 살렸지만, 지나치게 독단적이라는 비판도 받았지.

'철의 여인'이란 별명은 공산주의에 맞선 그녀를 보고 한 소련 기자가 붙였는데, 이후 타협하지 않는 정책 스타일로 철의 여인이란 이미지가 굳어졌지.

강한 미국을 만들려 했던 미 대통령
로널드 레이건

지역 아메리카 생몰 1911~2004 임기 1981~1989

영화배우에서 미국의 대통령으로

로널드 레이건은 미국 40대 대통령이야. 원래 영화배우였고, 1937년부터 1965년까지 약 50편의 영화에 출연했지. 부드러운 말투와 친근한 이미지로 대중의 사랑을 받았어.

1962년 공화당에 입당한 레이건은 1966년에 캘리포니아 주지사에 당선되며 정치 경력을 쌓았어. 그리고 1980년 대통령 선거에서 출마해 민주당 후보 지미 카터를 꺾고 대통령에 당선됐지.

레이거노믹스 실시

레이건의 목표는 '강한 미국'을 만드는 거였어. 당시 냉전은 여전히 계속되고 있었는데, 그는 소련과의 경쟁에서 밀리지 않기 위해 재정이 적자였음에도 국방비를 대폭 늘렸어. 또 세계 곳곳의 공산주의 세력과 무력으로 맞서기도 했지. 그런 와중에도 레이건은 1987년, 소련의 서기장 고르바초프와 중거리 핵전력 조약에 서명했어. 이 조약은 냉전 시기 처음으로 실제 핵무기를 줄인 협정이었고, 미국과 소련 사이의 신뢰 형성과 냉전 완화의 전환점이 되었지.

레이건은 경제 회복을 위해 소득세를 줄였어. 세금을 줄이면 소비가 늘어날 것이고, 그러면 경제가 살아난다고 본 거야. 또 기업들이 자유롭게 활동할 수 있도록 규제를 완화하고, 민영화와 긴축 재정을 추진했어. 이런 경제 정책을 '레이거노믹스'라 불러. 이 정책은 어느 정도 성공해 미국은 한동안 경기 호황을 누렸지.

중거리 핵전력 조약에 사인하는 미·소 지도자

냉전을 끝낸 소련 지도자
고르바초프

지역 유럽 **생몰** 1931~2022 **임기** 1985~1991

개혁과 개방을 이끈 소련의 마지막 지도자

고르바초프는 소련의 마지막 공산당 서기장이야. 그가 서기장에 선출된 1985년 당시, 세계는 냉전이 서서히 무너지고 있었어. 소련은 경제 침체를 겪고 있었고, 고르바초프는 소련을 변화시켜야 한다고 생각했지.

그는 '개혁(페레스트로이카)'과 '개방(글라스노스트)' 정책을 밀어붙였어. 이는 경제 개혁과 정치 개방을 뜻해. 덕분에 소련은 서방 세계와 경제 협력을 할 수 있게 되었고, 언론과 표현의 자유도 확대되었지.

공산당 해체와 냉전의 종식

당시 동유럽 공산주의 국가들에도 민주화 바람이 불고 있었어. 고르바초프는 이전의 소련 지도자들과 달리, 이런 변화를 막지 않았지. 또 냉전 시기 아프가니스탄 공산 정권을 지원하며 그곳에서 10년 넘게 주둔했던 소련군을 철수시켰어.

1987년에는 미국의 레이건 대통령을 만나 신뢰를 쌓았고, 1989년에는 조지 부시 대통령과 함께 핵무기 감축 및 군비 축소를 담은 내용의 '몰타 선언'을 발표하며 미국과의 냉전 종식을 선언했어. 이 공로로 고르바초프는 이듬해 노벨 평화상을 수상했지.

1990년 고르바초프는 소련 최초로 다당제 선거를 통해 대통령에 당선되며 개혁에 속도를 냈어. 그러나 이듬해 고르바초프가 소련의 근본이념인 마르크스-레닌주의를 더이상 따르지 않겠다고 선언하자 이에 격렬히 반발한 공산주의자들이 쿠데타를 일으켰어. 쿠데타는 3일 만에 진압되었지만, 이후 고르바초프는 소련 공산당을 아예 해체했고, 결국 70년 넘게 이어진 소련은 막을 내렸지. 그는 세계 질서에 큰 전환점을 만든 인물이야.

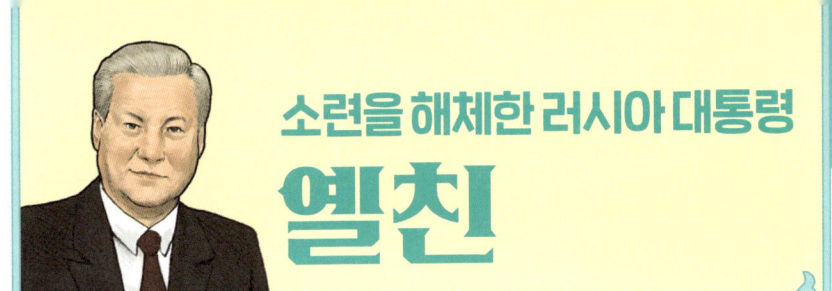

소련을 해체한 러시아 대통령
옐친

지역 유럽 생몰 1931~2007 임기 1991~1999

급진적 개혁의 선봉에 선 러시아 대통령

보리스 옐친은 고르바초프와 가까운 사이였어. 고르바초프가 공산당 서기장이 된 후, 옐친을 발탁해 중앙 정계로 끌어들였지. 하지만 옐친은 고르바초프보다 훨씬 더 급진적인 개혁을 주장했고, 이 때문에 보수파의 집중 공격을 받기도 했어. 그럼에도 대중의 지지를 얻으며, 1991년 6월에 러시아 공화국 대통령에 당선되었어.

쿠데타 진압과 소련 해체

1991년, 고르바초프가 마르크스-레닌주의를 따르지 않겠다고 선언하자 공산주의자들이 쿠데타를 일으켰어. 당시 고르바초프는 권력을 잃은 채 사실상 움직일 수 없는 상황이었지. 이때 옐친이 나서서 쿠데타에 맞섰어. 그는 탱크 위에 올라 전 국민에게 저항을 호소했고, 무려 60시간 넘게 이어진 대치 끝에 쿠데타는 3일 만에 진압되었지. 이 승리로 옐친은 국민적 영웅이 되었어.

쿠데타 이후, 옐친은 고르바초프의 개혁이 너무 미온적이라고 비판했어. 결국 고르바초프는 권력을 잃고 사임했고, 옐친이 새로운 지도자로 떠올랐어. 같은 해 12월, 옐친은 소련에 속했던 11개 공화국의 독립을 선언하고, 이들과 함께 독립 국가 연합(CIS)을 결성했어.

이렇게 공산주의 국가의 큰 형님이던 소련이 역사 속으로 사라졌지. 옐친은 독립한 러시아의 초대 대통령이 되어 새로운 시대를 열었어.

쿠데타 진압 후 축하하는 옐친

No.222 근대

폴란드 민주주의 이끈 대통령
레흐 바웬사

지역 유럽 생몰 1943~ 임기 1990~1995

자유 노조를 세운 조선소 노동자

레흐 바웬사는 폴란드 북부 그단스크 조선소에서 일하던 조선공이었어. 당시 폴란드는 공산 정권 아래 있어 자유롭게 노동조합을 만들 수 없었지. 1980년, 정부가 조선소 노동자들을 대규모로 해고하자, 바웬사는 폴란드 노조를 만들고 노동자 파업을 주도했어. 결국 폴란드 정부는 유럽 공산 국가 중 최초로 자유 노조 설립을 허용하게 되었지.

하지만 이듬해 정부가 돌연 계엄령을 선포해 노동 운동가들을 대거 체포했어. 바웬사도 붙잡혀 1년 동안 가택 연금을 당했지. 이 기간에 그는 자서전 《희망의 길》을 써서 몰래 파리로 보내며 폴란드의 현실을 국제 사회에 알렸어. 1983년, 바웬사는 노동자 최초로 노벨 평화상을 수상했지.

민주 폴란드의 초대 직선 대통령

노조의 투쟁은 이어졌고, 1989년 정부와의 협상 끝에 노조의 합법화가 이루어졌어. 같은 해 6월 총선에서는 노조 세력이 제1당이 되었고, 폴란드 민주화가 본격화되었지.

이후 간선제로 선출된 초대 대통령이 여전히 공산주의 성향을 버리지 않자, 이에 반발한 노조가 다시 전국적으로 투쟁했어. 결국 그는 사임했고, 1990년 직선제 도입 후 열린 대통령 선거에서 바웬사가 당선되었지. 하지만 그는 재임 중 경제 문제를 해결하지 못해 1995년 선거에서 공산당 출신 후보에게 패배했고, 이후 정계에서 은퇴했어.

> 바웬사는 아직 살아 있는 인물이야!

반체제 투쟁 지도자

바츨라프 하벨은 체코의 극작가이자 민주화 운동가야. 오늘날 체코와 슬로바키아는 다른 나라지만, 당시에는 체코슬로바키아라는 한 나라였어. 하벨은 젊은 시절부터 글을 쓰며 작가로 활동했고, 1963년에 발표한 희곡 《뜰의 작가》가 국제적인 주목을 받았지. 그는 공산주의 체제에 비판적인 시각을 가지고 있어서 작품에도 그런 내용을 담았어. 그래서 당시 공산 국가였던 체코슬로바키아에서는 그의 작품이 거의 발표되지 못했지.

1968년, 체코슬로바키아에서 '프라하의 봄'이라 불린 자유 민주화 운동이 시작되었어. 그러나 같은 해 소련이 이를 진압하기 위해 군대를 보내 체코슬로바키아를 침공했지. 하벨도 이 무렵 반정부 운동에 나섰어. 1977년, 그는 '인권 헌장 77'이라는 선언문을 발표했다가 체포되어 수차례 감옥을 오고 갔어. 이때 하벨은 공산주의에 맞선 반체제 투쟁의 상징으로 떠올랐지.

체코 민주주의의 얼굴

1989년 하벨은 공산 체제를 반대하는 시민 포럼이라는 단체를 만들어 대규모 평화 시위를 벌이기 시작했어. 평화로운 시위 앞에 결국 공산 정권은 무너졌지. 같은 해 12월, 하벨은 체코슬로바키아의 임시 대통령으로 선출됐어. 이 평화로운 혁명을 '벨벳 혁명'이라 불러.

1992년, 체코슬로바키아는 체코와 슬로바키아로 분리되었고, 이듬해 체코에서 첫 단독 대통령 선거가 열렸어. 국민의 선택으로 하벨이 대통령에 당선되었지. 그는 체코 민주주의의 상징이야.

20세기를 빛낸 여성 과학자들

현대 과학은 눈부신 발전을 이루었어. 때론 전쟁 무기를 만드는 데 쓰이기도 했지만, 생물학과 환경 같은 분야에서도 놀라운 성과들이 나왔지. 20세기 이후 다양한 과학 분야에서 활약한 여성 과학자들을 살펴보자.

리제 마이트너

오스트리아 출신의 물리학자, 리제 마이트너는 독일 베를린 대학교의 여성 최초 정교수였어. 1918년에 방사성 동위 원소인 프로트악티늄을 발견했지. 하지만 1930년대 나치가 독일에서 집권하자 스웨덴으로 망명해 연구를 이어갔어. 1938년엔 원자핵이 둘로 쪼개지는 현상에 '핵분열'이라는 이름을 처음으로 붙였지.

리제 마이트너(오른쪽)

레이첼 카슨

레이첼 카슨은 미국의 해양 생물학자이자 환경 운동가, 그리고 베스트셀러 작가였어. 대학 졸업 후 정부 기관에서 일하며 해양 역사에 관한 책들을 펴냈지. 그녀가 환경 운동가로 나선 건 1956년부터였어. 이때부터 환경 오염 문제를 본격적으로 알리기 시작했지. 특히 1962년에 출간한 《침묵의 봄》에서는 농약이 환경을 어떻게 오염시키고, 인간과 생물의 몸에 어떻게 축적되는지를 지적해 큰 반향을 불러일으켰어.

레이첼 카슨

도로시 호지킨

이집트에서 태어난 영국인 도로시 호지킨은 단백질의 구조와 기능을 분석하는 기능을 분석하는 학문인 단백질 결정학을 창시했어. 또한 X선을 이용해 물질의 구조를 연구해, 펩신과 페니실린의 구조를 밝혔지. 덕분에 항생제의 대량 생산이 가능해졌어. 이 업적으로 그녀는 노벨 화학상을 수상했지.

도로시 호지킨

로잘린드 프랭클린

영국의 생물 물리학자, 로잘린드 프랭클린은 DNA가 이중 나선 구조라는 사실을 실험으로 입증한 과학자야. 1952년, X선 회절 실험을 통해 DNA의 구조를 밝혔어. 하지만 동료 교수들이 그녀의 연구 결과를 바탕으로 논문을 발표하고, 이 공로로 노벨 생리 의학상을 받았을 때 프랭클린은 37세의 젊은 나이로 세상을 떠나 상을 받지 못했지.

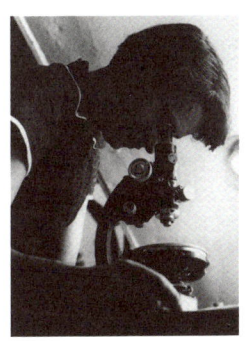

로잘린드 프랭클린

9·11 테러 일으킨 테러리스트
오사마 빈 라덴

지역 서아시아 생몰 1957~2011

알 카에다 조직의 수장

오사마 빈 라덴은 사우디아라비아 출신의 이슬람 극단주의 테러리스트로, 국제 테러 조직인 알카에다의 수장이었어. 1978년, 구소련이 아프가니스탄을 침공하자 미국에 협조해 함께 전쟁을 치렀지만, 1990년 무렵부터 미국을 상대로 테러를 벌이기 시작했지. 1998년, 그가 케냐와 탄자니아에 있는 미국 대사관 두 곳에 폭탄 테러를 일으켜 많은 사상자가 나자, 미국 정부는 빈 라덴을 국제 수배자 명단에 올리고, 500만 달러의 현상금을 내걸었어.

역사상 최악의 테러

2001년 9월 11일, 미국에서 여객기 4대가 납치돼 뉴욕의 세계 무역 센터와 워싱턴 D.C.의 국방부 건물인 펜타곤에 충돌했어. 이 자살 테러로 약 3천 명이 숨지고, 110층짜리 세계 무역 센터의 빌딩이 무너졌지. 9·11 테러의 배후로 알카에다가 지목되면서 미국은 '테러와의 전쟁'을 선포했어.

같은 해 미국은 알카에다를 숨겨 준 아프가니스탄을 공격했어. 결국 2011년, 미국 특공대가 파키스탄에 숨어 있던 빈 라덴을 사살했지만, 아프가니스탄 전쟁은 쉽게 끝나지 않았어. 한때 아프가니스탄을 통치하며 빈 라덴을 숨겨 줬던 이슬람 극단주의 무장 조직, 탈레반이 미국에 끝까지 저항했거든. 미국은 탈레반을 몰아내고 아프가니스탄에 민주 정부를 세우려 했지만, 전쟁이 길어지면서 결국 2021년에 빈손으로 철수했어. 아프가니스탄 전쟁은 사실상 미국의 패배로 끝난 거야.

테러로 무너지는 세계 무역 센터 빌딩

현대 국제 외교 최강의 달인
헨리 키신저

지역 아메리카 **생몰** 1923~2023

냉전 완화의 주역

헨리 키신저는 독일 태생의 미국 정치가로, 하버드대 교수 출신이야. 미국 국가 안보 보좌관과 국무 장관을 지내며 냉전 시대 미국 외교를 이끈 핵심 인물이었지.

키신저는 소련 및 중국과의 대립을 완화하는 '데탕트(긴장 완화) 정책'을 추진했어. 1972년에 소련과 핵무기를 줄이는 전략 무기 협정(SALT)을 체결했고, 리처드 닉슨 대통령의 중국 방문도 성사시켰지. 이듬해엔 이스라엘과 아랍 국가들을 오가며 셔틀 외교를 펼쳤고, 베트남 전쟁 종식을 위한 평화 협정 체결에도 참여했어. 이 공로로 키신저는 1973년 노벨 평화상을 받았지.

미국 국익을 앞세운 현실주의자

키신저는 특정 이념에 얽매이지 않고, 미국의 국익을 우선시하는 현실주의 외교를 펼쳤어. 탁월한 외교 감각 덕분에 '미국 외교의 전설'이라는 별명도 생겼지. 그는 3,800쪽이 넘는 방대한 회고록을 남기기도 했어. 하지만 국익만을 내세운 외교로 인해 다른 나라의 인권 문제는 외면했다는 비판도 받아. 1973년, 칠레 군부 쿠데타 당시 칠레의 민주 정부가 무너지고 군부가 집권했을 때, 키신저는 오히려 친미 성향을 띠는 군부를 지지했거든.

21세기 혁신의 아이콘
스티브 잡스

지역 아메리카 생물 1955~2011

PC 시대를 연 혁신적 창업자

스티브 잡스는 미국 샌프란시스코 출신의 기업가로, 애플의 공동 창업자이자 최고 경영자(CEO)였어. 대학교를 중퇴한 후 게임 회사에서 일하다가, 1976년 친구 스티브 워즈니악과 함께 개인용 컴퓨터(PC) 제조 회사인 애플을 만들었지.

이 시절 컴퓨터는 극소수 전문가들이나 사용할 수 있는 비싼 제품이었는데, 잡스가 애플에서 만든 매킨토시와 같은 컴퓨터는 누구나 사용할 수 있는 개인용 컴퓨터였어. 잡스의 혁신 덕분에 PC 시대가 열린 거야.

1984년 스티브 잡스와 매킨토시

아이폰으로 세상을 바꾼 리더

잡스는 고집이 세서 회사 동료들과 사이가 좋지 않았어. 게다가 매킨토시 후속 제품의 판매 부진까지 겹치며 1985년, 그는 자신이 만든 애플에서 쫓겨났지. 그 뒤로 잡스는 다른 사업을 하다가 1996년 애플로 돌아와 곧 CEO로 복귀했어. 잡스의 리더십 아래 애플은 자본 규모가 20억 달러에서 160억 달러로 8배나 늘어나 전성기를 맞았지.

2007년, 잡스는 휴대 전화, MP3 플레이어, 인터넷 기능을 하나로 합친 혁신적인 제품, 아이폰을 발표해 스마트폰 시대를 열었어. 2010년에는 아이패드를 통해 태블릿 PC라는 새로운 제품군을 선보이며 다시 한번 반향을 일으켰지. 하지만 잡스는 2011년에 췌장암으로 세상을 뜨고 말아.

기부왕으로 변신한 컴퓨터 천재
빌 게이츠

지역 아메리카 | 생몰 1955~

마이크로소프트를 만든 컴퓨터 천재

미국 시애틀에서 태어난 빌 게이츠는 어릴 때부터 책과 컴퓨터를 무척 좋아했어. 13세 때부터 이미 컴퓨터 프로그래밍에 몰두했지. 이후 하버드 대학교에 들어갔지만, 컴퓨터를 만지는 일이 더 좋았어. 빌 게이츠는 친구 폴 앨런과 함께 소형 컴퓨터용 언어인 베이직(BASIC)을 개발했고, 1975년에 마이크로소프트사를 세웠어. 그리고 사업에 집중하기 위해 학업을 중단했지.

마이크로소프트는 1981년에 급속하게 성장했어. 당시 세계 최대 컴퓨터 회사인 IBM사가 PC에 쓸 운영 체제 프로그램 개발을 마이크로소프트에 의뢰했는데, 성공적으로 만들었거든. 그 프로그램이 바로 MS-DOS야. 빌 게이츠는 곧이어 누구나 쉽게 사용할 수 있는 '운영 체제' 시리즈를 선보였어. 특히 1995년에 출시한 '윈도 95'는 4일 만에 100만 개 이상 팔리며 전 세계를 열광시켰지. 마이크로소프트는 세계 최대 소프트웨어 회사로 성장했고, 빌 게이츠는 당대 최고의 IT 천재이자 부자로 명성을 떨쳤지.

성공한 사업가에서 자선왕으로

2000년, 경영 일선에서 물러난 빌 게이츠는 자선 활동에 전념하게 돼. 그는 자신의 재산 절반 이상을 기부하겠다고 선언했지. 그는 아내와 함께 만든 '빌&멀린다 게이츠 재단'을 통해 백신 보급, 질병 퇴치, 기후 변화 대응 등 다양한 분야에 엄청난 기부를 하고 있어.

천당에도 기부를 하시면 어떨까요~?

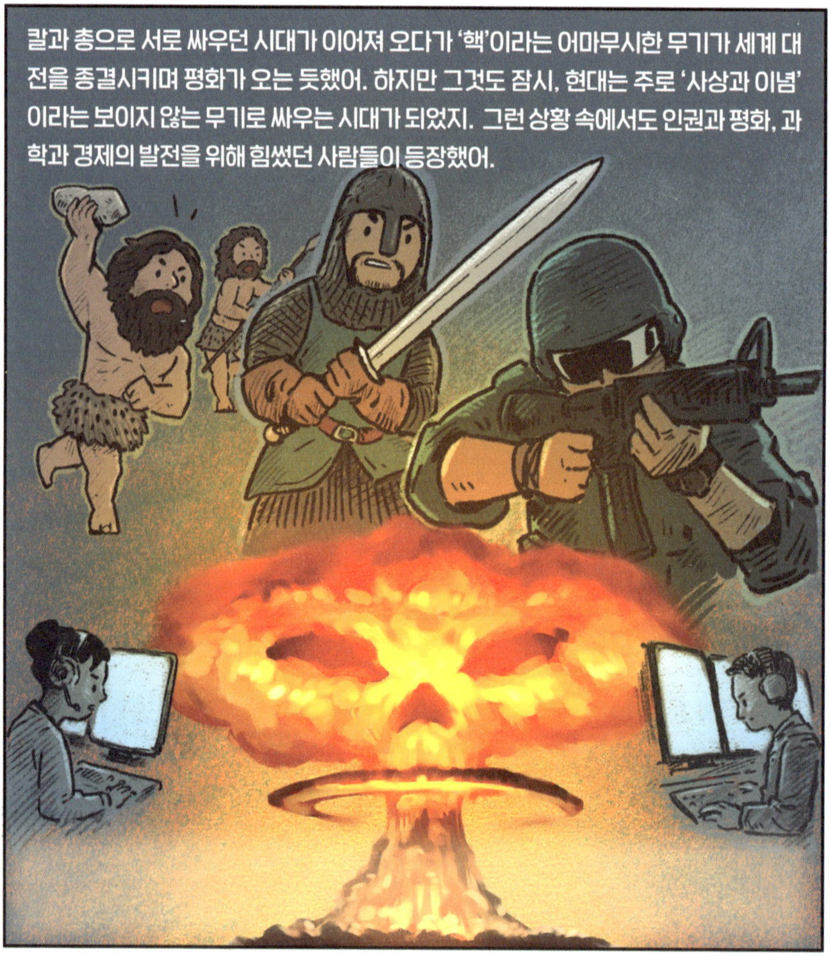

칼과 총으로 서로 싸우던 시대가 이어져 오다가 '핵'이라는 어마무시한 무기가 세계 대전을 종결시키며 평화가 오는 듯했어. 하지만 그것도 잠시, 현대는 주로 '사상과 이념'이라는 보이지 않는 무기로 싸우는 시대가 되었지. 그런 상황 속에서도 인권과 평화, 과학과 경제의 발전을 위해 힘썼던 사람들이 등장했어.

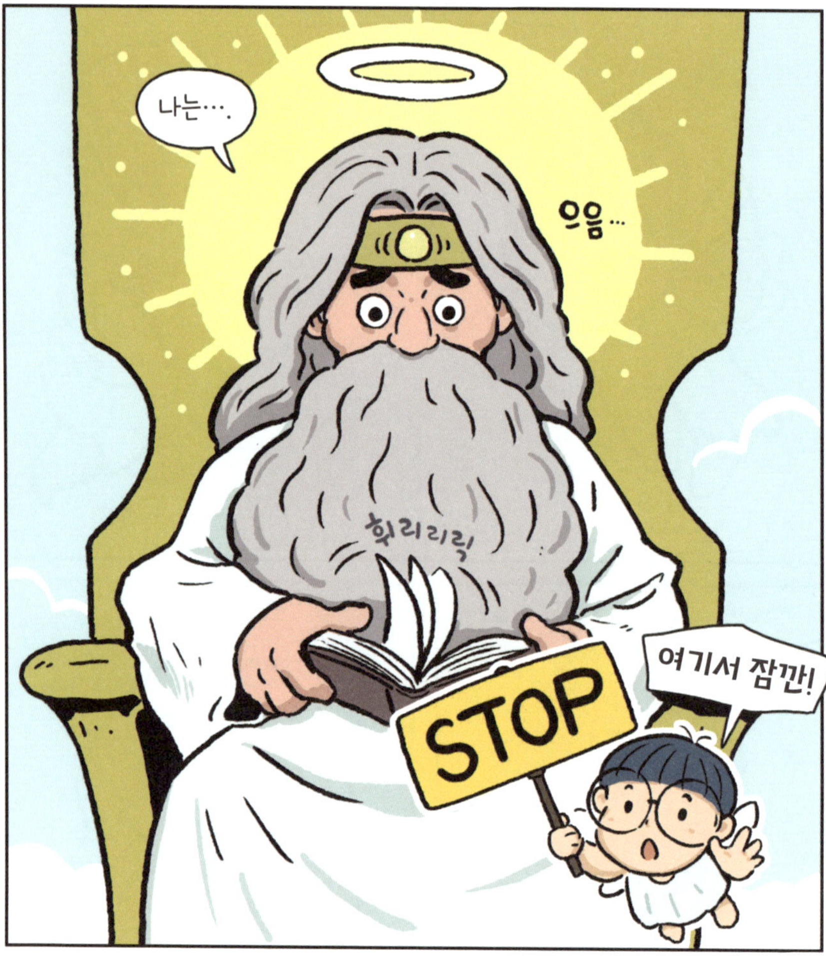

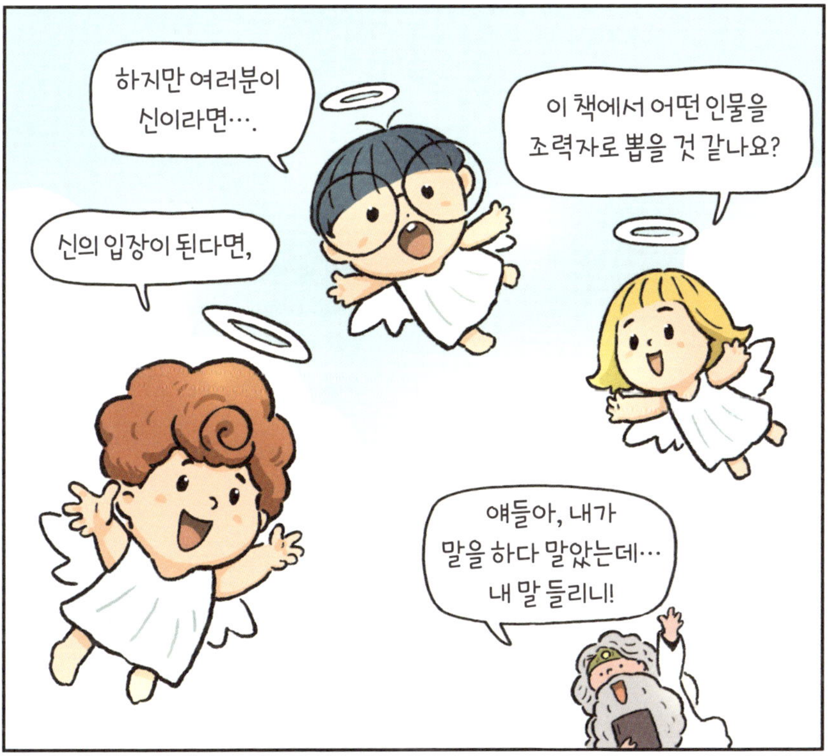

찾아보기

가브리엘 샤넬 • 347
간디 • 318~319, 343
강희제 • 174~175
건륭제 • 175
고르바초프 • 375~377
광무제 • 47
광서제 • 291, 292~293
구텐베르크 • 135
그라쿠스 형제 • 65
그레고리우스 7세 • 118~119

나세르 • 363
나폴레옹 • 230~237, 245
나폴레옹 3세 • 235, 241, 243
네루 • 319
넬슨 만델라 • 344
누르하치 • 172~173
니콜라이 1세 • 237, 307
니콜라이 2세 • 308, 310~311
닐 암스트롱 • 362

다리우스 1세 • 30, 32~33
당 태종 • 91~92
당 현종 • 94~96
더글러스 맥아더 • 336

덩샤오핑 • 370
도요토미 히데요시 177, 180~182
도조 히데키 • 327
도쿠가와 이에야스 • 177, 182

라스푸틴 • 311
라이트 형제 • 259
람세스 2세 • 26~27
레닌 • 308~309, 312~313, 377
레오폴드 2세 • 273, 279
레흐 바웬사 • 378
로널드 레이건 • 375~376
로렌초 데 메디치 • 134
로베르 쉬망 • 337
로베스피에르 • 226, 230
루이 14세 • 200~203
루이 16세 • 224~229
리처드 1세 • 120, 122~123
리처드 닉슨 • 360, 369, 383

마거릿 대처 • 374
마르쿠스 아우렐리우스 • 75~76
마르틴 루터 • 140, 142, 148~149
마리 앙투아네트 • 225~226, 229
마리아 테레지아 • 205, 207, 225
마오쩌둥 • 316~317, 361, 365, 369~370
마테오 리치 • 170

마틴 루터 킹 • 343, 225
만사 무사 • 187
매슈 페리 • 297~298
메리와 윌리엄 • 214~215
메테르니히 • 236
메흐메트 2세 • 184
무솔리니 • 314, 326
무스타파 케말 • 322
무함마드 • 100~102
무함마드 알리 • 283
미겔 이달고 • 251
미나모토노 요리토모 • 176, 178
미드하트 파샤 • 282

바부르 • 188~189
바츨라프 하벨 • 379
벤저민 프랭클린 • 219
볼리바르 • 252~253
빅토리아 • 239, 273, 275
빌 게이츠 • 385
빌리 브란트 • 371
빌헬름 2세 • 244, 303

사르곤 1세 • 22
사마천 • 45
사카모토 료마 • 299
산마르틴 • 253
살라딘 • 120, 122~123
샤 자한 • 190~191
샤를 드골 • 334
서태후 • 291~293, 295
세실 로즈 • 278

셰익스피어 • 150~151
솔로몬 • 24
쇼토쿠 태자 • 98
솔 남매 • 331
수 양제 • 90~91
수카르노 • 321
쉴레이만 1세 • 186
스탈린 • 309, 313, 361
스티브 잡스 • 384
시몬 드 보부아르 • 342
싯다르타 • 80
쑨원 • 294~295, 316

아구다 • 155
아문센 • 274
아서 밸푸어 • 306
아소카 • 83~84
아시카가 다카우지 • 176, 179
아우랑제브 • 190~191
아인슈타인 • 324
아크바르 • 189, 191
악비 • 156
안네 프랑크 • 330
안녹산과 사사명 • 95
알렉산드로스 • 33, 60~61, 79, 82
알리 이븐 아비 탈리브 • 102, 185
알프레드 노벨 • 267
압둘아지즈 알사우드 • 285
앙리 4세 • 143~144
애덤 스미스 • 260~261, 264
야율아보기 • 152
에멀린 팽크허스트 • 339
에밀리 데이비슨 • 340

에이브러햄 링컨 • 246~247
엔닌 • 99
엘리자베스 1세 • 147, 198~199, 202, 212
영락제 • 166~167
예수 • 70~71
예카테리나 2세 • 207
옐친 • 377
오다 노부나가 • 177, 180~182
오사마 빈 라덴 • 382
오토 1세 • 114
오펜하이머 • 335, 359
옥타비아누스 • 68, 78~79
올리버 크롬웰 • 213
옹정제 • 174~175
왕안석 • 154
왕양명 • 168
요시다 쇼인 • 298
요시프 티토 • 364
우드로 윌슨 • 305
우르바누스 2세 • 119~120
월트 디즈니 • 349
위안스카이 • 294~295
윈스턴 처칠 • 332~333
윌리엄 1세 • 115, 126
유방 • 40~41, 43
유스티니아누스 1세 • 116~117, 184
이그나티우스 데 로욜라 • 148
이븐 압둘 와하브 • 284
이사벨 1세 • 130
이스마일 1세 • 185
이와쿠라 도모미 • 300
이자성 • 171
이홍장 • 290
임칙서 • 288

잔 다르크 • 127~129
장 칼뱅 • 141~142
장거정 • 169
장건 • 44, 46
장제스 • 316~317
저우언라이 • 365, 369
정화 • 166~167
제 환공 • 35
제임스 먼로 • 245, 305
제임스 와트 • 256
조광윤 • 153~154
조로아스터 • 30
조지 워싱턴 • 216~218
조지프 매카시 • 359
존 D. 록펠러 • 323
존 F. 케네디 • 360~361, 369
존 스튜어트 밀 • 261
주 무왕 • 34~35
주원장 • 164~166
주희 • 157, 168
진시황 • 36~37, 40, 90

찬드라굽타 1세와 2세 • 85
찬드라굽타 마우리아 • 82~83
찰리 채플린 • 348, 359
찰스 1세 • 212~213, 215
찰스 다윈 • 266, 272
천두슈 • 296
체 게바라 • 366~367
측천무후 • 92, 94
칭기즈 칸 • 158~160, 183, 188

ㅋ

카니슈카 • 84
카롤루스 대제 • 103, 112~114, 125
카롤루스 마르텔 • 111
카를 5세 • 131, 133, 196
카를 마르크스 • 263~265
카를 벤츠 • 258
카스트로 • 366~367
카이사르 • 66~69, 72, 79
카트린 드 메디시스 • 143~144
캉유웨이 • 291~292
콘스탄티누스 대제 • 73, 77, 149
쿠빌라이 칸 • 160~162
클레오파트라 • 69
클로비스 1세 • 110
키루스 2세 • 30~31

 ㅌ

토마스 아퀴나스 • 124
토마스 에디슨 • 257, 345
토마스 제퍼슨 • 218, 245
투생 루베르튀르 • 250
투탕카멘 • 25
티무르 • 183, 185, 188

 ㅍ

펠리페 2세 • 196~197, 202
표트르 대제 • 206~207
프란츠 요제프 1세 • 304
프랭클린 루스벨트 • 285, 325, 358
프리드리히 2세 • 204, 207
피카소 • 346
필리프 4세 • 125

 ㅎ

하룬 알라시드 • 103
한 무제 • 44~47
한니발 • 64
함무라비 • 23
항우 • 40~41
해리 트루먼 • 335, 358
허버트 스펜서 • 272
헨리 8세 • 146~147, 198
헨리 스탠리 • 273
헨리 키신저 • 383
헨리 포드 • 345
헬렌 켈러 • 341
현장 • 93
호레이쇼 넬슨 • 234
호메로스 • 54~55
호메이니 • 368
호찌민 • 320
홍수전 • 289
홍타이지 • 173
효문제 • 88
후쿠자와 유키치 • 301
흐루쇼프 • 361
히틀러 • 313~315, 328~329, 331~333, 348

사진 출처 | 셔터스톡, Wikimedia Commons

인물만 알면
별거 아닌 세계사

1판 1쇄 인쇄 | 2025. 7. 31.
1판 1쇄 발행 | 2025. 8. 18.

글 김상훈 | 그림 안병현 | 감수 이희수, 안병억, 이성원

발행처 김영사 | **발행인** 박강휘
편집 이민경 김선빈 | **디자인** 조수현 | **마케팅** 이철주 | **홍보** 조은우
등록번호 제 406-2003-036호 | **등록일자** 1979. 5. 17
주소 경기도 파주시 문발로 197 (우10881)
전화 마케팅부 031-955-3100 편집부 031-955-3113-20 | 팩스 031-955-3111

ⓒ 2025 김상훈
이 책의 저작권은 저자에게 있습니다. 저자와 출판사의 허락 없이 내용의 일부를 인용하거나
발췌하는 것을 금합니다.

값은 표지에 있습니다.
ISBN 979-11-7332- 288-4 73900

좋은 독자가 좋은 책을 만듭니다. 김영사는 독자 여러분의 의견에 항상 귀 기울이고 있습니다.
전자우편 book@gimmyoung.com | 홈페이지 www.gimmyoung.com

| **|어린이제품 안전특별법에 의한 표시사항|** 제품명 도서 제조년월일 2025년 8월 18일
제조사명 김영사 주소 10881 경기도 파주시 문발로 197 전화번호 031-955-3100 제조국명 대한민국
사용 연령 7세 이상 ⚠주의 책 모서리에 찍히거나 책장에 베이지 않게 조심하세요.